W0074184

Prophezeiungen über das Ende der Welt

Fabio Ribeiro de Araujo

Danksagung

Ich möchte diesen kurzen Absatz nutzen, um dem deutschen Autor Leo DeGard zu danken, der mir in vielerlei Hinsicht bei der Veröffentlichung dieses Buches half. Auch meiner italienischen Frau Maria Caterina Puddu, der Kanadierin Sheila Wall, welche die englische Übersetzung dieses Buches korrigierte, und meinen Eltern, die viel Geduld aufbrachten in der Zeit, die ich mit der Recherche für dieses Buch verbracht habe.

Fabio Ribeiro de Araujo

Prophezeiungen über das Ende der Welt

Die Apokalypse und ein neuer Anfang

KOPP VERLAG

1. Auflage Juni 2009
Copyright © 2008 by Fabio Ribeiro de Araujo
Copyright © 2009 für die deutschsprachige Ausgabe bei
Kopp Verlag, Pfeiferstraße 52, D-72108 Rottenburg

Umschlaggestaltung: Angewandte Grafik/Peter Hofstätter
Satz und Layout: Perfect Page, Karlsruhe
Druck und Bindung: CPI – Clausen & Bosse, Leck
ISBN: 978-3-938516-93-5

Mix
Produktgruppe aus vorbildlich bewirtschafteten
Wäldern und anderen kontrollierten Herkünften
www.fsc.org Zert.-Nr. GFA-COC-001223
© 1996 Forest Stewardship Council

Gerne senden wir Ihnen unser Verlagsverzeichnis.
Kopp Verlag
Pfeiferstraße 52
D-72108 Rottenburg
E-Mail: info@kopp-verlag.de
Tel. (0 74 72) 98 06-0
Fax (0 74 72) 98 06-11

Unser Buchprogramm finden Sie auch im Internet unter:
www.kopp-verlag.de

Inhaltsverzeichnis

6

8

Dritter Teil:

Das Tausendjährige Friedensreich?

Vorwort

Wir schreiben das Frühjahr 2009 und die Themen, welche aktuell die Berichterstattung der Massenmedien dominieren, heißen: Finanzkrise, Bankenkollaps, Entlassungen, Firmenpleiten. Ganz im Gegensatz dazu war vor nur etwa einem Jahr aus denselben Medien noch zu vernehmen, jetzt komme der Aufschwung und dieser Aufschwung komme auch beim Bürger an. Nur ein Jahr ist seither vergangen, und die Situation hat sich in einer für viele Leute unvorhersehbaren Weise verändert. Aus dem viel gepriesenen Aufschwung wurde eine Depression, die manche Experten inzwischen als noch schwerwiegender einschätzen als die Weltwirtschaftskrise der 1930er Jahre. Aber war diese Entwicklung wirklich so unvorhersehbar? Nein, ich behaupte, sie war vorhersehbar. Sie war vor einem Jahr ebenso vorhersehbar wie schon vor zwei, vor fünf oder vor zehn Jahren, und dazu musste man wahrlich kein Wirtschafts- oder Finanzexperte sein. Die langfristig zutreffendsten Prognosen stammen, wie die Erfahrung zeigt, ohnehin nicht von jenen, die in ihrem jeweiligen Fachgebiet üblicherweise als »Experten« gehandelt werden. Die ältesten Hinweise auf die gegenwärtige Wirtschaftskrise stammen aus Quellen, welche unseren heutigen Massenmedien niemals eine Meldung wert wären, sie stammen von Sehern, von Propheten, aus zum Teil jahrhundertealten Prophezeiungen oder von ganz gewöhnlichen Menschen, die irgendwann in spontan auftretenden Visionen oder Wahrträumen einen Teil der Zukunft erblickten. Von diesen Personen wurde die gegenwärtig um sich greifende Krise schon vor langer Zeit vorhergesagt, und sie sagten noch mehr, nämlich was auf diese Krise folgen wird und wie die Entwicklung der Menschheit auch langfristig weitergeht.

Sehr schön ist es nicht, was der Menschheit für die nähere Zukunft prophezeit wurde. Da ist beispielsweise die Rede von bürgerkriegsähnlichen Zuständen, von kommunistischen Revolutionen mit einer Verfolgung der Religion und schließlich von einem Dritten Weltkrieg, auf den eine globale Naturkatastrophe folgen soll. In den 1950er Jahren fasste der Seher Alois Irlmaier aus Freilassing den Ablauf dieser Ereignisse mit den Worten zusammen: *»Zuerst kommt ein Wohlstand wie noch nie. Dann folgt ein Glaubensabfall wie nie zuvor. Darauf eine noch nie da gewesene Sittenverderbnis. Alsdann kommt eine große Zahl fremder Leute ins Land. Es herrscht eine hohe Inflation. Das Geld verliert mehr und mehr an Wert. Bald darauf folgt die Revolution. Dann überfallen die Russen über Nacht den Westen.«* Der Wohlstand kam in den 1950er Jahren mit dem seit damals sprichwörtlichen Wirtschaftswunder. Der Glaubensabfall setzte in den 1960er Jahren ein als Folge der damaligen Kirchenreformen, und für die Sittenverderbnis sorgte die sich bis in die 1970er Jahre hinein entfaltende 68er Bewegung. Die darauf folgenden Jahrzehnte waren tatsächlich durch einen hohen Zuzug von Ausländern nach Europa gekennzeichnet. Mit der Vorhersage einer hohen Inflation dürften wir allmählich in der Gegenwart angelangt sein, der Rest dieser Prophezeiung liegt noch in der Zukunft.

All diese Dinge dürften dem an Prophezeiungen interessierten Leser bereits bestens bekannt sein, im deutschen Sprachraum sind schließlich schon unzählige Bücher darüber geschrieben worden, die, abgesehen von einzelnen Fälschungen, mehr oder weniger alle dasselbe Szenario beschreiben. Auch ich selbst habe in meinen beiden Büchern *Armageddon* und *Wer plant den 3. Weltkrieg?* versucht, dieses Szenario so gut wie möglich zusammenzufassen. Aber wenn doch schon so viel geschrieben wurde, wozu braucht es dann ein neues Buch? Tatsache ist, dass die Präkognition ein nach wie vor so gut wie unerforschtes Phänomen ist, und immer wieder tauchen neue Prophezeiungen auf, die in der Regel das altbekannte Bild erweitern, ergänzen oder noch detaillierter darstellen. Neben den vielen, hierzulande völlig unbekannten Vorhersagen aus aller Welt, die mein langjähriger brasilianischer Kollege Fabio Araujo nach zwanzigjähriger Forschung zusammengestellt hat, zeichnet sich dieses Buch ganz besonders durch ein Element aus, das in der etablierten Literatur bislang nicht ausreichend gewürdigt wurde. Die Rede ist von dem historischen Zusammenhang, in dem das prophezeite Szenario bzw. das gesamte Phänomen der Präkognition zu sehen ist. Dabei kommt der Autor zu dem Ergebnis, dass die Erde unmittelbar vor einem Kulminationspunkt zu stehen scheint, der offensichtlich bereits seit dem Ende der letzten Eiszeit im Blickfeld der Menschheit lag. Damit erweitert dieses Buch die herkömmliche Sichtweise auf die prophezeiten Ereignisse und stellt diese in einen übergeordneten erdgeschichtlichen Zusammenhang. Auch wenn seine Einschätzung der Situation in manchen Punkten von meiner Interpretation abweicht, beispielsweise was den zeitlichen Ablauf der prophezeiten Ereignisse anbelangt, deren Eintreffen ich weitaus früher erwarte als er, halte ich sein Werk für eine außerordentlich lesenswerte Erweiterung des bisherigen Kenntnisstandes, und es sollte meines Erachtens in keiner Sammlung seriöser Prophezeiungsbücher fehlen.

Leo DeGard
im Februar 2009

Einleitung:

Visionen der Zukunft und der Vergangenheit

Vor etwa 2.500 Jahren begann der Grieche Herodot mit der Erforschung und Aufzeichnung vergangener Ereignisse, um so zukünftigen Generationen das Wissen der Vergangenheit zu hinterlassen. Zu jener Zeit waren Legenden, Mythen und historische Fakten im Bewusstsein der Menschen noch vermischt. Es war die Geburtsstunde der Geschichtsschreibung, als Herodot die Ereignisse der Vergangenheit niederschrieb. Jahrhunderte später nannte ihn Cicero den »Vater der Geschichte«, wenn auch die Geschichte erst im 19. Jahrhundert zu einer Wissenschaft wurde, dank des deutschen Historikers Leopold von Ranke. Wenn man heute einfach ein Geschichtsbuch aufschlagen und durch seine Seiten blättern kann, dann nur, weil Leute wie Herodot Jahre ihres Lebens damit verbracht haben, die Vergangenheit zu erforschen und Informationen über sie zusammenzutragen. Ohne deren Forschung würde heute niemand die Vergangenheit kennen, und vielleicht wären Mythen und Fakten noch immer vermischt.

Wenn wir die Prophezeiungen von Propheten der Vergangenheit sammeln, dann werden wir, so glaube ich, eine ähnliche Vorstellung über die Zukunft bekommen, wie sie die ersten Historiker über die Vergangenheit hatten. Wir reden davon, die Geheimnisse der Zukunft zu enthüllen. Kann so etwas möglich sein?

Ich begann an die Möglichkeit zu glauben, etwas über die Zukunft durch Prophezeiungen und Visionen zu erfahren, nachdem ich selbst im Alter von etwa 22 Jahren, ungefähr im Jahr 1990, eine Vision gehabt hatte. Ich war in der Bibliothek einer Universität und las ein Buch. Ich erinnere mich daran, dass ich Mühe hatte zu verstehen, was ich las, es war ein Mathematikbuch. Dann sah ich aus dem Fenster, und plötzlich nahm ich eine Reihe von Bildern wahr, wie einen Film oder einen Gedanken, aber dieser

»Film« spielte sich in meiner Vorstellung ab, ohne dass ich eine Kontrolle darüber hatte. Es erschien mir unlogisch und widersprach meiner Überzeugung. Und es war ein sehr seltsames Gefühl, ich saß da und sah diesen Film. Als es vorbei war, verließ ich tief bewegt die Bibliothek und fragte mich selbst: »Was sollen diese Bilder bedeuten? Szenen der Vergangenheit?« In jenem ersten Moment konnte ich mir nicht vorstellen, was diese Bilder waren. Einige Wochen später stellte ich fest, dass es Szenen der Zukunft waren. Etwa drei Monate später traf ich eine Frau aus Frankreich. Bei unserer ersten Begegnung fielen mir, als sie sprach, wieder diese Bilder ein. Die Person, die ich an diesem Tag kennenlernte, war auch in vielen dieser Bilder dabei gewesen. In jenem Moment begriff ich, das der Film aus Szenen der Zukunft bestanden hatte, nicht aus Bildern der Vergangenheit. Wie konnte das möglich sein? Ich habe es nie herausgefunden. Ich versuchte mich an den ganzen Film zu erinnern, während sie sprach. Ich hatte auch mich selbst in dem Film gesehen, obwohl ich mich erst in diesem Moment erkennen konnte, denn ich hatte nicht mein Gesicht gesehen, aber ich hatte mich gesehen, wie ich zu dieser Person sprach, die nun auf diesem Platz saß. Die Vision handelte vom Leben dieser Person und vom Leben anderer Leute, die ich Wochen später kennenlernte, und auch über mich selbst. In den folgenden Wochen ereigneten sich alle Szenen des Films in der Realität genauso wie ich sie zuvor in Gedanken gesehen hatte. Es war mehr als verblüffend, es war unglaublich für einen 22-Jährigen. Es schien mir, als ob all diese Ereignisse vorher schon aufgeschrieben worden waren, festgelegt in der Vergangenheit. Konnte die Zukunft bereits festgeschrieben sein, und könnten wir sie irgendwo in der Vergangenheit finden?

Ich hatte in meinem ganzen Leben nie wieder eine Vision mit Bildern. Die Vision mit den Bildern veränderte mein Weltbild. Ich begann zu glauben, dass es vielleicht möglich sein könnte, etwas über die Zukunft zu erfahren, denn vielleicht hatten die Propheten der Vergangenheit echte Visionen oder Träume über die Zukunft.

14

Tiziano Terzani schrieb: »*Wenn das Schicksal in unseren Handflä-chen geschrieben steht oder in den Sternen, wie können wir uns dann weiterhin damit aufhalten, den Bus zu erreichen, im Büro zu erscheinen oder die Stromrechnung zu bezahlen? Sollten wir nicht das Leben sein lassen, das wir führen, und uns stattdessen dem Studium dieses Phäno-mens verschreiben?*«[1]

Das war genau, was ich zu jener Zeit dachte, und das war, was ich zu tun versuchte. Ich musste etwas verändern, ich musste mit dem Alten aufhören. Wenn es mir passiert war, warum nicht auch den sogenannten Propheten der Vergangenheit? In den folgenden Jah-ren beschaffte und las ich etwa 500 Bücher in verschiedenen Spra-chen – englisch, deutsch, französisch, italienisch, spanisch, por-tugiesisch und lateinisch – einschließlich alter und seltener Bücher und Manuskripte. Zudem besuchte ich Bibliotheken in verschiedenen Ländern, um intensive Nachforschungen zu be-treiben. Ich lernte Französisch, Deutsch und Latein, um Manu-skripte und Bücher über Prophezeiungen in diesen Sprachen le-sen zu können, obwohl ich sie noch immer nicht allzu gut beherrsche.

Ich bin nicht der Erste, der im Anschluss an eine beeindrucken-de Vision damit beginnt, sich näher mit Prophezeiungen zu be-schäftigen und Nachforschungen anzustellen. Dasselbe widerfuhr auch Alan Vaugham und Tiziano Terzani, die erlebten, wie sich ei-gene Visionen erfüllten, was sie dazu veranlasste, ihr Leben zu än-dern und intensive Nachforschungen zu betreiben. Seltsame Er-eignisse brachten auch andere dazu, sich mit ähnlichen Themen zu beschäftigen, ich denke hier beispielsweise an einen Amerika-ner, dessen Namen ich leider vergessen habe, der sein ganzes Le-ben damit verbrachte, die Leute davon zu überzeugen, dass bald ein Polsprung stattfinden würde, nachdem ihn gefrorene Mam-

---

[1] A Fortune-Teller Told me, 2001 in den USA erschienen bei Three Rivers Press

muts beeindruckt hatten, die in Sibirien gefunden worden waren und die noch die Blätter tropischer Pflanzen im Maul hatten.

Als ich tiefer in die Materie eindrang, bemerkte ich, dass einige Prophezeiungen Ähnlichkeiten aufwiesen, obwohl sie verschiedene Begriffe und Ausdrücke verwendeten, um etwas zu beschreiben, das dasselbe Ereignis zu sein schien. Offenbar versuchten sie die Menschheit vor zukünftigen Ereignissen zu warnen, und es erschien möglich, ein vollständigeres Bild des Puzzles zu bekommen, nachdem Stück für Stück ans Licht gekommen war, obwohl in der Vergangenheit auch einige Fälschungen fabriziert worden sind. Dieses Buch ist das Ergebnis von etwa 20 Jahren Forschung und es gibt das in dieser Zeit entstandene Gesamtbild wieder. Ein Bild der Zukunft und ein Bild der Vergangenheit. Vielleicht stimmen Sie nicht mit dem Inhalt dieses Buches überein, aber ich hoffe, Sie erkennen an, dass dies das Ergebnis einer etwa 20-jährigen Forschungsreise ist.

Wie Sie sich vorstellen können, habe ich vielleicht das eine oder andere Bruchstück in diesem Puzzle an der falschen Position eingefügt, aber dies wird den Gesamteindruck nicht stören.

Dieses Buch vergleicht Schöpfungsmythen mit den Prophezeiungen vom Ende der Welt und unternimmt den Versuch, die Schöpfungsmythen zu enthüllen um damit ein neues Bild der Vergangenheit zu erhalten. Eine Sage der Inka berichtet davon, dass die Sonne in der Vergangenheit starb und später wieder auferstand. Mein Bild der Vergangenheit dreht sich um diese Vision. Ein Himmel ohne Sonne. Ein Physiker oder Mathematiker wird feststellen, dass die Sonne nicht sterben und einige Tage später wieder auferstehen kann. Ein Historiker oder Soziologe, der wie E. Durkheim denkt, wird sagen, dass Mythen wie dieser eine soziale Funktion erfüllen und dazu geschaffen wurden, die Leute auf dieselbe Vorstellung auszurichten, als ein Element des Zusammenhalts. Andererseits, wenn man denkt wie Freud, wird man zu dem Schluss kommen, dass sich dahinter ein verborgener sexueller Antrieb verbirgt, der sich in diesem Mythos ausdrückt. Es gibt immer noch Leute, die glauben, dass derartige Sagen von primitiven und dummen Zivilisationen erfunden wurden, die nicht in der Lage waren, die Dinge so zu verstehen, wie sie sind, weil angeblich nur wir die Dinge so verstehen können, wie sie wirklich sind. Zu guter Letzt gibt es auch noch Leute, die glauben, dass in mythologischen Geschichten eine gewisse Wahrheit verborgen liegt. In dem Beispiel über den Tod der Sonne war es vielleicht eine Sonnenfinsternis. Aber anzuerkennen, dass der mythologische »dreitägige Tod der Sonne« eine der Wissenschaft bis heute unbekannte Katastrophe war, steht für die wissenschaftliche Welt nicht zur Debatte, obwohl viele alte Stämme an dasselbe glaubten, wenn auch mit unterschiedlicher Begründung: Einige glaubten, eine Schlange habe die Sonne gefressen, andere fürchteten, der Gott der Dunkelheit habe den Gott des Lichts zeitweilig besiegt. Andere dachten, die Sonne sei gestorben, sie würde schlafen oder sich einige Tage lang in einer Höhle oder in einem See verstecken. Andere Mythen von den Inkas oder aus Persien erwähnten eine drei- oder viertägige Finsternis während dieser Zeit, und die biblische Schöpfung berichtet, dass die Sonne am vierten Tag erschaffen wurde.

Was geschah mit der Sonne? Kann es sein, dass die Rotation der Erde in der Vergangenheit für einige Tage unterbrochen war oder dass ein großer Ausbruch von Gas- und Aschewolken das Sonnenlicht verdunkelt hatte? Könnte so etwas in der Zukunft wieder passieren?

In dem Buch *Controversy-Catastrophism and Evolution: The Ongoing debate*, das im Jahr 1999 in den USA veröffentlicht wurde, zeigt Trevor Palmer, dass die Theorie der Evolution der Theorie wiederkehrender Katastrophen weichen muss, denn es gibt fossile Beweise für sehr plötzliche Veränderungen.

Das Buch *Humans at the End of the Ice Age: The Archaeology of the Pleistocene-Holocene Transition*, das 1996 vom selben Verlag, spezialisiert auf akademische Arbeiten, veröffentlicht wurde, wurde von vier Spezialisten geschrieben. Im ersten Kapitel, verfasst von Lawrence Guy Straus, heißt es: *»Seit die Affen archäologisch nachweisbar vor 2,5 Millionen Jahren im tropischen Afrika damit begannen, Steinwerkzeuge herzustellen, unterlief die Erde etwa zwei Dutzend Mal den Wechsel von eiszeitlichen und warmzeitlichen Bedingungen. (Shackleton und Opdyke, 1973). In jeder dieser Phasen gab es einen starken Temperaturanstieg, ein starkes Schrumpfen der Eismasse auf den Kontinenten und in den Bergen, ein Anstieg des Meeresspiegels um mehr als 100 Meter, bedeutende Veränderungen im Muster von Temperatur und Niederschlag und enorme Veränderungen von Fauna und Flora. Bei jedem Wechsel von Eiszeit und Warmzeit wurde die Erde umgestaltet, wobei die größten Veränderungen in den zentralen Breitengraden stattfanden.«*

Heutzutage, am Beginn des 21. Jahrhunderts, glauben die Wissenschaftler, dass in einem Zeitraum von 500.000 Jahren sechsmal ein Wechsel von Eis- zu Warmzeit stattfindet, also etwa alle 83.000 Jahre (Martison et al. 1987), während archäologische und geschichtliche Bücher, die in den 70er und 80er Jahren veröffentlicht wurden, noch behaupteten, dass in den letzten 2 Millionen Jahren nur vier Eiszeiten stattgefunden hätten. Das zeigt, wie schnell in dieser Frage eine wissenschaftliche Theorie zur akzeptierten Tatsache werden kann. Und diese Theorie kann sich erneut ändern.

Die Wissenschaftsgemeinde glaubt heute, dass wir in einer Warmzeit leben, und das bedeutet, dass eine Eiszeit bevorsteht. Man weiß nicht wann, aber einige Wissenschaftler sagen, es kann jederzeit so weit sein. Vor etwa 13.000 Jahren wechselte der Planet von einer Eiszeit in eine Warmzeit, und dieser Übergang endete vor etwa 8.000 Jahren. *»Was geschah auf dem Planeten zwischen 13.000 und 8.000 Jahren in der Vergangenheit, das die Entstehung der Welt, wie wir sie heute in der gegenwärtigen Warmzeit kennen, verursacht hat?«*, fragte Lawrence Guy Straus. Der Übergang vom Pleistozän ins Holozän fand etwa vor 11.500 Jahren statt. Gemäß einem Dialog von Platon versank vor exakt 11.500 Jahren nach einer riesigen Erschütterung des Planeten die legendäre Zivilisation von Atlantis im Meer, und eine Rasse großer Elefanten wurde ausgelöscht. Wie die Wissenschaft kürzlich herausfand, starben zur selben Zeit »zufällig« die Mammuts aus. Ich frage mich, ob sich jemals ein Wissenschaftler mit der mathematischen Wahrscheinlichkeit eines derartig bedeutenden Zufalls beschäftigt hat, nämlich, dass die Schriften Platons etwa 2.500 Jahre alt sind und zur selben Zeit, 11.500 Jahre vor Christus, ähnliche Ereignisse beschreiben. Man muss kein Experte sein, um zu erkennen, dass dies fast unmöglich ein Zufall sein kann.

Es gibt eine großartige Studie, die den Titel *Abrupt Climate Change: Inevitable Surprises* trägt und die vom Committee on Abrupt Climatic Change, National Research Council of the United States, herausgegeben wurde. Diese Studie wurde von der *National Academy of Sciences*, vom *NOAA's United States Global Change Research Program* und von der *National Aeronautics and Space Administration* (NASA) finanziert. Zu dem Zeitpunkt, als diese Studie veröffentlicht wurde, gehörten dem Komitee 18 Personen an. Es kam zu dem Schluss, dass vor 20.000 Jahren einige Regionen, die heute unter Wasser liegen, bewohnbare Gebiete waren. Im Vorwort heißt es: »*Die vorliegenden Fakten deuten darauf hin, dass plötzliche Klimawechsel nicht nur denkbar, sondern in der Zukunft auch sehr wahrscheinlich sind, möglicherweise mit großen Auswirkungen auf Ökosysteme und gesellschaftliche Verhältnisse.*« Das erste Kapitel beginnt mit den Worten: »*Wiederholt haben große, plötzliche Klimawechsel hemisphärische bis globale Regionen betroffen, wie zahlreiche paleoklimatologische Aufzeichnungen zeigen (Broecker, 1995, 1997). Veränderungen von bis zu 16°C und eine Veränderung des Niederschlags um den Faktor zwei fanden in einigen Gegenden innerhalb von nur Jahren oder Jahrzehnten statt (Alley and Clark, 1999; Lang et al., 1999). Vor dem Jahr 1990 betonte die vorherrschende Sichtweise trotzdem den langsamen, allmählichen Wechsel der Eiszeiten ...*«

Heute glaubt die Wissenschaft an das, was Jahrhunderte alte Prophezeiungen für unsere Zukunft vorhersagten. Jahrhunderte- oder sogar jahrtausendelang kündigten Propheten eine plötzliche Katastrophe mit einem schlagartigen Temperaturwechsel an, aber das ist nicht alles. Ich fand eine Prophezeiung, die in den 50er Jahren in einem brasilianischen Buch veröffentlicht wurde, mit der folgenden erstaunlichen Aussage:

»Die Wissenschaftler werden an viele Theorien glauben, um die Veränderungen des Wetters zu erklären, wie beispielsweise eine globale Erwärmung, aber sie werden die Idee eines langsamen Polsprungs, der vor der großen Katastrophe stattfindet, nicht akzeptieren.«

Abschließend möchte ich noch zwei Geschichten erwähnen. Einige Bücher und sogar einige Filme über Prophezeiungen, Parapsychologie und Vorahnungen berichten von folgendem Ereignis, das in den 1960er Jahren stattgefunden hat. In Großbritannien hatte eines Tages ein junges Mädchen namens Eryl einen Traum, in dem sie ein schwarzes Etwas über ihre Schule fallen sah. Sie erzählte ihrer Mutter von diesem Traum, die darauf etwas wie *»das ist nur ein Traum, mach dir keine Sorgen, geh zur Schule«* antwortete. An demselben Tag, es war stürmisch, stürzten Tonnen einer schwarzen Masse über die Schule und mehr als 100 Menschen starben in dem schwarzen Schlamm, die meisten von ihnen Kinder, einschließlich der jungen Eryl. Eryl hatte es geträumt, aber niemand hatte ihr geglaubt.

Auch von der Titanic gibt es eine interessante Traumgeschichte, die in mehreren Büchern veröffentlicht wurde. Sie handelt von einem Mann, der vor seiner Reise Träume hatte, in denen er sah, wie die Titanic sank. Von einer Reihe dieser Träume beeindruckt, entschied Mr. O'Connor die Reise abzusagen. Einige andere Leute hatten ähnliche Träume, aber ignorierten diese und gingen an Bord, um die Reise anzutreten. Das zeigt, dass man manchmal Entscheidungen auf der Basis von Träumen fällen sollte. Wenn man selbst keine derartigen Träume hat, könnte man die Träume anderer Leute zurate ziehen. Jene Personen hätten auf ihre Träume hören sollen, um eine Entscheidung zu treffen, die ihr Leben gerettet hätte. Manchmal muss man sich auf seine Träume verlassen, um überleben zu können. Sie werden selbst entscheiden, welchen Wert die Vorhersagen dieses Buches haben. Vielleicht denken Sie, dass dies alles Unsinn ist, der von irrationalen Leuten stammt, so wie die Mutter des Mädchens Eryl dachte.

Das versunkene Bologna

Ich würde gerne noch eine weitere, ähnliche Geschichte erzählen. Die Abbildung zeigt als Motiv einen weiteren derartigen Traum. Einen Traum, den der italienische Maler Gian Luca im Jahr 1995 an seinem Heimatort Bologna in Italien hatte. An demselben Tag hatte seine Schwester zufällig den gleichen Traum, wie sich am folgenden Tag herausstellte. Unglaublicherweise hatten er und seine Schwester, die beide in jenem Traum vorkamen, denselben Traum in derselben Nacht, und am folgenden Tag erzählten sie sich davon. In diesem Traum erlebten beide dieselbe Situation mit denselben Details.

Im Jahr 2003 erzählte mir der Maler diesen Traum beim Essen in einem Restaurant in Bologna. Und 2007 bat ich ihn, den Traum zu malen, denn ich wollte ihn als Bild für dieses Buch verwenden. Dann erzählte er mir weitere Details, die ich wie folgt zusammenfassen möchte:

»Ich befand mich in einem Zimmer im oberen Stockwerk im Haus unserer Familie, und meine Schwester kam herein. Das dunkle Zimmer war erleuchtet vom hellen Licht der Mittagssonne, und zusammen gingen wir zum Fenster. Mit seltsamer Bewusstheit sahen wir die Türme, das Symbol und historische Monument unserer Stadt, die aus einem riesigen, endlosen Ozean herausragten. Die Atmosphäre, die Lichter, die Farben waren unglaublich real, und das Gefühl von Frieden lag in der Luft. Am Fuß des Hügels, wo unser Haus stand, kamen eines nach dem anderen viele Paddelboote, angefüllt mit Menschen ...«

Wenn die Zukunft wirklich vorhergesehen werden kann, wird man dieses Phänomen eines Tages vielleicht kontrollieren können, und die Beschaffenheit der Zeit wird eines der letzten großen Rätsel der Menschheit sein. Wird die Menschheit je die Zukunft kennen, so wie wir heute die Vergangenheit kennen?

Die Physiker erklären die Zeit auf eine Art, die Historiker auf eine andere, und jene, die glauben, dass alles in der Vergangenheit schon festgelegt wurde und nicht verändert werden kann, auf eine weitere Weise. Hinter allen Vorahnungen, Visionen und echten Prophezeiungen in der menschlichen Geschichte verbirgt sich das Rätsel der Zeit, und zu diesem Rätsel wurde bis heute keine befriedigende Antwort gefunden. Die Zeit war das Geheimnis des Rätsels der Sphinx, das da lautete *»Entschlüssele mich oder ich verschlinge dich«*. Die Zeit ist uns näher als alles andere an jedem Tag in unserem Leben, sie verschlingt uns langsam, jeden Moment, und noch immer verstehen wir sie nicht.

»Dank der Geschichte wird die Gegenwart verständlich und die Zukunft vorhersehbar.«
Jean Bodin (1530–1596), französischer Historiker

Erster Teil:

Visionen der Vergangenheit

1. Schöpfung, Sintflut und Untergang:

Flutlegenden und historische Tatsachen

»Diese Welt wird sechstausend Jahre bestehen: zweitausend Jahre oh-ne Gesetz, zweitausend Jahre unter der Thora, und zweitausend Jahre werden die Tage des Messias sein.« [2]

»R. Kattina sagte: Sechstausend Jahre soll die Welt bestehen, und ei-nes Tages soll sie verwüstet werden, wie geschrieben steht, und der Herr allein soll an diesem Tag verherrlicht sein.«

Babylonischer Talmud: Traktat Sanhedrin, Folio 97a

Das Geheimnis der Schöpfung

»Denn erstens erinnert ihr euch nur an eine Überschwemmung der Erde, obgleich es früher schon manche gegeben hat ... weil die Überle-benden während vieler Generationen dahingingen, ohne dass sie sich durch die Schrift vernehmbar machen konnten ... schon manchesmal und auf viele Arten ist die Menschheit vernichtet worden und wird auch wieder vernichtet werden, am gründlichsten durch Feuer und durch Wasser und in geringerem Maße auf tausend andere Arten. Denn was auch bei euch berichtet wird, wie einst Phaethon, der Sohn des Helios, den Wagen seines Vaters anschirrte und wie er dann, weil er nicht auf dessen Spur fahren konnte, alles auf der Erde verbrannte und selbst, vom Blitz getroffen, vernichtet wurde, das klingt so, wie ihr es erzählt, ganz nach einem Märchen; doch liegt schon etwas Wahres darin, nämlich die Abweichung der Gestirne, die am Himmel um die Erde kreisen, und je-

---

[2] Diese 3.000 Jahre alte Prophezeiung wird Tanna debe Eliyyahu zugeschrieben. Die 2.000 Jahre ohne Gesetz sind die Jahre von der biblischen Schöpfung bis Abraham. Gemäß den Historikern und der Tradition verließ Abraham das su-merische Ur etwa im Jahr 2.000 v. Chr. Von da an bis zur Geburt Christi sind mehr als 2.000 Jahre vergangen, die Jahre der Thora. Von Christus, dem Messias, bis zu unserer Zeit sind mehr als 2.000 Jahre vergangen. Diese Prophezeiung ist eindeutig: Wir sind dem Ende der Welt nah.

weils nach Ablauf langer Zeitläufe die Vernichtung alles dessen, was es
auf der Erde gibt, durch ein großes Feuer ... Wenn dagegen die Götter
die Erde mit Wasser überschwemmen, um sie zu reinigen, so können sich
nur die Rinderhirten und Schafhirten auf den Bergen retten, während je-
ne, die bei euch in den Städten wohnen, von den Fluten ins Meer ge-
schwemmt werden.«
Platon, Timaios[3]

»Auf jede Manvantara (Periode) folgt eine Flut, welche die bestehen-
den Kontinente zerstört und alle lebenden Wesen verschlingt bis auf je-
ne, die geschützt wurden, um die Erde neu zu bevölkern.«
Coomaraswamy über eine Glaubensvorstellung der Hindus

»Die Stoiker sagen, dass die Planeten in Länge und Breite wieder an
dieselbe Position im Tierkreis versetzt werden, wie es am Anfang war,
als der Kosmos das erste Mal erschaffen wurde; und dass in der Zukunft
die Zerstörung der Dinge stattfinden wird, und dass der Kosmos erneut
wieder aufgebaut werden wird, wie es am Anfang war. Und wenn die
Sterne sich bewegen, um so zu werden wie zuvor, wird alles, was in der
Vergangenheit geschah, erneut passieren, ohne Veränderungen.«
Nemesius, 5. Jahrhundert[4]

Im alten Griechenland, vor etwa 2.500 Jahren, beschloss der erste Historiker, es sei Zeit, Mythen von Fakten zu trennen. Platon war
der erste, der den Begriff Mythologie verwendete, in der Bedeutung *»Geschichten zu zählen mit legendärem Charakter«*. Max Mül-
ler schrieb in seinem im 19. Jahrhundert erschienenen Buch *Es-*
says zur vergleichenden Mythologie, Mythen stellten den Versuch des
primitiven Menschen dar, eine Erklärung für ein Naturphänomen
zu liefern. Die Mythen mit der Idee einer göttlichen Strafe werden
auch heute noch von der Menschheit erdacht, um damit unver-

---

[3] Timaios (etwa 360 v. Chr.) über einen Dialog zwischen dem bekannten griechischen Gesetzgeber Solon und einem ägyptischen Priester
[4] Stoa, griechische Philosophie aus dem 4. Jahrhundert v. Chr.

ständliche Katastrophen erklären zu können. Durkheim und Freud glaubten, dass im Mythos keine verborgenen Wahrheiten liegen.

Mythen über die Schöpfung und die Sintflut ähneln so sehr den Prophezeiungen vom Ende der Welt, dass Sie alles, was Sie hier über die Vergangenheit lesen, auch in den Prophezeiungen vom Ende der Welt finden werden. Vielleicht haben Sie bereits Bücher über Prophezeiungen gelesen, vielleicht kennen Sie die Prophezeiungen von der dreitägigen Finsternis oder vielleicht die Vorhersagen über einen Polsprung und eine Flut. All diese Prophezeiungen finden sich in den Mythen und Legenden vergangener Katastrophen.

Wieso beginnen wir nicht gleich mit der in der westlichen Welt bekanntesten Geschichte, dem Schöpfungsmythos der Bibel?

»Am Anfang schuf Gott Himmel und Erde. Und die Erde war wüst und leer, und es war finster auf der Tiefe; und der Geist Gottes schwebte auf dem Wasser.«
Genesis 1,1–2

Die biblische Schöpfung

Es gibt viele merkwürdige Einzelheiten in der biblischen Schöpfungsgeschichte. Die biblische Schöpfung behauptet, dass die Erde vor der Sonne erschaffen wurde, und die Himmelskörper (Sonne, Mond, Sterne) wurden am vierten Tag erschaffen. Die Gewässer wurden nicht von Gott erschaffen, sie existierten bereits, also sind sie nicht Teil der »göttlichen Schöpfung«. Zudem wurde unser Planet in nur sechs Tagen geschaffen. Jahrhundertelang galt die Lehre der sechstägigen Schöpfung als wissenschaftliche Wahrheit. Gegen Ende des zweiten Jahrtausends offenbarte der wissenschaftliche Fortschritt, dass die Sonne älter ist als unser Planet, also ist es wissenschaftlich nicht mehr möglich zu behaupten, der Planet sei in sechs Tagen geschaffen worden, selbst dann nicht, wenn diese Tage symbolisch für Perioden von Tausenden von Jahren stünden, wie manche Leute im Mittelalter dachten und teilweise auch heute noch denken. Nach den Theorien Darwins wurde der Kreationismus ein Mythos, und der Gedanke wurde verworfen, dass die Sonne und der Mond am vierten Tag erschienen, obwohl das Licht bereits am ersten Tag existierte und die grünen Pflanzen, die Kräuter, die Samen, die Bäume, die Früchte usw. schon am dritten Tag erschienen waren. Die biblische Schöpfungsgeschichte ist vielen anderen kreationistischen Mythen der Indianer sehr ähnlich, auch wenn diese Ähnlichkeit nicht allzu bekannt ist.

Ein wichtiges Detail der biblischen Schöpfung ist das Fehlen der Sonne während der ersten drei Tage. Gemäß der Bibel wurde die Sonne am vierten Tag erschaffen. Dies ist vor allem deshalb von Bedeutung, weil es ein Ereignis widerspiegelt, das andere Völker den »Einsturz des Himmels« nennen. Primitive Stämme in Nord- und Südamerika erwähnen eine Zeit, während der die Sonne nicht am Himmel stand, Gleiches gilt für die Mythen der Mayas, der Azteken und der Inkas, der Babylonier und Assyrer, für skandinavische Mythen, die Sagen afrikanischer Stämme sowie für uralte indische, chinesische, japanische und australische Legenden.

Wir haben eine Flut und Wassermassen, die alles bedecken, drei Tage hindurch keine Sonne am Himmel, das Wasser zieht sich langsam zurück, sodass in sechs Tagen alles wieder bereit ist, auf dass sich ein paar Überlebende treffen ...

Könnte diese Geschichte widerspiegeln, wovon die Bewohner der alten Welt Augenzeugen wurden? Eine enorme Katastrophe, dieselbe wie bei Platon, nur mit anderen Worten beschrieben? Eine Flut, die, nachdem sie ihren Höhepunkt erreicht hatte, nach sechs Tagen auf mysteriöse Weise verschwand, woraufhin das bestehende Land wiederauftauchte, beinahe dasselbe Land, das eine Woche zuvor plötzlich untergegangen war? Und verschwand das Sonnenlicht aus irgendeinem Grund tatsächlich für drei oder vier Tage, als Folge von Gasen in der Atmosphäre, die das Sonnenlicht abhielten? Oder vielleicht gab es etwas noch Schlimmeres, wie beispielsweise eine Unterbrechung der Erdumdrehung oder vielleicht eine Veränderung des Rotationsmusters, verursacht durch einen Polsprung?

Und was, wenn die biblische Schöpfung und der Sintflutmythos die Beschreibung eines erdgeschichtlichen Ereignisses wären, einer periodisch wiederkehrenden Katastrophe, die auf die eine oder andere Art mit dem im Zusammenhang steht, was die Wissenschaftler heute eine Eiszeit und die Propheten das Ende der Welt nennen?

Wenn das so wäre, dann könnte der Schöpfungsmythos wichtige Informationen für zukünftige Naturkatastrophen liefern: eine große Flut, die, nach einer plötzlichen Verschiebung der Erdachse, vom Abtauen der Pole verursacht wird. Eine solche Verschiebung könnte die Folge eines gigantischen Erdbebens sein, begleitet von riesigen vulkanischen Eruptionen und Tsunamis. Dies würde Veränderungen des Klimas verursachen und könnte das Aussterben vieler Tierarten bewirken, genau wie es vor etwa 10.000 Jahren während der letzten Eiszeit geschehen ist. Interessanterweise finden sich ähnliche Beschreibungen in den wissenschaftlichen Schriften von George Cuvier (1769–1832), der als der Vater der Eiszeittheorie gilt. Auch Einstein gestand die Möglichkeit einer Verschiebung der Erdkruste ein, was die plötzlichen Temperaturwechsel, die in der Vergangenheit geschehen sind, erklären könnte.

Obwohl wir nicht von der Existenz eines universalen Schöpfungs- oder Sintflutmythos sprechen können, besteht eine enorme Ähnlichkeit zwischen vielen Schöpfungsmythen. Manchmal folgt die Schöpfung auf ein vorangegangenes Chaos. Für die Griechen und für andere Völker war dieser Zustand des Chaos das »Nichts«: Es war eine schwarze und weite Leere. Neben der Dunkelheit spricht der Mythos normalerweise vom Bestehen großer Wassermassen. So war beispielsweise in der Bibel das Wasser nicht Teil der göttlichen Schöpfung, es existierte bereits. In einigen Sagen wird das Land dadurch erschaffen, dass der Meeresspiegel sich von einem allgegenwärtigen Zustand absenkt, oder dadurch, dass das Land aufsteigt. Andere alte Legenden erwähnen die Existenz

von Zivilisationen vor der Flut, so etwa die Hopi-, Zuni- und Na-
vajo-Indianer Nordamerikas. Zu guter Letzt geschieht in den Mythen vieler Stämme von der Schöpfung und der Sintlut dasselbe:
Die Welt wird überflutet. Sie ähneln sich so sehr, dass sie identisch
zu sein scheinen. Mehr noch, die Menschen, die in den Schöp-
fungsgeschichten »erschaffen« werden, sind normalerweise Erwachsene. Wäre nicht zu erwarten, dass diese Leute eine Kindheit
haben, wie jeder Mensch sonst auch? ... Oder hatten sie ihre Kindheit vor der Flut?

Schöpfungsmythen und Untergangsprophezeiungen

Es gibt viele gemeinsame Elemente zwischen den Prophezeiungen vom »Ende der Welt« und den Legenden und Mythen über die
Sintflut und die Schöpfung. Die Ähnlichkeiten sind derart auffäl-
lig, dass man davon ausgehen kann, dass beide dieselbe periodisch
auftretende Naturkatastrophe beschreiben:
Sowohl bei der Schöpfung, der Sintflut und dem Ende gibt es eine Flut in großen Gebieten der Erde.
Sowohl bei der Schöpfung, der Sintflut und dem Ende herrscht
Dunkelheit, bzw. die Sonne fehlt für einige Zeit. Gemäß einer Vorstellung der Inkas blieb die Erde vier Tage lang ohne Sonne. Die
Perser erzählten von einer dreitägigen Finsternis. Jüdische Texte
berichten von einer Verdunkelung der Sonne, und auch die im
brasilianischen Amazonasgebiet lebenden Pamari-Indianer über-
lieferten Ähnliches. Dasselbe Motiv findet sich in den Prophezeiungen einer dreitägigen Finsternis.
Bei der Sintflut und in den Mythen vom Ende der Welt ist die
Rede von einem starken Erdbeben, das die Dunkelheit einleitet, so
beispielsweise bei den Mapuche und Pamari-Indianern, den Inkas
und in alten jüdischen Überlieferungen.
Bei der Sintflut und beim Weltende ist vom Auftauchen oder
Absinken von Landmassen die Rede, so beispielsweise in der von
Platon überlieferten Atlantis-Sage oder in den Mythen anderer Zi-

vilisationen wie Mu oder Lemuria und auch bei südamerikanischen Indianerstämmen. Jüdische Legenden behaupten, dass das Mittelmeer vor der Sintflut ein offener Ozean gewesen sei, was darauf hindeutet, dass es nach der Flut von aufsteigenden Landmassen eingeschlossen wurde.

Sowohl bei der Sintflut als auch beim Weltende werden Effekte eines Polsprungs erwähnt, so beispielsweise im babylonischen Talmud, im chinesischen Taoismus, in der ägyptischen Mythologie und bei den Caxinaua-Indianern Brasiliens.

Bei der Sintflut und beim Weltende sprechen mehrere primitive Zivilisationen vom Einsturz des Himmels, und es wird häufig ein verändertes Verhalten der Tiere schon Tage vor der Katastrophe beschrieben, so beispielsweise in den Mythen der Pamari-Indianer und in der Lama-Sage mehrerer südamerikanischer Zivilisationen, die aus einer Zeit vor der Ankunft von Kolumbus stammt. Auch in den Prophezeiungen des Signa Judicii ist dies zu finden.

Sowohl bei der Schöpfung, der Sintflut und dem Weltende gibt es nur wenige Überlebende wie etwa Adam und Eva, Noah in der biblischen Sintflut oder die Auserwählten beim Jüngsten Gericht.

Die Mythen von Schöpfung und Sintflut

In Platons Schrift Timaios wird eine seltsame Geschichte überliefert, die ein bedeutender ägyptischer Priester vor etwa 2.500 Jahren dem berühmten griechischen Gelehrten Solon offenbarte. Dieser erzählte dem Großvater von Kritias davon, der es wiederum seinem Enkel berichtete, der sie schließlich Platon erzählte. Dieser ägyptische Priester berichtete dem weisen Solon, dass die alten Griechen zwar von der Sintflut wussten, dass aber noch eine Reihe weiterer Katastrophen stattgefunden hatte. Die Geschichte von Atlantis wird als bloße Legende betrachtet, obwohl sie von einem der bedeutendsten Philosophen der Geschichte stammt und der Text behauptet, sie sei nicht bloß eine Legende.

Sehr weit entfernt von den Ägyptern oder Platon glaubten sowohl die Inkas, die Azteken und die Mayas, dass der Planet neben der Sintflut, die ebenfalls Teil ihrer Historie ist, in der Vergangenheit schon mehrere schwere Katastrophen gesehen hat. Gleichsam ignoriert die vorherrschende zivilisierte Welt diese Überlieferungen seit Jahrzehnten, weil sie nicht fähig ist, diese Völker zu verstehen, sie hat überhaupt kein Verständnis.

Bei zahllosen Völkern existieren Mythen über die Sintflut. Manche Menschen behaupten, es gebe etwa 600 Legenden und Mythen über sie. Viele afrikanische Stämme kennen die Katastrophe der Sintflut, welche die Menschheit dahinraffte. Völker in Afrika und Polynesien kannten bis in die jüngste Zeit keine Schrift, und daher wurden ihre Mythen nur mündlich überliefert, weshalb sie durch andere Legenden beinflusst worden sein könnten, besonders durch die Bibel. Jedenfalls taucht der Glaube an diese vergangene Katastrophe in Sibirien genauso auf wie auf den Philippinen, im alten Sumer, in den Überlieferungen des Iran, bei den belgischen Kelten, in der skandinavischen Edda, bei den Ureinwohnern Litauens, bei den germanischen Völkern, den Mayas, den Azteken, den Inkas, den Griechen, den Ägyptern, den Chaldäern, den Assyrern, den Babyloniern usw.

Die Mythen der Ureinwohner Australiens und des Pazifiks erzählen von einer riesigen Flut, die das Land und die bestehende Gesellschaft zerstörte. Eine alte tibetische Legende berichtet, dass Tibet einst auf dem Meeresgrund lag. Alles sei ein großer Ozean gewesen, außer den Gegenden, die heute von Wäldern bedeckt sind. Gemäß der Legende gab es eine gewaltige Veränderung und der Osten wurde zu Wald, der Westen verwandelte sich in fruchtbare Erde, der Süden in Gärten und der Norden in Buschland, und die Berge erschienen und bildeten den Himalaya. Tatsächlich wurden im Himalaya die Fossilien von Fischen gefunden.

Eine alte indische Legende berichtet, dass Parasurama sein Land an Brahmis übergab, der später fragte, wie er auf dem Land leben solle, das ihm gegeben worden war. Dann warf Parasurama seine

Axt (parasu), und es erschien Land aus der Tiefe des Meeres und er lebte auf dem Land, das vom Meeresgrund aufgestiegen war.

In Wales gibt es Hunderte alter Mythen und Legenden, von denen einige Tausende Jahre alt sind. Eine bekannte davon ist die Geschichte von Cantre's Gwaelod's. Die Legende erzählt, dass dort, wo heute die Bucht von Cardigan ist, einst Land war, ein Königreich und ein König, das untergegangen ist. Es gibt noch viele weitere solcher Geschichten in Großbritannien.

Einer Quelle zufolge sind von den präkolumbianischen Zivilisationen nur achtzehn schriftliche Aufzeichnungen erhalten geblieben, viele andere wurden von den Spaniern verbrannt. Gemäß der Maya-Handschrift Codex Dresdensis wird die Welt, in der wir leben und die darin die vierte Welt genannt wird, in einer Flut untergehen. Auch alle vorangegangenen Welten erlitten ein katastrophales Ende.

Auch das *Popol Vuh* aus Guatemala, das *Gilgamesch*-Epos aus Sumer und die indischen Texte *Shatapathabrahmana, Mahabharata, Catapatha-Brâhmana* und *Satyavrata* berichten genauso wie viele andere alte Texte über die Sintflut. Das *Popol Vuh*, das alte heilige Buch der präkolumbianischen Zivilisation, das auch *Quinché* oder *Maya Quiché* genannt wurde und das auch bei den klassischen Mayas bekannt war, enthält die älteste dokumentierte Mythologie des ganzen amerikanischen Kontinents. Zu Beginn des dritten Jahrtausends wurde in Guatemala ein altes Bauwerk der Mayas entdeckt, auf dessen Wänden Zeichnungen vom Schicksal Popol Vuhs gefunden wurden. Gemäß einem alten Text der Mayas aus Yucatan wurde die Bevölkerung von zahlreichen Erdbeben und Vulkanausbrüchen heimgesucht, die Städte und Felder niederbrannten. Am dreizehnten Tag nach diesen Ereignissen überfluteten riesige Flutwellen den Kontinent und vernichteten alles, was noch übrig geblieben war.

In vielen der zahlreichen Geschichten, die mit dem mythischen Ursprung der Inkas verbunden sind, wird der Titicaca-See, der größte See Südamerikas, als ein heiliger Ort betrachtet. Gemäß einer alten Inka-Legende gab es vor langer Zeit diesen See noch nicht, und an jenem Ort lebte ein starkes und überlegenes Volk. Eines Tages sprach eine Gruppe von Zukunftsdeutern eine Prophezeiung aus, in der es hieß: »*Das Ende ist nahe. Donner, Fluten, Feuer und Erdbeben werden unsere Ländereien zerstören.*« Sie wiederholten diese Worte täglich, bis die Bewohner der Stadt beschlossen, sie zu töten. Aber die Priester waren in Sorge, denn sie wussten, dass sie auf die Zukunftsdeuter hören sollten, auch wenn die Vorhersage düster war. Daher beschlossen einige von ihnen, die Stadt zu verlassen, um auf die Gipfel der Hügel zu ziehen. Eines Tages, als alles still war, erblickte ein Bewohner eine kleine dunkelrote Wolke, die sich langsam mit anderen Wolken verband und den Himmel verdunkelte. Bis die Wolken die Stadt gänzlich bedeckten und eine bedrohliche Farbe annahmen. Ein Geräusch ähnlich einem Donner kündigte den Beginn eines tödlichen Erdbebens an, das die schwächeren Gebäude der Stadt zerstörte. Aus den Wolken setzte ein Feuerregen ein und das Beben wurde stärker. Jetzt stürzten auch die stabileren Gebäude in sich zusammen und anschließend die Aquädukte und Kanäle, bis alles zerstört war. Aus den Bergen flossen Wassermassen in die Stadt und überschwemmten sie vollständig. Auf diese Weise entstand der Titicaca-See, in dem sich die Insel der Sonne befindet, jener Hügel, auf dem die Priester, welche auf die Zukunftsdeuter gehört hatten, Zuflucht gesucht hatten.

Da die Spanier das Volk der Inkas vernichtet haben, sind solche Geschichten nichts weiter als gewöhnliche Legenden. Jedoch berichteten die wichtigsten Zeitungen der Welt im August 2004, dass eine Gruppe internationaler Archäologen auf dem Grund des Titicaca-Sees, in etwa 70 Metern Tiefe, die Überreste einer Zivilisation gefunden hat. Wie sich herausstellt, ist dies also eine weitere Legende, die von Archäologen bestätigt werden konnte.

Fast alle Indianerstämme Süd- und Zentralamerikas bewahren den Mythos der Sintflut, so beispielsweise die Canaris in Ecuador, die Bochica in Kolumbien, die Coxcoc in Mexico, die Guaranis, die Tupis, die Caingã und die Arauaque in Brasilien, wobei die beiden Letzteren von einer zweifachen kosmischen Zerstörung durch Wasser und Feuer erzählen.

In der Schrift *La Relación de las cosas de Yucatán* von Diego de Landa aus dem 16. Jahrhundert wird die Flut mit den mythologischen Bacab-Göttern in Verbindung gebracht: *»Plötzlich gab es eine große Flut ... dann fiel der Himmel auf die Erde ... was das Schicksal der Welt besiegelte.«*

In der Überlieferung der Hindus bedeckten furchtbare schwarze Wolken den Himmel. *»Dann fiel mit lautem Getöse sintflutartiger Regen. Das Wasser stürzte in überraschender Weise und überflutete drei Welten mit ununterbrochenem Regen. Und sie wurden überall gesehen, die vier Ozeane verschlangen die ganze Erdoberfläche mit stürmischen Wogen. Die ganze Schöpfung wurde von diesen dichten Fluten getroffen.«*

Eine Schriftrolle des Toten Meeres, eine Apokryphe über die Flut (4Q370), erwähnt Erdbeben und die Kraft der Meeresfluten: *» ... und die Fundamente der Erde erbebten und die Wasser ergossen sich aus der Tiefe und die Himmel öffneten sich und alles wurde von den Tiefen mächtigen Wassers überflutet.«*

Der letzte von zehn Königen der Chaldäer mit dem Namen Sixuthrus (Xixuthrus, Xisuthrus) wurde in einem Traum etwa 2.500 Jahre vor Christus gewarnt, dass die Menschheit von einer bevorstehenden Sintflut vernichtet werde. Gemäß dieser Legende vergrub er seine Lebenserinnerungen in der Stadt Sipara, südwestlich von Bagdad, bestieg zusammen mit seiner Familie ein Boot und überlebte auf diese Weise die Flut.

Der fragmentarisch erhaltene Bericht des Berosus (Berosus lebte zur Zeit Alexanders des Großen, dem Sohn Philipps von Mazedonien), der im Jahr 1876 erstmals veröffentlicht wurde, erzählt Folgendes über die chaldäische Flut: *»Nach dem Tod von Ardate bestieg sein Sohn Sixuthrus (Xixuthrus) den Thron und regierte achtzehn Saros (Zeitmaß). Zu jener Zeit geschah die weltweite Sintflut, und sie begann auf diese Weise. Chronos, der Gott der Zeit, erschien Sixuthrus in einem Traum und sagte ihm, dass am fünfzehnten des Monats Desio eine Flut käme, welche die Menschheit zerstören würde. Daher befahl er ihm, die Historie aufzuschreiben vom Anfang aller Dinge bis zu ihrem Ende und den gegenwärtigen Tagen, und empfahl ihm, diese sorg-*

fältig in der Stadt der Sonne, in Sipara, zu verstecken. Außerdem sollte er ein Boot bauen, das seine Freunde und Verwandten aufnehmen und alles an Bord nehmen würde, das für das Überleben wichtig wäre, zusammen mit allen Arten von Tieren, mit Flügeln und ohne.«

Gemäß der Legende überlebte auf der Insel Formosa, dem heutigen Taiwan, Perun mit seiner Familie die Sintflut auf dieselbe Weise: Nach einem warnenden Traum bauten sie ein Boot und überlebten, als sie am Strand gelandet waren, nachdem sich der Meeresspiegel zurückgezogen hatte. Wie Bellecombe schrieb, wurde seither in China und Japan bis ins 19. Jahrhundert zu seinen Ehren eine Feier begangen.

Das Hitat ist eine Zusammenfassung mündlicher Überlieferungen der Kopten, die von dem arabischen Historiker Muhammad Al Makrizi (1364–1442) gesammelt wurden. Zu Beginn des 20. Jahrhunderts wurde das Hitat erstmals vom Arabischen ins Deutsche übersetzt. Sehr deutlich wird darin betont, dass die Pyramiden vor der Sintflut erbaut worden sind. Unter anderem heißt es in dem Text, dass »die beiden Pyramiden gebaut wurden, weil König Saurid 300 Jahre vor der Flut einen Traum hatte: die Erde mitsamt ihren Bewohnern würde umgestürzt werden, die Menschen würden hastig fliehen, die Sterne würden herabfallen, und ein Stern würde mit anderen kollidieren, was ein riesiges Krachen verursachen würde. Zuerst erzählte König Saurid niemandem von diesem Traum, aber einige Tage später hatte er einen ähnlichen Traum, und dann berief er seine besten Zukunftsdeuter (etwa 130) aus allen ägyptischen Provinzen zu sich, um ihnen von seinen beiden Träumen zu erzählen. Die Wahrsager prophezeiten ein großes Ereignis für die Erde. Sie weissagten eine bevorstehende Flut, auf die ein vernichtendes Feuer folge, und dann würde das Sternbild des Löwen erscheinen, um die Erde zu verbrennen. Daher beschloss König Saurid den Bau der Pyramide von Gizeh.«

»Die Bewohner Ägyptens, die Kopten, glaubten, dass es vor der Verbreitung des Christentums und vor dem Bau der beiden Pyramiden Propheten gegeben habe, ... welche die Zukunft verkündet hätten.«

In Kapitel 33 geht es noch weiter: »Der erste Hermes, bekannt als Hermes Trismegistos, wurde Prophet genannt, König und weiser Mann.

Er las in den Sternen, dass die Sintflut kommen würde. Dann gab er den Befehl, die Pyramiden zu bauen und die Schätze zu verstecken, weise Schriften und alles, was verloren gehen und verschwinden könnte, um sie zu schützen und zu erhalten.«

An anderer Stelle wird berichtet, dass die Sintflut etwa im Jahr 9220 v. Chr. stattgefunden habe, angezeigt durch einen Stern, von dem die Astronomen bestätigen, dass dieser damals vorbeizog. Dies liegt knapp an jener Zeit, die auch Platon erwähnt und die von den Wissenschaftlern des 20. Jahrhunderts als letzte Eiszeit angegeben wird.

Mythen über die Schöpfung aus dem Urmeer

In vielen Mythen heißt es, vor der Schöpfung hätte es nichts außer Wasser gegeben. In manchen Mythen wird sogar behauptet, selbst Gott sei aus dem Wasser hervorgegangen. Genau genommen beschreibt eine solche »Schöpfungsgeschichte« also eine Sintflut und keine wirkliche Schöpfung. Das Popol Vuh der Mayas erzählt folgende Schöpfungsgeschichte: *»Es gab keine Person, kein Tier, keinen Vogel, keinen Fisch, keinen Baum, keinen Felsen, keine Höhle, keinen Berg, keine Steppe, keinen Wald. Es gab nur den Himmel. Die Erde war noch nicht erschienen. Es gab nur das Meer unter dem Himmel, es gab keine Einheit unter den Dingen. Alles war ruhig, nichts bewegte sich. Alles war dunkel und still unter dem Himmel. Es gab nur sehr wenig Licht auf dem Antlitz der Erde. Es gab bereits den Himmel und die Erde, aber das Antlitz der Sonne und des Mondes war bedeckt.«*

Ein altägyptischer Papyrus, der die Nummer 10.188 trägt und 5 Meter lang und 3 Meter breit ist, wurde gegen Ende des 19. Jahrhunderts nach England gebracht und befindet sich heute im britischen Museum. In diesem Papyrus findet sich die Legende der ägyptischen Schöpfungsgeschichte, die ganz wesentlich zum Verständnis der ägyptischen Religion beiträgt. Der gesamte Text wurde zu Beginn des 20. Jahrhunderts erstmals veröffentlicht. Gemäß der Legende gab es zuerst zwar weder Himmel noch Erde, aber riesige Wassermassen, eine Wasserwelt mit dem Namen Nu oder Nun. Die Legende erzählt, wie die gesamte Schöpfung aus diesem göttlichen Ozean erschien (oder wieder erschien): »*Ich bin der Schöpfer von allem, was ist: Der Dinge, die ich erschuf und die meinen Mund verließen, nachdem ich wurde, sind viele. Der Himmel war nicht, die Erde war nicht, die Kinder der Erde und die Dinge, die sich entwickeln, waren noch nicht zu jener Zeit. Ich habe sie aus dem Ozean emporgehoben.*«

Es gibt verschiedene Versionen der ägyptischen Legenden, aber in fast allen davon gab es das Urmeer bereits, und aus diesem heraus wurde alles in kurzer Zeit »erschaffen«, auch das Licht und selbst Gott wurden gemäß diesen Legenden aus dem Wasser erschaffen.

»*Bevor es die Luft, das Land und sogar den Himmel gab, war nur stürmisches und sprudelndes Wasser, aus dem Ra, der erste Gott, hervorging. Ra verwandelte sich in ein neues Element des Kosmos, in die Sonne.*«

Mehrere ägyptische Mythen erzählen auch von einer Zeit, als die Sonne verdunkelt war: »*Sie verbargen mein Auge* (die Sonne) *mit Wolken ähnlich Pflanzen.*«

Die Schöpfungsgeschichte widerspiegelt die anhaltende Angst der alten Ägypter, ähnlich wie die anderer alter Völker, davor, dass das Urmeer Nun, der Ozean, eine neue katastrophale Flut auslösen könnte, welche die Erde eines Tages überfluten würde. Aus diesem Urmeer war Amon-Ra geboren worden, auch Ra oder Amon genannt, der auch als Vater der Götter oder als König der Götter bekannt war. Der König der Götter wurde mit der Sonne in Verbindung gebracht. Jeden Tag zieht er in seiner Barke am Himmel seine Bahn. Die Legende erzählt, dass es vor der Erschaffung des Kosmos nur Finsternis und ein unendliches Urmeer mit ruhigem Wasser gab, personifiziert durch Nun. Nach der Entstehung des Kosmos zog sich das Urmeer zurück. Diese Geschichte findet sich in mehreren Schriften auf verschiedenen Pyramiden, Sarkophagen usw.

In der griechischen Mythologie gab es zwei Fluten, die zwei verschiedene Zeitalter beenden, das Silber-Zeitalter (Ogygische Flut) und das erste Messing-Zeitalter (Deukalion-Flut). Darüber hinaus gibt es auch die Legende, wie die Erde aus dem zuvor herrschenden absoluten Chaos heraus erschaffen wurde. Ein weiterer, weniger bekannter kreationistischer Mythos erzählt davon, dass eine Urgöttin aus dem chaotischen Wasser hervorging (Wickersham, M. John. *Myths and Legends of the World,* Band 2, Seite 9). Entsprechend der Mythologie wurde der Mensch dazu geschaffen, die Götter zu verehren. Aber die Menschen wurden böse, gewalttätig und führten Kriege und verloren den Glauben an die Götter. Daher beschloss Zeus, sie zu bestrafen. Alle Menschen starben in der Sintflut, außer Deucalion und Pirra. Im Mythos vom Goldenen Zeitalter von Hesiod wird darüber hinaus von Veränderungen der Umwelt und des Klimas berichtet.

Das babylonische Gedicht Enuma Elisch über die Schöpfung wurde etwa im Jahr 1100 v. Chr. unter der Herrschaft von Nebukadnezzar auf sieben Tontafeln niedergeschrieben, jedoch glauben einige Historiker, dass der Text aus älteren Quellen übernommen wurde. Es wurde jedes Jahr während des Neujahrsfestes im alten Babylon vorgetragen. Der Bericht beginnt im Zeitalter des Chaos, bevor die Erde, der Himmel, die Götter und das Schicksal erschaffen worden waren, als das Wasser bereits existierte:

Tafel I
Als oben der Himmel noch nicht existierte
und unten die Erde noch nicht entstanden war,
gab es Apsu, den ersten, ihren Erzeuger,
und Schöpferin Tiamat, die sie alle gebar;
sie hatten ihre Wasser miteinander vermischt,
ehe sich Weideland verband und Röhricht zu finden war,
als noch keiner der Götter geformt
oder entstanden war, die Schicksale nicht bestimmt waren,
da wurden die Götter in ihnen geschaffen.

Auch bei afrikanischen Völkern, etwa bei den Swali in Kenia, den Bakuba in Zaire, den Boshongo vom Stamm der Bantu, bei nordamerikanischen Indianerstämmen (Creek, Maidu, Yauelma-ni Yokuts, Yuchi, Omaha, Tuskegee usw.) und bei polynesischen Stämmen (Maori usw.) gibt es Schöpfungsmythen, die davon erzählen, dass es das Urmeer schon vor dem Sonnenlicht und allem anderen gegeben habe.

Mythen, die einen früheren Polsprung beschreiben

Viele Mythen und Legenden beschreiben etwas, das an einen früheren Polsprung erinnert, so wie das bereits erwähnte Hitat. Dem von Wiston geschriebenen Buch *La Théorie de la Terre* (Buch II, S. 98) zufolge glaubten viele alte weise Männer, dass die Sonne vor Tausenden von Jahren, als die Welt erschaffen wurde, im Westen aufging, nicht im Osten.

In einem taoistischen Schöpfungsmythos aus China ist das Pangu die mythologische Personifikation des Universums. Aus der Dualität der Natur, Yin und Yang, entstand Pangu in einem kosmischen Ei, das in der Finsternis des Chaos dahintrieb. Als es das Ei aufbrach, erschuf es das Licht und trennte den Himmel von der Erde. Als dieser Zyklus vorbei war, wurde Pangu alt und wurde zu einem Gebirge, seine Zähne und Knochen wurden Felsen, seine Augen verwandelten sich in die Sonne und den Mond usw. Die Legende berichtet, dass Pangu die Sonne und den Mond nicht sofort an ihre Orte setzte, als er die Dinge auf Erden erschuf, sodass die Menschen eine Weile ohne Licht lebten. Im *Shan Hai Zhing*, dem Buch der Berge und Flüsse aus dem 3. Jahrhundert v. Chr., versucht ein Dämon, der Kung Kung genannt wird, die Welt zu zerstören, indem er den Berg Bu Zhou Shan versetzt, aber er verschiebt dadurch »nur« den Himmel, was eine Neigung der Erdachse bewirkt. Die Buddhisten übernahmen diesen taoistischen Mythos in ihre Religion.

Eine weitere Schöpfungsgeschichte aus dem chinesischen Taoismus erzählt von der Göttin Nü Gua oder Nüwa und wurde laut E.T.C. Werners Buch *Myths & Legends of China* erstmals von Liezi berichtet. In dieser Legende ist Kung Kung der Gott des Wassers, und er zerstört die Säulen, die den Himmel tragen, woraufhin der Himmel einstürzt. Der Einsturz des Himmels verursacht ein riesiges Loch, die Erdachse verschiebt sich, die Sonne verdunkelt sich und riesige Wassermassen regnen herunter. Welch herrliche Beschreibung der Schöpfung, der Sintluft und der Vorhersagen vom Ende der Zeiten. Später steigt Land aus dem Chaos auf, und Nü Gua erschafft den Menschen.

Der Sanhedrin im Babylonischen Talmud des Judentums, der umfachreicher ist als der Jerusalemer Talmud, berichtet von einer Zeit, in der der Planet sieben Tage lang von starken Regenfällen mit Blitzen und schrecklichem Getöse am Himmel überflutet wurde. »*Der Heilige ... verkehrte die Ordnung der Natur und machte, dass die Sonne im Westen aufging und im Osten unterging.*« Obwohl der Text andere Worte wie der zuvor genannte chinesische Mythos verwendet, gibt er einen weiteren klaren Hinweis auf eine planetare Veränderung während der Flut.

Das Gilgamesch-Epos ist uns in Form von zwölf Tontafeln erhalten geblieben, die im 19. Jahrhundert in der alten assyrischen Stadt Niniveh gefunden wurden. Die Historiker sind sich heute einig, dass dieser Fund aus der Zeit von König Hammurabi, etwa 1750 v. Chr., stammt, während die Legende selbst bis ins prähistorische Sumer zurückreicht. Jedoch glauben die Historiker, dass die mesopotamischen Flut-Legenden sich auf die Flüsse Euphrat und Tigris beziehen. In jener Legende beschreibt der babylonische Gott Marduk, wie er der Menschheit die Flut schickte, und spricht von einer weltweiten Katastrophe, nicht von einer lokalen Flut: »*Vor langer Zeit, als ich zornig wurde und das Haus verließ, um die Sintflut vorzubereiten, ging die Kontrolle über den Himmel und die Erde verloren. Die hohen Himmel erzitterten, die Stellung der Sterne und des Himmels änderte sich, und ich habe sie nicht an ihren Platz zurückgesetzt.*«

Die Sumerer hatten eine Liste der Könige, die vor der Flut regiert hatten. Eine dieser Listen findet sich im Manuskript MS 2855 in der Schøyen-Sammlung der Nationalbibliothek von Norwegen. War diese Flut wirklich nur von einem Fluss verursacht worden, wie von der etablierten Wissenschaft behauptet wird, obwohl sie als Bezugspunkt für ihre Zeitrechnung verwendet wurde?

Die Hopi-Indianer aus Nordamerika berichten von vielen untergegangenen Welten, die zerstört und wieder aufgebaut wurden: *»Die außer Kontrolle geratene Welt verlor ihr Gleichgewicht, rotierte wild und drehte sich zwei Mal. Die Berge fielen ins Meer mit großem Krachen, die Meere und Seen drangen in das Land ein, und die Welt drehte leblos in der Kälte und im Raum und wurde zu festem Eis.«*

Mehrere andere nordamerikanische Indianerstämme und die Wikinger haben gemeinsame Mythen, die erwähnen, dass ihr Land kälter wurde. Das zeigt, dass sie zuvor in einer wärmeren Region gelebt hatten, und dass ihr Land in Richtung Nordpol wanderte.

Der brasilianische Stamm der Kaxinawas, die im Bundesstaat Acre leben, glaubt an eine Zeit, als *»der Himmel brannte und seine Trümmer herabfielen und alle töteten. Der Himmel und die Erde veränderten sich.«*

In der alten Apokryphe des Henoch finden wir Veränderungen, die sich auf die Sintflut beziehen: *»Die Jahre werden kürzer«* könnte auf eine Veränderung der Rotationsgeschwindigkeit nach dem Polsprung hindeuten. Auch erwähnt die Schrift eindeutig eine veränderte Bahn der Himmelskörper: *»Der Mond ändert seine Bahn.«* Bemerkenswerterweise gibt es andere alte Mythen, die auch davon erzählen, dass der Tag und die Nacht früher viel kürzer waren. Das könnte auf eine periodische Veränderung der Rotationsgeschwindigkeit nach jeder Katastrophe hindeuten.

Mythen über eine dreitägige Finsternis in der Vergangenheit

Basierend auf den Mythen erkennt man, dass der Polsprung mit einer Veränderung der Rotationsrichtung einhergeht. Während ein Teil des Planeten drei Tage im Dunkeln liegt, erlebt der andere Teil scheinbar eine dreitägige Helligkeit, bevor die Drehbewegung langsam wieder einsetzt.

Mehrere Berichte einer riesigen Flut, einige davon mit Details einer Finsternis und einem lauten Krachen, ähnlich einem Donnern aus dem Innern der Erde, gibt es von eingeborenen Indianerstämmen Brasiliens, so beispielsweise von den Tupis, den Kaxinawas, den Padauiris, den Bororos und den Pamaris. Betrachten wir zum Beispiel den Sintflutmythos der Pamaris, einem Stamm im amazonischen Regenwald. Er ähnelt stark den Prophezeiungen einer dreitägigen Finsternis:

»Vor langer Zeit kam das Ende der Welt auf die folgende Weise: Eines Tages war ein Geräusch zu hören, das aus dem Untergrund und von über der Erde kam. Der Mond und die Sonne wurden rot, blau und später gelblich. Die wilden Tiere näherten sich ihnen und verloren ihre Furcht. Einen Monat später hörte man ein noch lauteres Geräusch, und Dunkelheit breitete sich zwischen Himmel und Erde aus. Ein starker Regen setzte ein und fiel Tag und Nacht. Eine Menge Menschen starben, ohne zu wissen warum. Die Fluten bedeckten das ganze Land, sodass nur noch die höchsten Zweige der größten Bäume zu sehen waren. Die Menschen, die versuchten, sich auf den Zweigen zu retten, starben an Hunger und Kälte, außer Uassu und seine Frau Sofara. Sobald sich das Wasser zurückzog, stiegen sie vom Baum herab, auf dem sie waren, und sie fanden weder die Körper noch die Knochen der anderen. Dieses Paar hatte viele Söhne und Töchter, aber ihre Nachkommen beschlossen, ihre Häuser entlang dem Ufer des Flusses auf einem Fundament aus Holz zu bauen, denn wenn eines Tages das Wasser wieder steigt, werden die Häuser schwimmen können.«

Die Prophezeiungen der dreitägigen Finsternis stammen aus verschiedenen Gegenden der Erde und aus verschiedenen Zeiten und erwähnen eine zukünftige Finsternis, die drei Tage anhalten werde.

Die Perser stellten fest, dass kurz nach der Katastrophe ein einzelner Tag zu drei Tagen wurde, der sich anschließend in eine Nacht verwandelte, die zu drei Nächten geworden war. Die Tage und Nächte verlängerten sich. Diese Veränderung könnte zwei mögliche Ursachen haben: Entweder die Rotationsgeschwindigkeit hatte sich verändert und der Tag wurde im Vergleich zu vorher länger, oder die Rotation blieb nach einem Polsprung stehen und setzte erst langsam wieder ein, wobei die Dunkelheit den zeitweiligen Stillstand der Rotation anzeigt. Falls sich die Rotationsgeschwindigkeit endgültig verändert und die Tage und Nächte länger werden, dann erklärt sich der Bericht in der Bibel, dass die Menschen nach der Sintflut »nicht mehr so lange lebten«. Auch berichten die Chinesen, dass die Sonne einige Tage nicht mehr unterging, bis die ganze Erde brannte. Manche Legenden sprechen von einer mehrtägigen Finsternis, während andere von einer mehrtägigen Helligkeit berichten. Ein Stillstand der Rotation ist eine denkbare Erklärung für dieses Phänomen, von dem weltweit berichtet wird, trotz der giftigen Gase, die gemäß anderen Prophezeiungen die Atmosphäre vergiften sollen. Mehrere präkolumbianische Zivilisationen erwähnen eine sogar viertägige Finsternis. Ein alter ägyptischer Papyrus fügt hinzu, dass »der Winter zum Sommer wird, die Monate sich verändern und die Stunden durcheinander kommen«. Dies sind klare Hinweise auf einen Polsprung und auf eine Veränderung der Rotationsgeschwindigkeit, die das Klima in allen Regionen der Erde verändert, sodass manche Gegenden wärmer und andere kälter werden.

Bei den Prasun Kafir im Hindukusch gibt es, wie aus einer Abschrift aus dem 19. Jahrhundert hervorgeht, einen Mythos, der davon berichtet, dass die Welt einst kalt und dunkel war, weil der Riese Espereg-era die Sonne und den Mond gefangen hatte. »Dann wird der Gott Mandi zu einem Kind ... und am vierten Tag der Gefangenschaft der Sonne und des Mondes wird Mandi wieder erwachsen und findet die Sonne und den Mond«, woraufhin beide am Tag und in der Nacht wieder scheinen.

Gemäß dem Buch *Legenda de los soles* (Legenden der Sonne) gab es in der Mythologie der Azteken die Vorstellung, dass wir im 5. Zeitalter wären, dem Zeitalter der 5. Sonne, und dass es zuvor vier frühere Welten gegeben habe. Die Sonne sei gestorben, als sie einige Tage lang nicht mehr zu sehen war. Nach vier Tagen ohne Licht, so berichten die Mythen der Azteken, ging die Sonne wieder auf. Das Volk der Inka glaubte, dass die Sonne schon einmal gestorben sei, d.h. dass sie zeitweilig verschwunden war, aber später jedesmal wieder geboren wurde. Etwas Ähnliches glaubten auch die Mayas. Diese »Tode« der Sonne deuten darauf hin, dass mehrere Polsprünge in der Vergangenheit stattgefunden haben, genau wie auch Platon berichtete. Andere alte Zivilisationen wussten, dass es während der letzten Flut eine viertägige Finsternis gegeben hatte, und gegenwärtig gibt es viele Prophezeiungen über eine bevorstehende dreitägige Finsternis. Wenn wir nur für einen Moment aufhören würden, zu glauben, diese Völker seien Dummköpfe gewesen, dann sähen wir, dass wir selbst die Dummköpfe sind. Es liegt auf der Hand, dass es sich hierbei um dasselbe periodisch wiederkehrende Phänomen handeln muss.

In den letzten Jahren des 20. Jahrhunderts fand man heraus, dass die Sahara vor dem letzten Wechsel von Eis- zu Warmzeit, vor etwa 12.000 Jahren, bewaldet war und dass dort ein regenreiches Klima herrschte, ähnlich dem der heutigen Regenwälder am Amazonas, was das zuvor Geschriebene bestätigt. Auch ist bekannt, dass die Lamas, die heute in den Anden leben, früher im brasilianischen Nordosten beheimatet waren. Und wenn der brasilianische Nordosten und die Sahara damals kühler waren als heute, dann wahrscheinlich deshalb, weil sie in anderen Breitengraden auf dem Globus lagen, während in Sibirien tropisches Wetter herrschte, die Erklärung dafür, warum dort gefundene Mammuts tropische Pflanzen gefressen hatten.

Mythen über eine Erwärmung oder Abkühlung
vor der Sintflut

Der Sintflutmythos der Pygmäen aus Äquatorialafrika beschreibt eine anhaltende Schwäche der Sonne mit einem vorübergehenden Verschwinden und enthüllt zudem einen langsamen Klimawandel, der einer plötzlichen Katastrophe in der Vergangenheit vorausgegangen war: »*Es war schon eine Weile vergangen, während der die Sonne Zeichen von Müdigkeit gezeigt hatte. Am Anfang schenkte das Volk der Pygmäen dem nur wenig Beachtung. Aber nach einiger Zeit mussten sie feststellen, dass sich das Phänomen auf ungewöhnliche Weise fortsetzte. Gegen Ende des Tages stellten sie fest, dass die Sonne ›außer Atem‹ zu sein schien. Und die Anzeichen nahmen weiter zu. Die Wärme wurde schwächer und schwächer, und das Licht ließ sichtbar nach. Dann kam der Tag, an dem die Sonne nicht mehr aufging, und ein großer Sturm setzte ein. Einige Pygmäen glaubten, das Ende der Welt sei gekommen. Es fiel sintflutartiger Regen. Dann kam das Fallen der Sterne. Die Sterne explodierten und begannen vom Himmel zu fallen. Zur selben Zeit kehrten die Kräfte der Sonne zurück, und sie erlangte wieder ihre ursprüngliche Pracht. Die lange Nacht ging zu Ende und die Sonne stieg am Horizont auf, heller als zuvor. Sie drang durch die dunklen Regenwolken und schien am Himmel. – ›Der Regenbogen!‹, rief das Volk der Pygmäen. Das war das Zeichen Gottes (Khmvoum) für den Bund mit dem Volk der Pygmäen. Die Sonne würde nicht verblassen, solange Khmvoum über sein Volk wachte.*«

Der folgende Mythos über die Apapocuvas wurde veröffentlicht von C. Nunyebdahy-Unkel unter dem Titel *Die Sagen von der Erschaffung und Vernichtung der Welt als Grundlage der Religion der Apapocuva-Guarani* in der Zeitschrift für Ethnologie (Nr. 46, 1914) und kürzlich in einem Buch über die Mythen und Legenden aus dem Amazonas von Tersilla Gatto Chanu.

»*Nanderuvuçu, der Schöpfer aller Dinge, stieg herab vom Himmel und befahl Guyraypoty: ›Fangt an zu tanzen, denn die Welt wird zerstört werden.‹ Wir tanzten drei Jahre, als ein Donnerschlag zu hören war, der das Ende der Welt ankündigte. Das Land versank langsam ...*

Nach einem Jahr wurde der Donnerschlag wieder gehört. Das Land versank nun noch schneller ... Das Land wurde jetzt immer wärmer. Sie wussten, dass das Meer eine große Flut bringen würde ... Und dann setzte ein gewaltiger Regen ein. ›Habt keine Angst‹, sagte Guyraypoti zu den Indianern, ›denn die Regen kommen, um das Fundament der Erde abzukühlen.‹« Gemäß den Apapocuvas überflutete das Wasser die Welt, um das Feuer zu löschen.

Die Erschaffung der Welt bedeutet ... das Ende der Welt!

Im alten Babylon gab es die Angst, der Himmel könnte einstürzen und die Menschen zerquetschen. Die Kelten entgegneten Alexander, dass dies das Einzige sei, wovor sie Angst hätten. Was mag der Ursprung dieser Ängste gewesen sein? Können Sie sich den Einsturz des Himmels vorstellen? Diese Völker schienen sich an eine vergangene Zeit der Finsternis zu erinnern, als die Sterne und der Himmel nicht sichtbar waren, vermutlich mehrere Tage lang. Zur selben Zeit starben viele Menschen und Tiere. Nach dem Polsprung hörte das plötzliche Schmelzen der Eismassen, das die Flut und den nachfolgenden Regen verursacht hatte, langsam wieder auf, ebenso wie die Vulkanausbrüche, Erdbeben und Erdveränderungen, und die möglicherweise für drei oder vier Tage unterbrochene Erdrotation setzte vielleicht mit anderer Geschwindigkeit wieder ein. Die Gas- und Aschewolken verzogen sich, das Licht kehrte zurück (Erschaffung von Sonne und Mond). Die Niederschläge an den neuen Polen froren ein und das Meer senkte sich wieder ungefähr auf den früheren Meeresspiegel ab. Während sich das Wasser zurückzog, tauchten Bäume wieder aus dem Wasser auf (Erschaffung der Bäume). Langsam verließen die Tiere, die überlebt hatten, ihre Verstecke, und so kam es zur »Erschaffung der Tiere«. Zu guter Letzt erschienen die menschlichen Überlebenden. Das ist die Erschaffung von Adam und Eva, und das ist der Grund, warum sie Erwachsene waren – es waren Überlebende. Die Anzahl Überlebender ist von Stamm zu Stamm natürlich verschieden.

Bemerkenswerterweise ist es im Fall der Sintflut üblich, dass ein Prophet in Erscheinung tritt, der jene warnt, die gerettet werden, und der davor warnt, dass Gott die Sünder bestrafen wird, welche sterben werden. Es handelt sich dabei um eine Art Gericht. Kündigt also dieses Buch ein neues derartiges Gericht an?

Alte jüdische Texte berichten von Erdbeben und dass das Mittelmeer, das heute beinahe ganz von den Kontinenten eingeschlossen ist, vor der Katastrophe ein offener Ozean gewesen sei, was auf eine Veränderung der Kontinente und Ozeane hindeutet. Die Propheten sagen heute, dass das Mittelmeer zu einem Binnenmeer werden wird. Ist dies nur ein weiterer Zufall, oder wird sich der bereits begonnene geologische Prozess in jener Region fortsetzen?

Der Kodex Rios, auch bekannt als Kodex 3738 oder Kodex Caticanus A, eine italienische Übersetzung des Kodex Telleriano-Remensis, wurde von einem Dominikanermönch im 16. Jahrhundert, basierend auf den Glaubensvorstellungen der Tolteca-Chichimeca, verfasst und berichtet über deren mythologische Überlieferung, welche die Welt in vier Zeitalter einteilt: *»Andere erzählten, dass niemand die Flut überlebt habe, außer den beiden in dem Baum, aber andere Leute fanden in bestimmten Höhlen Zuflucht, und nach der Flut verteilten sie sich überall, und die Bevölkerung, die entstand, verehrte sie als Götter, jeder in seinem eigenen Volk.«*

Wenn die Sonne »stirbt«

Was also wahrscheinlich während der mythologischen Schöpfung geschah ist, dass der Planet überflutet wurde und irgendetwas eine Zeit lang den Schein der Sonne verhinderte. Dies könnte ein vorübergehender Stillstand der Erdrotation sein und/oder das Vorhandensein von Gas- und Aschewolken, die während riesiger seismischer oder vulkanischer Aktivitäten aus dem Innern der Erde strömten. Dies war im Mythos der Inkas der Tod der Sonne. Die Legende eines verlorenen Paradieses in einem goldenen Zeitalter

48

und die Flucht der Vorfahren findet sich ebenso bei zahlreichen Zivilisationen in Amerika, Afrika, Europa und Asien.[5]

Es gibt zahllose Prophezeiungen über riesige Erdbeben mit versinkenden und aufsteigenden Landmassen, die etwas voraussagen, was uns heute als absurd erscheint: die Rückkehr von Atlantis, welches zuvor untergegangen war. Könnte es hierbei einen Zusammenhang zur Wiederauferstehung der Toten am Ende der Welt geben, die im Christentum und in anderen Religionen erwähnt wird? Werden jene die Toten sein, die am Ende der Welt wieder leben sollen, wenn ihre Ruinen zurückkehren?

2. Der Mythos vom verlorenen Goldenen Zeitalter

Als Adam und Eva geboren wurden

»Das Land hatte Reichtum, die Menschen waren glücklich, es gab kein Jahr des Hungers in den beiden Ländern. Die Mauern stürzten nicht ein, die Dornen stachen nicht in der Zeit der ersten Götter.«
Alter Ägyptischer Text

»Im ersten Zeitalter gab es weder Götter noch Dämonen. Das erste Zeitalter kannte keine Krankheiten; es gab keine Verkleinerung nach den Jahren, es gab keinen Hass, keine Eitelkeit, keinen schlechten Gedanken, keine Traurigkeit oder Angst.«
Mahabharata, Indien

Wenn die Schöpfungsgeschichte tatsächlich von einem Ende berichtet, dann sollte es auch Legenden über Zivilisationen geben, die vor der sogenannten »Schöpfung« existiert haben. Der Historiker Immanuel Velikovski war einer der ersten, die versuchten,

---

[5] Normalerweise gibt es zuvor eine Degeneration der lebenden Menschen und eine darauffolgende Vernichtung durch die Flut, wie Ian Lawton in seinem Buch *Genesis Unveiled* feststellt.

Mythen und alte Überlieferungen in dieser Weise zu interpretieren. Er sammelte viele Legenden und Mythen über vergangene Katastrophen und versuchte sie zu verstehen. Viele Kulturen berichten von einer Zeit, in der das Leben leicht und problemlos war, ohne Kriege oder Hunger und sogar ohne den Tod. Die bekanntesten derartigen Mythen sind die griechischen und römischen Legenden über das Goldene Zeitalter, als Götter unter den Menschen lebten, und die jüdisch-christlichen Überlieferungen von Adam und Eva im Paradies. Im Goldenen Zeitalter waren die Menschen Gott näher oder sie lebten mit Gott. Außerdem gibt es bei den Ägyptern die Legende von Osiris oder das »Sat Yoga« aus dem Ramayana der Hindus, das Avesta der Perser und die Überlieferungen der Indianerstämme in Amerika, wie beispielsweise der Abenaki. Doch die Menschen begannen ab einem bestimmten Zeitpunkt zu sündigen. Und als Folge davon kam die göttliche Strafe in Form von Naturkatastrophen, und die Götter verließen die Menschen. Als die Tsunamikatastrophe im Dezember 2004 über Asien brauste, glaubten viele religiöse Menschen, diese Katastrophe sei eine Strafe Gottes. Dasselbe geschah, als der Hurrikan Katrina im Jahr 2005 New Orleans zerstörte. Wie man sieht, werden derartige Ereignisse von religiösen Menschen selbst heute noch mit dem Zorn Gottes in Verbindung gebracht. Gewöhnliches erzählen die Mythen über die Entstehung des Menschen, von seiner Schöpfung aus Staub, Erde oder Schlamm, oder, als zweite Möglichkeit, von einem Abstieg aus dem Himmel. In diesem zweiten Fall gab es bereits Menschen, die bei Gott lebten oder nahe bei ihm. Einige Legenden scheinen sogar von außerirdischen Lebewesen als den Göttern zu sprechen.

In dem Buch *Memories and Visions of Paradise* stellt Richard Heinberg fest, dass »*die Idee, dass die ersten Menschen glücklich, unschuldig und weise waren, so weitverbreitet ist, dass man eine geografische Studie über die Legenden vom Paradies in buchstäblich jeder bewohnten Gegend und jeder ethnischen Gruppe durchführen könnte*«.

Bei den Griechen verfasste Hesiodus Berichte über das Goldene Zeitalter, das Silberne Zeitalter und das Bronzene Zeitalter. Zur Zeit des Goldenen Zeitalters gab es eine goldene Rasse, und die Menschen waren wie Götter. Für die Pygmäen in Gabun lebte der Schöpfer der menschlichen Rasse, Kmvum, in einem goldenen Zeitalter auf der Erde. Aber nach dem Verrat der Menschen kam es zur Trennung zwischen dem Schöpfer und den Menschen. Die Ureinwohner Australiens glauben, dass ihre Vorfahren in einer Zeit des Goldes lebten, in einem Paradies, in dem die Jagd üppig und der Unterschied von Gut und Böse unbekannt war. Die Algonquin-Indianer berichten, dass die Menschen vor langer Zeit in Frieden und Glück lebten, aber eines Tages tauchte unter den Menschen eine riesige Schlange auf, und sie gerieten in Verwirrung und fingen an, einander zu hassen. Die Schlange beschloss, alles durch eine Sintflut zu zerstören. Für die Tartaren lebte früher Tengere Kaira Khan, »der gnädige Herrscher des Himmels«, unter den Menschen, und er soll am Ende der Welt zurückkehren. Mehrere präkolumbianische Zivilisationen erzählen von der Geschichte, die sich vor langer Zeit ereignete, viele Zeitalter vor der Gegenwart, Zeitalter, die durch Naturkatastrophen getrennt sind, wie die Inkas und die Azteken und andere eingeborene Stämme in Nordamerika glauben.

In dem Buch *Hamlet's Mill* untersuchen Giorgio De Santillana und Hertha von Dechend die astronomische Grundlage der Mythen, welche die Schöpfung mit einem Polsprung in Verbindung bringen, und sie kommen zu dem Schluss, dass »*die Theorie* (der Alten) *bezüglich dem Anfang der Welt einen Abbruch der Harmonie beinhaltet, eine Art kosmogonische ›Ursünde‹, und als Konsequenz neigte sich die Bahn der Sonne in einen Winkel zum Äquator und es entstanden die Jahreszeiten*«.

Die ersten Kapitel der Bibel über das Paradies enthalten einige Punkte, die eindeutig mythologischer Art sind, aber es scheint darin eine gewisse Wahrheit zu stecken. Wenn wir in der Bibel die Beschreibung lesen, an welchem Ort sich der paradiesische Garten Eden befunden hat, dann erkennen wir, dass das Paradies, aus dem Adam und Eva vertrieben wurden, in der Nähe der Flüsse Euphrat und Tigris lag, im damaligen Mesopotamien, dem heutigen

Irak. Für die Sumerer bedeutete das Wort »Eden« eine »fruchtbare Ebene«. Adam und Eva bewohnten eine fruchtbare Region, bevor sie aus dem Paradies vertrieben wurden. Es scheint einen plötzlichen Klimawechsel gegeben zu haben, denn sie mussten einen Ort besiedeln, der nicht so fruchtbar und grün war wie das Paradies. Tatsächlich ist bekannt, dass Mesopotamien vor etwa 10.000 bis 12.000 Jahren eine grüne Gegend war, vor dem letzten Wechsel von Eiszeit zu Warmzeit. Könnte es sein, dass das Paradies nichts weiter war, als eine klimatisch begünstigte Region während der Eiszeit, und könnten Adam und Eva Überlebende einer früheren Katastrophe gewesen sein?

» Und es ging aus von Eden ein Strom, den Garten zu bewässern, und teilte sich von da in vier Hauptarme. Der erste heißt Pischon, der fließt um das ganze Land Hawila, und dort findet man Gold; und das Gold des Landes ist kostbar. Auch findet man da Bedolachharz und den Edelstein Schoham. Der zweite Strom heißt Gihon, der fließt um das ganze Land Kusch. Der dritte Strom heißt Tigris, der fließt östlich von Assyrien. Der vierte Strom ist der Euphrat.«
Genesis 2,10–14

Dieser biblische Bericht scheint sehr genau zu sein: Die Geschichte berichtet, dass der Tigris tatsächlich einige Kilometer östlich von Assur, der ersten assyrischen Hauptstadt, floss. Darüber hinaus ist die Gegend tatsächlich reich an Myrrhe und Gold, das bis 1950 dort gefördert wurde. Die anderen beiden Flüsse konnten nicht identifiziert werden. Forscher, die versuchten, sie mithilfe von Satellitenbildern etwa im Jahr 1980 zu finden, fanden zwei weitere Flüsse in jener Gegend, einer davon war ausgetrocknet, der andere aufgestaut.

Daher können wir davon ausgehen, dass das biblische Paradies auf Erden, in dem Adam und Eva lebten, bis sie vertrieben wurden (aufgrund einer Naturkatastrophe oder einem Klimawechsel), vor etwa 10.000 Jahren historisch tatsächlich existiert hat. Es war ein Ort in Mesopotamien mit anderer Fauna und Flora, der sich während der »Schöpfung« veränderte und austrocknete. Genau genommen war diese die vorletzte Naturkatastrophe, denn die letzte Katastrophe war die Sintflut. Vielleicht sind diese beiden Katastrophen Teil der letzten Eiszeit.

Die 1.000 Jahre Lebenszeit, die Adam und all die anderen Menschen erreichten, die vor der Flut gelebt haben, würden sich durch eine etwa 10-mal schnellere Erdrotation vor dem Polsprung im Vergleich zu heute erklären lassen. Viele alte Legenden berichten von einer Zeit, in der die Tage und Nächte viel kürzer waren als heute. Eine erzählt davon, dass die Leute am Morgen anfingen zu arbeiten und gleich wieder aufhören mussten, da es bereits wieder Nacht geworden war, und so wurden sie nicht müde.

Als Adam Eva begegnete, traf er eine weitere Überlebende. In vielen Mythen aus aller Welt, die vom Ende des letzten Zeitalters berichten, tauchen eine Schlange und andere Tiere auf. Ein weiteres seltsames Phänomen steht im Bezug zu den Tagen der Schöpfung. An jedem Tag, an dem das Wasser zurückweicht, taucht etwas auf, zum Schluss auch die Überlebenden.

Gehen wir davon aus, dass die Sintflut tatsächlich ein Polsprung war und die Schöpfung, die auf irgendeine Weise im Zusammenhang mit Adams Vertreibung aus dem grünen Paradies steht, einen erneuten Polsprung darstellt, dann müsste der letzte Polsprung vor diesen beiden Ereignissen etwa zwischen 11.000 und 12.000 v. Chr. stattgefunden haben, als Atlantis und andere Landstriche im Meer versanken, wie Platon berichtet. Die Wissenschaft geht heute davon aus, dass die Menschheit etwa im Jahr 10.000 v. Chr. mit dem Ackerbau begann, als viele große Tiere plötzlich ausstarben, d.h. unmittelbar nach dem letzten Wechsel von Eiszeit zu Warmzeit. Ist es möglich, dass die Überreste des vorangegangenen Ackerbaus vor der Katastrophe verschwunden sind? Wie archäologische Ausgrabungen belegen, begann die Zivilisation irgendwann zwischen 4.000 und 5.000 v. Chr. Gibt es denn keine Reste älterer Zivilisationen am Meeresgrund, die man finden oder besser untersuchen könnte? Ist es möglich, dass die neue Erde und der neue Himmel, welche Johannes in der Offenbarung prophezeit, die neue Lage des Planeten nach dem nächsten Polsprung beschreibt, der in den nächsten 5 bis 30 Jahren stattfinden könnte? Der darauffolgende Polsprung, nach dem nun unmittelbar bevorstehenden, sollte gemäß Henoch und Johannes nach weiteren etwa 1.000 Jahren stattfinden. Das Tausendjährige Reich der Bibel wäre demnach die Zeitspanne zwischen zwei Weltgerichten oder Polsprüngen. Versuchen wir also ein Muster zu erkennen, um herauszufinden, wann die nächsten Polsprünge stattfinden werden.

Von sowjetischen Forschern erbrachte Beweise belegen, dass sich die Temperatur des arktischen Ozeans gemäß dem folgenden Muster in der Vergangenheit mehrmals verändert hat. Man erkennt jeweils einen Abstand von etwa 10.000 Jahren, abgesehen von Abschnitt 3. Und wieder ist gemäß dieser Messungen der nächste Wechsel nicht mehr weit entfernt:

- Vor etwa 50.000 Jahren war der arktische Ozean kalt.
- Zwischen 50.000 und 45.000 v. Chr. war die Arktis warm.
- Zwischen 45.000 und 32.000 bis 28.000 v. Chr. war es kalt.
- Zwischen 32.000 bis 28.000 v. Chr. und 20.000 bis 18.000 v. Chr. war es warm.
- Zwischen 20.000 bis 18.000 v. Chr. und 10.000 bis 9.000 v. Chr. war es kalt.
- Etwa 10.000 bis 9.000 v. Chr. stellten sich dort die gegenwärtigen Wetterverhältnisse ein.
- Wir finden zwischen allen Polsprüngen einen Zeitraum von etwa 10.000 Jahren, selbstverständlich könnte der Abstand auch geringer sein.

3. Die Eiszeit

Sind Schöpfung und Untergang dasselbe wie die Eiszeit?

Das Pentagon informierte Präsident Bush, dass der Planet bis zum Jahr 2020 eine Naturkatastrophe erleiden und der Dritte Weltkrieg ausbrechen würde.
Aus einem Artikel, der in den Zeitungen *The Guardian* und *Observer* am 22.2.2004 veröffentlicht wurde

»Der Himmel wird anders sein, was einen großen Teil Afrikas verändern wird. Der dortige Himmel wird über Europa liegen, und der Himmel über Europa wird über Afrika sein ... Alle Tiere werden von Ost nach West bewegt und vom Norden in den Süden.«
Eine Prophezeiung, die in den Schriften von Leonardo da Vinci (1452–1519) gefunden wurde

»Ich sah ein vom Meer verschlungenes und von Wasser bedecktes Land, aber nachher sah ich, dass sich das Meer Stück für Stück zurückzog und das Land sichtbar wurde. Und die oberen Teile der Tower und Türme der Stadt tauchten schöner wieder auf, als sie zuvor vom Meer verschlungen wurden, und es wurde mir gesagt, dass dies England war.«
Pfarrer Bathassar Mas (1630)

»Die Griechen waren sicher, dass die Ägypter und ihre Sphinx etwas wussten, das sie nicht verraten wollten.«
Aus *A History of World Civilization*, herausgegeben von Max Savelle 1957

»Himmel und Erde werden vergehen, aber meine Worte werden nicht vergehen.«
Jesus Christus, Mt. 24,35

»Die Wellen des Meeres überfluten die Taten der Sünde. Und sie erschüttern die Fundamente der Stadt wie ein Boot über den Wellen; und

die Wellen erzeugen fürchterlichen Krach. Und jene, die auf dem Land leben, erschrecken wie jene, die das Meer überqueren, vor dem Aufruhr des Wassers. Und all die weisen Männer werden in die Tiefe der Meere gerissen, alles Wissen geht im Meer verloren. Die Tiefe des Meeres kocht, dann steigen die Fluten in die Lüfte und riesige Wellen erzeugen einen großen Krach ... Und die Tore (des Meeres) werden sich für die Taten der Eitelkeit öffnen und werden sich wieder schließen, nachdem jene, welche Unrecht getan haben, hineingerissen wurden. Die ewige Dunkelheit wird alle bösen Geister verschlingen.»
Hymne E von den Schriftrollen des Toten Meeres

Die Geologen stimmen in vielen Dingen nicht miteinander überein. Grundsächlich gibt es einerseits die Linie der Evolutionstheoretiker und andererseits die Linie der Katastrophentheoretiker, jedoch wird letztere in der Öffentlichkeit nicht gehört. Und das, obwohl die Katastrophentheorie durchaus plausibler erscheint, denn sie geht von periodischen Katastrophen aus, welche die Antworten auf die folgenden Fragen liefern könnten, für welche die Evolutionstheoretiker keine Erklärung haben:

In extrem kalten Gegenden wie beispielsweise in Sibirien wurden die Kadaver von Tieren gefunden, die Reste tropischer Pflanzen im Magen hatten und die vor etwa 10.000 Jahren ausgestorben sind. Es gibt weltweit noch weitere Hinweise für plötzliche Veränderungen zur selben Zeit, so beispielsweise die etwa 10.000 Jahre alten Knochen von Lamas, die heute in den kalten Klimazonen der südamerikanischen Berge leben, die aber im brasilianischen Nordosten gefunden wurden, wo es heute heiß, sogar sehr heiß ist und wo ein wüstenähnliches Klima herrscht. Die Sahara war vor etwa 10.000 Jahren kälter. Das bedeutet, dass einige Gegenden damals kalt waren und wärmer wurden, während andere warm waren und kälter wurden, möglicherweise sehr plötzlich, sodass es zu einem Aussterben kam.

Auf Weltkarten, die vor fünf oder mehr Jahrhunderten gezeichnet wurden, finden sich Details arktischer Gebiete, die erst in der Mitte des 20. Jahrhunderts mit den Mitteln der modernen Technologie gefunden wurden. Diese Details konnten nur bekannt sein und gezeichnet werden, wenn sie in einer Zeit erkundet wurden, in der diese Region eisfrei war. Darüber hinaus wurden in einigen Tausend Metern Höhe die Ruinen von Hafenstädten gefunden. Es gibt Fischfossilien im Gebirge, selbst im Himalaya, und versunkene Pyramiden in der Nähe von Japan.

Experten stellen fest, dass die herkömmliche Eiszeittheorie keine Erklärung dafür liefern kann, warum das Eis auf dem Planeten zunahm und Millionen von Tieren auslöschte. Es wurde nie eine vernünftige Erklärung für das plötzliche Verschwinden mehrerer Millionen Tiere etwa 10.000 v. Chr. gefunden.

Agassiz und Cuvier, die Väter der Eiszeittheorie, betonten den plötzlichen und katastrophalen Aspekt dieses Phänomens, aber sie wurden von der etablierten Wissenschaft der damaligen Zeit nicht anerkannt. Cuvier schrieb sogar von einer plötzlichen Verschiebung der Erdkruste, genau wie Albert Einstein[6], aber die herkömmliche Eiszeittheorie blieb bislang ein unantastbares Dogma. Und das, obwohl Wissenschaftler im Jahr 1990 die Möglichkeit plötzlicher extremer Veränderungen der Temperatur auf unserem Planeten bestätigt haben. So beispielsweise die Verfasser der Studie *Abrupt Climate Change: Inevitable Surprises*, die vom *Committee on Abrupt Climate Change, National Research Council, National Academy Press*, die im Jahr 2002 veröffentlicht wurde.

Welche andere Erklärung als einen plötzlichen Polsprung kann es für Tierkadaver geben, die in früher kalten Gegenden lebten, heute aber in heißen Regionen gefunden werden und umgekehrt? Und daher wage ich es an dieser Stelle zu behaupten, dass der Polsprung das entscheidende Ereignis ist, welches sowohl Wissenschaft und Religion miteinander verbindet.

---

[6] Albert Einstein zeigte auch großes Interesse an einer anderen Katastrophentheorie, dem Buch *Welten im Zusammenstoß*, von Immanuel Velikovsky. Dieses Buch untersucht eine Katastrophe, die möglicherweise zwischen 15.000 und 8.000 v. Chr. stattgefunden haben könnte. Einstein äußerte hierzu: *»Ich lese wieder ›Welten im Zusammenstoß‹. Dieses Buch ist von unvergleichlicher Bedeutung, und alle Wissenschaftler sollten es kennen.«*

Globale Erwärmung oder ... »Signa Judicii?«[7]

Seit dem Ende des zweiten Jahrtausends sind führende Politiker in aller Welt besorgt über den weltweiten Klimawandel, den sie für eine durch Kohlendioxid ausgelöste globale Erwärmung halten. Zweifellos stimmt es, dass einige Städte in der nördlichen Hemisphäre während der letzten 50 Jahre um etwa 2 Grad wärmer geworden sind. Das Magazin *Nature* berichtete, dass wir zu Beginn des dritten Jahrtausends die größte Eisschmelze der letzten 10.000 Jahre erleben. Satellitenbilder der Pole bieten, im Vergleich zwischen den 1970er Jahren und heute, einen verblüffenden Anblick. Während wir auf dem Sofa sitzen und Popcorn essen, schmilzt das Eis, und heute existiert nur noch ungefähr die Hälfte der Eismassen am Nordpol, verglichen mit den 1960er Jahren. Wie Wissenschaftler der NASA im Jahr 2006 berichteten, waren die Jahre 1998, 2002, 2003, 2004 und 2005 die heißesten seit 1890.

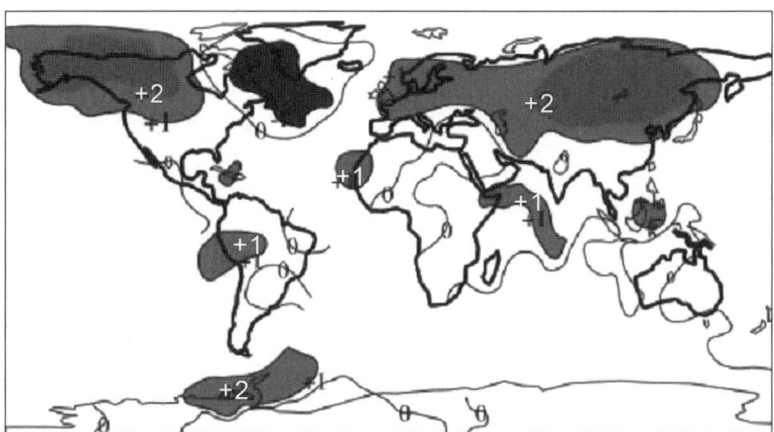

Die Abbildung oben zeigt, was seit 1950 auf der Erde geschehen ist. Wie man sieht, ist es in jenen Gegenden, die mit + 2 gekennzeichnet sind, also in Europa, Nordamerika und anderswo, in den letzten fünf Jahrzehnten um etwa 2°C wärmer geworden. Genau betrachtet, zeigt sich jedoch, dass nur die Nordhalbkugel von der

[7]Signa Judicii bedeutet »Zeichen des Gerichts«, eine Zeit kurz vor dem Ende der Welt.

58

Erwärmung betroffen zu sein scheint, nicht aber der Süden. Wie meine Nachforschungen ergeben haben, kühlen sich viele Städte in südlichen Teilen der Südhalbkugel sogar ab, etwa in Argentinien, Brasilien, Chile, Südafrika und Australien. Während der November 2006 in einigen Städten Deutschlands als der wärmste November seit 100 Jahren gemessen wurde, war er in mehreren Städten Brasiliens südlich des 20. Längengrads der kälteste seit 20 Jahren. Und während der Winter 2006/2007 in Europa vielleicht der wärmste war, den die Europäer erlebten, las ich in Rio de Janeiro einen zur selben Zeit, im Südsommer, erschienenen Artikel, in dem sich die Leute darüber beschwerten, dass sie im Sommer, wenn es normalerweise 30 bis 40°C heiß sein sollte, Mäntel tragen müssen, denn diesmal waren es nur 15 bis 30°C. Wenn dieser Gedanke richtig ist, dann müsste der Trend anhalten, dann müsste der Norden immer wärmer werden, während sich die südliche Hemisphäre immer weiter abkühlt, bis die Sache deutlicher zu erkennen ist.

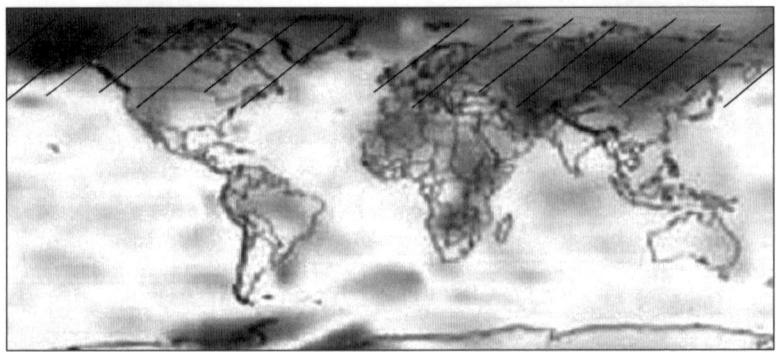

Die Abbildung[8] oben stammt von der Internetseite der NASA und wurde dort im September 2006 veröffentlicht. Dazu heißt es: *»Die oben abgebildetete, farbig markierte Karte zeigt den Verlauf der sich verändernden Erdoberflächentemperatur von 1880 bis 2005, dem wärmsten Jahr seit Beginn der Aufzeichungen. Dunkelrot* (hier: schraffiert; nur auf der Nordhalbkugel) *zeigt die stärkste Erwärmung und Dunkelblau* (vor allem im Süden) *die stärkste Abkühlung.«*

[8] www.giss.nasa.gov/research/news/20060925/

Kann die Eiszeit diese Ereignisse erklären?

Millionen von Mammuts und andere große Tierarten wie Säbelzahntiger und Riesenbiber verschwanden vor etwa 10.000 Jahren plötzlich, in einer Zeit, in der die Wissenschaft heute den letzten Übergang von Eiszeit zu Warmzeit vermutet. Zu Beginn des 20. Jahrhunderts wurde in Sibirien ein unversehrtes, tiefgefrorenes Mammut entdeckt, bei dem selbst die Augen erhalten waren. Zwischen den Zähnen des Tieres fand man sogar Pflanzenreste. Das bedeutet, dass dieses Tier nicht verhungert sein kann. Es gab Futter, und interessanterweise bestand dieses Futter aus tropischen Pflanzen. Nach einer Analyse wurde bestätigt, dass die Pflanzenreste aus dem Maul des Tieres in tropischen Regionen wachsen, obwohl die Wissenschaft damals noch davon ausging, dass die Mammuts in kalten Regionen gelebt hätten. Welche Erklärung kann es für den Fund eines Mammuts in einer arktischen Region geben, das seine letzte Mahlzeit an einem tropischen Ort zu sich genommen hat? Nur mit einer plötzlichen Verschiebung der Erdachse bzw. der Pole lässt sich dies erklären. Es gibt keine andere Möglichkeit, wie dieses Tier sonst in den Norden gelangt sein kann, wo es so schnell gefror, dass es zu keiner Verwesung kommen konnte und das Tier erhalten blieb. Louis Agassiz, einer der Väter der Eiszeittheorie aus dem 19. Jahrhundert, schrieb:

»Der sibirische Winter hielt zeitweilig Einzug in ein Gebiet, das zuvor von tropischer Vegetation bedeckt und mit großen Säugetieren belebt war, ähnlich denen, die heute in den warmen Regionen Indiens und Afrikas leben. Der Tod ereilte die gesamte Natur und die Temperatur fiel so tief, dass sie den Eismassen die höchstmögliche Spannung und Härte verlieh.«

Darüber hinaus wurde nach einer Analyse der Haut des Tieres eine große Menge roter Blutkörperchen gefunden, was auf einen Tod durch Ersticken hindeutet. Also wurde das Tier nicht nur plötzlich in nördliche Breitengrade getragen, sondern es war auch von Gasen erstickt worden. Die Vorstellung, dass das Mammut aufgrund seines Fells kälteresistent gewesen wäre, war die Grundlage jeder Eiszeittheorie des 19. Jahrhunderts. Jedoch konnte der französische Zoologe H. Neuville im Jahr 1919 nachweisen, dass die Haut des Mammuts ähnlich der indischer Elefanten war und das Tier nicht vor Kälte hätte schützen können. Trotzdem hält sich nach wie vor der Glaube, die Mammuts hätten in kalten Regionen gelebt, und viele Bücher lehrten diesen Irrtum bis zum Ende des 20. Jahrhunderts. Darüber hinaus wurden noch weitere Tiere mit tropischen Pflanzen in ihren Mägen gefunden.

Professor F. C. Hibben stellte in *The Lost Americans* fest, dass »*das Pleistozän in einer Szenerie des Todes endete ... der Tod trat in diesem Fall als Folge einer Katastrophe ein ... die großen Tiere dieser Zeit, die dem Zeitalter den Namen verliehen hatten, wurden ausgelöscht. Ihr Ende war das Ende einer Ära. Aber auf welche Weise kamen sie ums Leben? Was verursachte die Auslöschung von 40 Millionen Tieren? Dies ist eines der größten Rätsel der Welt.*«

Heute geht die Wissenschaft davon aus, dass die letzte Eiszeit vor ungefähr 11.500 Jahren zu Ende ging. Genau dieselbe Zeit wird von Platon in seinen 2.500 Jahre alten Schriften genannt, die von einer großen Katastrophe berichten, in der Atlantis versank und »*eine Rasse von Elefanten ausgelöscht wurde, die auf jener Insel gelebt hatten*«.

Die Wissenschaftler gehen davon aus, dass die beiden Übereinstimmungen zwischen Mythos und wissenschaftlicher Erkenntnis (die Zeit und die ausgestorbenen Elefanten) nichts weiter als ein Zufall sind. Ich frage mich, ob sie schon einmal die mathematische Wahrscheinlichkeit von zwei so unglaublichen Zufällen berechnet haben. Sicher nicht. Aber es gibt noch eine ungeklärte Frage in dieser Sache. Wenn es weder die Kälte noch der Hunger war, was hat dann die Mammuts getötet?

Gase: Tod durch Ersticken

In diesem Buch wird später noch die Rede von Prophezeiungen sein, die eine zukünftige dreitägige Finsternis ankündigen. Es existieren auch zahlreiche Mythen, die von einer vergangenen drei-

oder viertägigen Finsternis berichten. Gemäß diesen Prophezeiungen wird die Luft in dieser Zeit vergiftet sein, und es wird eine fast vollständige Dunkelheit herrschen, was auf eine vorübergehende Unterbrechung der Erdrotation und den Austritt großer Gasmengen hindeutet. Viele christliche Prophetien über die dreitägige Finsternis berichten, dass »die Kerze des Sünders nicht brennen wird«. Es heißt auch in vielen Prophezeingen, dass jene, die in ihren Häusern und Wohnungen bleiben, dabei die Türen und Fenster geschlossen halten und geweihte Kerzen brennen lassen, überleben werden, während alle Menschen außerhalb der Häuser umkommen werden. Diese Prophezeiungen rufen dazu auf, während dieser Tage zu beten und ruhig zu bleiben. Das Zeichen für den Beginn dieser dreitägigen Finsternis werde ein sehr lautes Krachen, ähnlich einem sehr starken Donner, sein.

Nostradamus war einer jener Propheten, die auch Angaben dazu machten, wann sich dies ereignen werde: »*Im Monat Oktober werden einige so große Verschiebungen eintreten, dass man glauben wird, die Schwerkraft der Erde hätte ihre natürliche Bewegung verloren und die Erde wäre hinausgeschleudert in die ewige Finsternis.*« Auch in anderen Quellen heißt es, dass dies in einem Oktober stattfinden werde. Sogar Jesus Christus sprach von einer Zeit ohne Sonne und ohne Mond, also ohne Licht.

Betrachten wir nun die Geschichte. In der Republik Kamerun ereignete sich im Jahr 1986 eine Naturkatastrophe, die an die prophezeite dreitägige Finsternis und den möglichen Tod der Mammuts erinnert. Das Geschehen ereignete sich in der Nähe eines Dorfes, in dem fast alle zweitausend Einwohner plötzlich auf rätselhafte Weise starben. Die Szenerie trug apokalyptische Züge, und man könnte an eine Strafe Gottes denken. Einer der wenigen Überlebenden berichtete, dass kurz vor dem Ereignis ein lauter Knall, ähnlich einem Donner, zu hören war. In der Nähe dieses Dorfes gibt es einen großen See mit dem Namen Nyos. Aus ihm traten in jener Nacht giftige Gase aus, mit einem hohen Anteil an Kohlendioxid, besser bekannt als Kohlensäure, das in Feuerlöschern verwendet wird und bei Bränden entsteht oder im

Innern der Erde vorkommt. Als der Donner zu hören war, trat das Gas aus dem See aus. Der Wind wehte die Gase in Richtung des Dorfes und tötete die Menschen und Tiere, die sich im Freien aufgehalten hatten, genau wie jene in Häusern mit offenen Fenstern und Türen. Die einzigen Überlebenden hatten sich in Häusern mit geschlossenen Fenstern und Türen aufgehalten, einige davon schliefen, sodass sie das Gas nicht einatmeten. Eine Frau starb aufrecht stehend beim Kochen, als sie mit einem Löffel einen Topf umrührte. Dies erinnerte mich an die Mammuts mit Futter im Maul. Die Frau bemerkte nicht, was geschah, sie fuhr mit ihrer Tätigkeit fort, vielleicht haben es auch die Mammuts nicht gemerkt. Etwa 1.750 Menschen starben, 845 wurden in Krankenhäuser eingeliefert, und Tausende von Tieren kamen ums Leben. Normalerweise dauert es weniger als eine Minute, bis ein Mensch ohne Sauerstoff das Bewusstsein verliert. Der Tod durch Ersticken mit Kohlendioxid ist fast nicht wahrnehmbar. Pathologische Studien zeigen, dass die Opfer schnell das Bewusstsein verlieren. Konzentrationen von mehr als 10 Prozent sind tödlich. Ein ähnlicher Vorfall ereignete sich 1984, ebenfalls in der Republik Kamerun, bei dem 37 Menschen umkamen, sechs Jahre später starben 6 Menschen in Neu Guinea. Bei dem Vorfall von 1984 wurden auf der Haut der Opfer auch Verbrennungen ersten Grades beobachtet, die möglicherweise durch andere giftige Gase ausgelöst wurden.

Im Jahr 1991 gab es einen Vulkanausbruch auf den Philippinen, der das Sonnenlicht verfinsterte. Der Qualm, der von dem Vulkan ausgestoßen wurde, war so dicht, dass der Tag zur Nacht wurde, wie Filmaufnahmen zeigen. Riesige Qualmwolken brachten überall, wo sie hinreichten, den Tod. Wenn die biblischen Plagen kein Mythos sind, könnte ein solches Ereignis im Zusammenhang mit einer der sieben biblischen Plagen stehen, als Moses den Auszug aus Ägypten versuchte? Dann zog auch damals ein Gas durch die Straßen, das alle tötete, die ihre Haustüren nicht mit Blut gestrichen hatten. Die Bibel erklärt nicht, wie das Blut verwendet wurde, vielleicht in einer Art Versiegelungsmasse?

Am 8. Mai 1902 zerstörte ein Vulkan eine Stadt auf der Karibikinsel Martinique. Gase, Rauch und Lava löschten das Leben der 27.000 Einwohner in der Hauptstadt Saint Pierre in wenigen Minuten aus. Der einzige Überlebende war Ludger Sylbaris, ein Gefangener. Sylbaris war eingesperrt in einer Einzelzelle mit festen Mauern und einem konischen Dach. Weil er von vier Wänden umgeben war, wurde er nicht durch die Gase vergiftet, die der Vulkan freigesetzt hatte. Einige Experten gehen davon aus, dass das Aussterben der Dinosaurier durch die Freisetzung großer Gasmengen durch Vulkane und Risse in der Erdrinde verursacht wurde. Etwas Ähnliches könnte sich in jener prophezeiten dreitägigen Finsternis während der Zeit des Polsprungs auch ereignen. Diese Naturkatastrophe ist von der Wissenschaft nur wenig erforscht und wird bis heute kaum verstanden. Ein Trost für jene, die dabei umkommen, ist, dass der Tod sehr schnell eintritt, und wie es scheint, schmerzlos.

Die Eiszeit-Theorie

Laut dem aktuellen Stand der Wissenschaft leben wir in einer Warmzeit, oder mit anderen Worten, in einer Periode zwischen zwei Eiszeiten. Wissenschaftler wie Geologen und Archäologen glauben, dass es in der Vergangenheit schon mehrere Eiszeiten gegeben hat und dass es auch zukünftig wieder Eiszeiten geben wird. Es ist wichtig, im Hinterkopf zu behalten, dass sie dabei nur von einer Theorie sprechen, nichts weiter als einer Theorie, die auch falsch oder unzureichend sein kann. Die Mammuts müssen plötzlich umgekommen sein, erstickt an Kohlendioxid. Wenn die Veränderungen langsam eingetreten wären, hätten die Tiere Zeit gehabt, sich anzupassen oder andere Regionen zu besiedeln. Das heißt, es gab wahrscheinlich plötzliche Temperaturveränderungen mit der Freisetzung großer Gasmengen. Man geht davon aus, dass die letzte Eiszeit, die Würm-Eiszeit, etwa im Jahr 8.000 v. Chr. zu Ende ging, was das Ende der Pleistozän-Ära und den Beginn der

Holozän-Ära anzeigt. Es ist auch bekannt, dass die letzte Klimaveränderung mit geografischen Veränderungen der Kontinente einherging. So war bis zum Ende des Pleistozäns beispielsweise Alaska durch eine Landbrücke mit dem Nordosten Asiens verbunden. Selbst bis vor wenigen Jahren, noch im 20. Jahrhundert, dachte man zunächst an einen völlig gefrorenen Planeten, wenn von der Eiszeit die Rede war. Wir müssen heute zugeben, dass der Planet nicht vollständig gefroren gewesen sein kann. Nach George Cuvier ereignete sich das teilweise Gefrieren des Planeten infolge eines Polsprungs, und es gab eine abrupte Veränderung der Temperaturen auf dem Planeten, wenn warme Regionen sich plötzlich in kalte Breitengrade verlagerten. Dies kann nicht als absurd abgetan werden und noch weniger als eine neue Theorie. Wissenschaftler wie Cuvier und Einstein glaubten an die Möglichkeit einer Verlagerung und einer plötzlichen Katastrophe.

Professor F. C. Hibben schreibt 1968 in *The Lost Americans: »Eine der interessantesten Theorien ist jene, die diese alte Tragödie mit brüllenden vulkanischen Eruptionen von katastrophaler Gewalt erklärt. Diese kühne Theorie findet seltsamerweise besonders in Gebieten wie Sibirien und Alaska beachtliche Unterstützung. Unter organischem Schutt verteilt und manchmal unter Hügeln von Knochen und Zähnen angesammelt finden sich Abschnitte vulkanischer Asche. Es gibt keinen Zweifel, dass zu der Zeit, als die Tiere des Pleistozäns ausgelöscht wurden, zumindest in Alaska Vulkanausbrüche von enormem Ausmaß stattgefunden haben ... Ein riesiger Vulkanausbruch würde die gleichzeitige Vernichtung aller Tiere in Alaska erklären ... die durch die Vulkanausbrüche ausgestoßenen giftigen Gaswolken hätten ein Massensterben ausgelöst ... Vulkanausbrüche dieses Ausmaßes werden auch von Stürmen begleitet.«*

Die Theorie der Eiszeit ist relativ neu, und sie wurde ursprünglich von dem Schweizer Geologen Louis Agassiz (1807–1873) vorgestellt, der die Theorie 1837 im Alter von 30 Jahren veröffentlichte. Agassiz ging von einer regelmäßig wiederkehrenden, sehr plötzlich auftretenden Katastrophe aus, und nicht von einer langsamen Ausdehnung der Eismassen. Agassiz betonte, dass seine

Nachforschungen den katastrophalen und plötzlichen Charakter des Phänomens erwiesen hätten, aber dies wurde ignoriert.

Das erste von Agassiz veröffentlichte Buch mit dem Titel *Brasilianischer Fisch* war dem französischen Wissenschaftler George Cuvier (1769–1832) gewidmet, den er persönlich kennengelernt hatte. Anders als Agassiz, der nur ein paar Jahre geforscht hatte, arbeitete Cuvier jahrzehntelang an diesem Thema und kam zu dem Schluss, dass in der Vergangenheit *»Fluten stattgefunden haben, die sich nicht langsam oder schrittweise, sondern durch plötzliche Katastrophen ereignet haben ... Wären die Tiere nicht unmittelbar nach ihrem Tode eingefroren, wären sie schnell verfault und hätten sich zersetzt ... vielleicht hatte sich die gesamte äußere Kruste der Erde verschoben.«* Auf Cuviers Arbeiten basierend konnte Agassiz seine Theorie aufbauen. Der nordamerikanische Forscher Charles Hapgood trug eine Reihe von Indizien zusammen, von denen einige in diesem Kapitel erwähnt wurden, und erstellte eine Theorie, die versuchte zu belegen, dass der Planet eine Verschiebung der Erdkruste erlitten hatte. Dabei studierte Hapgood keine Prophezeiungen oder Mythen, sondern nur Geologie und solide Wissenschaft. Auch Cuvier und Agassiz untersuchten keine Mythen oder Prophezeiungen. Die von Hapgood aufgestellte Theorie wurde nicht anerkannt, da sie im Widerspruch mit anderen geologischen Theorien stand, die als gültig anerkannt wurden. Aber Wissenschaftler wie Einstein und K. F. Mather, ein Lehrer für Geologie in Harvard und Präsident der American Association for the Progress of the Sciences, waren tief beeindruckt, was sie in ihren Briefen an Hapgood zum Ausdruck brachten.

Die Möglichkeit einer plötzlichen Verschiebung der Pole aufgrund geologischer Prozesse wie Vulkanismus, Erdbeben und Meteoriteneinschläge wurde im Jahr 1891 von dem Astronomen Schiaparelli bewiesen. Trotzdem wird in wissenschaftlichen Veröffentlichungen die Möglichkeit einer Polverschiebung nach wie vor geleugnet. Das Erdbeben, das die Flutwelle im Jahr 2004 in Asien ausgelöst hatte, verursachte jedoch eine Verschiebung der Pole um 6 cm, was durch Satellitenmessungen belegt werden konnte. Dank dieser Satellitenmessungen kann die Wissenschaft eine abrupte Verschiebung der Pole nicht länger abstreiten. Aber die Verschiebung und das Sterben wurden nicht allein durch die Beben verursacht. In manchen Gegenden hob sich der Meeresgrund auf einer Fläche von Tausenden Quadratkilometern um Dutzende Meter. Felsmassen in der Erdkruste wurden zusammengepresst, und sogar der Schwerpunkt des Planeten veränderte sich geringfügig. Auch kam es zum Untergang von Inseln, während sich andere in der Form veränderten und sich beispielsweise Sumatra um 30 Meter hob. All diese Elemente finden sich in den Prophezeiungen vom Polsprung und dem Ende der Zeit.

Wie können alte Landkarten Informationen enthalten, die erst im 20. Jahrhundert bekannt wurden?

Ein weiteres Mysterium umgibt die Existenz alter Landkarten, welche Details aufweisen, die erst kürzlich entdeckt wurden, wie beispielsweise die Landkarte von Piri Reis. Noch im Jahr 1929 bezeichneten Landkarten die Antarktis als »unbekannte Erde«. Dies gilt jedoch nicht für sehr alte Landkarten. Im Begleittext einer seiner Karten bemerkte der türkische Admiral Piri Reis, der nie den Mittelmeerraum verlassen hatte, dass er zur Anfertigung seiner Karten ältere als Referenz verwendet habe. Die Karten von Piri Reis, die zwischen 1513 und 1528 datiert werden, zeigen die Antarktis und unerforschte Flüsse in Südamerika, die zu jener Zeit völlig unbekannt waren.

Experten zufolge konnten die Karten, die Piri Reis als Referenz verwendete, diese Details nur dann enthalten haben, wenn sie aus einer Zeit stammten, in der die Antarktis eisfrei war. Daher könnte Piri Reis die Daten von uralten Karten übernommen haben, die aus einer Zeit vor dem letzten Polsprung stammten, als die Antarktis nicht gefroren war. Die Karte von Piri Reis wurde an L. W. Burroughs, den Chef der kartografischen Abteilung der Westover Airbase in Massachusetts, geschickt. Einer von Burroughs Mitarbeitern, Harold Z. Ohlmeyer, schrieb 1960 an Hapgood: »*Die Details, die im unteren Teil der Karte gezeichnet sind, stimmen mit den Ergebnissen des seismischen Profils überein, das 1949 durch die polare Eisdecke hindurch für eine schwedisch-englisch-norwegische Expedition erstellt wurde ... wir haben keine Ahnung, wie sich die Angaben auf der Karte auf der Basis des geografischen Wissens von 1513 erklären lassen.*«

Eine weitere rätselhafte Karte von Nicolo Zeno stammt angeblich aus dem 14. Jahrhundert, sie zeigt Grönland ohne Eisbedeckung, und die Flüsse und Berge, die auf dieser Karte eingezeichnet waren, konnten erst in der Mitte des 20. Jahrhunderts bestätigt werden. Möglicherweise basierte auch Zenos Karte auf älteren Angaben, wie im Fall von Piri Reis.

Eine andere Karte, die erstmals 1531 von dem französischen Geographen Oronté Finé (oder Oronteus Finaeus) veröffentlicht wurde, zeigt eine fast identische Wiedergabe der Antarktis. Dabei wurde dieser Kontinent erst 1818 entdeckt und in den 1920er Jahren kartographiert. Wie Forschungen aus den Jahren 1958 bis 1978 ergaben, wies diese alte nautische Karte eine sehr präzise Darstellung der dortigen Geologie auf. Bis heute ein Rätsel ist auch die Karte von Vinland, was Nordamerika bedeutet. In einem Artikel, der 2002 in der *Analytical Chemistry* erschien, behauptete Jacqueline Olin vom Smithsonian Institute, dass diese Karte, wie die Kohlenstoffdatierung ergeben hatte, etwa im Jahr 1434 gezeichnet worden sein muss.

Als sich die Weltkarte veränderte

Es gibt viele ungelöste Fragen rund um Gebäude, die von Menschen in der Vergangenheit errichtet wurden und die auf eine plötzliche Temperaturveränderung hindeuten. Einige Beispiele hierfür:

· In den 80er Jahren wurden vor der Küste Japans in etwa 30 Metern Tiefe pyramidenähnliche Bauwerke entdeckt.

- Am 14.November 2004 fand der amerikanische Wissenschaftler Robert Sarmast künstliche Strukturen in tiefen Gewässern etwa 80 Kilometer südöstlich von Zypern.
- Ende der 60er Jahre wurden in der Nähe von Bimini unter Wasser Bauwerke (eine Straße und eine Mauer) entdeckt.
- Vor einigen Jahren untersuchten Forscher in der Tiefe vor der Küste Kubas Formationen von flachen Steinblöcken und ungewöhnlichen geometrischen Gebilden. Die kanadische Firma Digital Advanced Communications, die diese Formationen entdeckt hatte, vermutete, dass es sich hierbei um Gebäude und Monumente einer unbekannten amerikanischen Zivilisation handeln könnte.
- Sowohl die Mayas als auch die Yucatecos erzählen bis heute Geschichten von bewohnten Inseln, auf denen ihre Vorfahren gelebt hatten und die im Meer verschwanden. Die Azteken wurden in den ersten Jahren nach ihrer Entdeckung durch die Spanier als Nachkommen des Volkes der Atlanter betrachtet.
- Seit langer Zeit werden in Indien Legenden erzählt, die von sieben prächtigen Tempeln handeln, welche an der Küste von Mahabalipuram, in der Provinz Tamil Nadu im Süden Indiens, standen. Sechs von ihnen seien vom Meer überflutet worden. Der siebte und einzige verbleibende steht nach wie vor am Strand. Die Legende erzählt von einer schönen Metropole in jener Gegend, die von einer Flut zerstört wurde. Die kürzliche Entdeckung einer Ansammlung von versunkenen Ruinen in der Nähe löste eine Untersuchung aus, die ergeben soll, ob es sich dabei um die verlorenen Tempel handeln könnte.
- In einer verlassenen Stadt in 2.100 Metern Höhe im Süden Mexikos fand man Zeichnungen, welche die Stadt mit einem Hafen zeigen. Diese Stadt war von Kies und Sand bedeckt, der aussah, als ob er von Wind und Wellen dort abgelagert worden sei. Es scheint, als ob sich die Stadt früher auf Meereshöhe befunden hätte. Die Zeichnung zeigt auch unbekannte Tiere, eines davon ist ein ausgestorbener prähistorischer Dinosaurier, der aber, gemäß der Zeichnung, unter den Menschen lebte.

· In Tiahuanaco, in 3.900 Metern Höhe, in der Nähe des Titica-casees in Bolivien, wurden Bilder von Tieren gefunden, die aus vorsintflutlicher Zeit stammen, wie beispielsweise das Toxo-dont, das dem ausgestorbenen Flusspferd ähnelt und vor etwa 10.000 Jahren in Südamerika lebte. Man fand dort auch eine große Menge von Meeresfossilien, einschließlich Seepferdchen.

· Im Himalaya wurden fossile Fische und andere Meerestiere ge-funden.

· Als Sibirien vor 10.000 Jahren abkühlte, war die Sahara grün und von Wäldern mit Flüssen und mehreren Seen bedeckt. Ei-ne der trockensten Wüsten, die Ténéré im Zentrum der Sahara, war der Grund eines riesigen fischreichen Sees. Professor Ber-taux von der Pariser Sorbonne sagte: »*Vor etwa siebentausend Jah-ren fischten die Menschen in der Ténéré. Die Felsmalereien der Tas-sili-Gebirge beweisen, dass eine Bevölkerung aus Jägern und Schäfern in der Sahara lebte und florierte.*« Auch in Brasilien war die Tem-peratur kälter, wie die Anwesenheit des Palaleolama belegt. Dies ist eine Lama-Art, die normalerweise in kälteren Regionen lebt und deren Überreste im heute sehr heißen Nordosten Brasiliens gefunden wurden. Dort fand man auch eine besondere Bären-rasse, deren nächste Verwandte heute in Patagonien leben.

· Hapgood erwähnte weitere seltsame Fakten in seinem Buch über den Klimawandel, beispielsweise Beweisstücke, die von Geologen gefunden wurden, als sie auf allen Kontinenten der Erde Strandlinien in Hunderten oder Tausenden Metern Höhe fanden, was eine deutliche Anhebung des Landes belegt. Heut-zutage erkennen die Geologen das Heben und Senken des Lan-des an, und diese Akzeptanz begann vor einigen Jahrzehnten. Schon öfters wurden im Landesinnern Strandlinien gefunden. Beispielsweise erklärte der Geologe P. Negris, dass er Reste von drei Strandlinien in den Bergen Griechenlands gefunden ha-be, in Höhen zwischen 150 und 600 Metern über dem Meeres-spiegel.

Zweiter Teil:

Visionen der Zukunft

4.

August 1999

In früheren Jahrhunderten war der August der sechste Monat im römischen Kalender. Seinen Namen erhielt er von Kaiser Augustus Cäsar, und er bedeutet »der Ehrwürdige«. Der Begriff steht auch mit dem Wort Augur in Verbindung, und auch mit jemandem, der von den Auguren gesegnet wurde. Der Augur war ein religiöser Priester oder Beamter, der im antiken Rom zukünftige Ereignisse durch die Interpretation von Vorzeichen vorhersagte. Mit anderen Worten, der Begriff August könnte auch denjenigen bezeichnen, der von den Propheten gesegnet oder von ihnen angekündigt wurde. Er steht für eine Person, die zur Verehrung berechtigt ist, weil sie mit dem Göttlichen in Verbindung steht. Ein Messias? Ja, der Begriff steht eindeutig für eine Art von Messias, der von den heiligen Propheten angekündigt wird und der mit der Gottheit im Bunde steht.

Putin ist ein seltener Familienname. Die russische Presse behauptete, dieser Name stamme von einer noblen Adelsdynastie. Das ist eine Lüge. Ich fand heraus, dass es ein jüdischer Name ist, der den Juden von den Russen zu Steuerzwecken gegeben wurde. Aber die Regierung möchte Putin als eine Art Halbgott darstellen.

Der 17. August 1999 – ein Tag wie jeder andere. Am Himmel stehen viele Planeten in einer besonderen Stellung, nämlich in Form eines Kreuzes mit der Erde im Zentrum, und das ist eine sehr seltene Himmelserscheinung. Ein ähnliches, etwas ungenaueres Phänomen mit weniger Planeten hatte erst wenige Tage zuvor, am 11. August, stattgefunden. Solch eine kreuzähnliche Konstellation hatte es zuletzt vor mehr als 100 Jahren gegeben, und eine ähnliche Konstellation wie am 17. und 18. August schon seit Jahrhunderten nicht mehr. Ein solches Ereignis ist alles andere als alltäglich, und manche Leute glaubten gar, das Ende der Welt sei nahe. Vielleicht lag das daran, dass die Planeten, die das Kreuz am Himmel bildeten, in den vier fixen Sternzeichen Wassermann, Löwe, Stier und Skorpion standen, die, wie manche Leute glauben, die vier Reiter der Apokalypse symbolisieren. Zeitungen in aller Welt berichteten, dass viele Menschen in verschiedenen Ländern diese kreuzförmige Konstellation für ein böses Omen und ein Zeichen der Endzeit hielten. Am 11. August 1999 kam es darüber hinaus zu einer Sonnenfinsternis. Zusammen mit den beiden Kreuzformationen im selben Monat war es ein weiteres Zeichen, das manche Leute dazu veranlasste, zu glauben, das Ende der Welt stehe bevor.

Während die meisten Menschen über solche Behauptungen nur lachen können, interpretieren Astrologen diese beiden Kreuze als die bedeutungsvollsten Konstellationen des Jahrhunderts, und beide fanden im selben Monat statt. Doch schon bald vergaß man dieses Ereigniss und der August 1999 ging genauso vorbei wie viele andere Monate, und all diese ungewöhnlichen Phänomene gerieten in Vergessenheit. Nichts war geschehen, und das Ende der Welt war nicht gekommen.

Putin war ein Unbekannter. Genau zwei Tage vor der Sonnenfinsternis über Europa und der ersten Kreuzformation wurde dieser unbekannte Mann am 9. August zum Premierminister eines der mächtigsten Länder unseres Planeten. Das rote Russland, für manche der Bär oder der Drache, war eine der beiden Weltmächte, vor allem in militärischer Hinsicht, welche die Welt zu Zeiten des Kalten Krieges in Einflusszonen aufgeteilt hatten, deren Zentren einerseits die USA und andererseits die UdSSR waren. Dieses einst und noch immer enorm mächtige Land mit seinem beängstigenden Gesellschaftssystem wurde jetzt von Präsident Jelzin und diesem ehemaligen KGB-Agenten, Wladimir Putin, als Premierminister regiert. In einem weiteren unerwarteten Schritt, wie er in der russischen Politik nicht selten ist, wurde Putin ein halbes Jahr später russischer Präsident und, wie die englische Zeitung The Guardian im Dezember 2007 berichtete, im Lauf der Jahre durch seine Verbindungen zur russischen Mafia auch der reichste Mann Europas.

Der Kalte Krieg war endgültig vorbei. Der Westen spottete über die veralteten russischen Waffen und Schiffe, aber von Zeit zu Zeit erfüllt Russland eine Prophezeiung, indem es Geheimwaffen enthüllt, die vielleicht während des Kalten Krieges entwickelt worden sind. War die Gefahr eines Dritten Weltkrieges definitiv vorbei? Definitiv nicht! Im Juli 1999 sagte Jelzin, die USA hätten einen Weltkrieg riskiert, als die Russen der NATO zuvorkamen und Pristina besetzten, woraufhin Clinton ein schlichtes »*ich glaube nicht*« entgegnete. Auch der russische Politiker Schirinowski, der selbst Präsident sein möchte, hat offen einen Krieg gegen den Westen gefordert. Obwohl der Kalte Krieg vorüber war, war das Risiko eines Dritten Weltkrieges nach wie vor gegeben. Wer noch immer daran zweifelt und nicht an einen Dritten Weltkrieg glaubt, der sollte die Interkontinentalraketen betrachten, die zur Siegesfeier im Mai 2008 über den Roten Platz paradierten. Kurz danach verließ Putin sein Amt, um erneut Premierminister zu werden und an der Macht zu bleiben, und mit dem Gedanken daran, wie manche politische Analysten glauben, zukünftig ein zweites Mal zum Präsidenten aufzusteigen.

Laut der Überlieferung wird der Antichrist aus einer jüdischen Familie kommen. Historiker halten diese Überlieferung lediglich für eine Legende, aber es ist eine Tatsache, dass viele alte Prophezeiungen aus dem ersten Jahrhundert nach Christus davon sprachen, dass der Antichrist aus dem Stamm Dan stammen werde. Der Stamm Dan war einer der zwölf Stämme Israels, der durch eine Passage in der Bibel bekannt wurde, in der dieser Stamm mit der alten Schlange in Verbindung gebracht wird.

Putin ist sicherlich kein Jude, aber der Name Putin wurde, wie meine Nachforschungen in jüdischer Genealogie ergeben haben, im Russland des 19. Jahrhundert an Juden verliehen, die nicht reich oder adelig waren und damals keine Nachnamen hatten. Also auch wenn Putin kein Jude ist, stammt er doch aus einer armen jüdischen Familie. Seltsamerweise ähnelt der Name Putin dem Begriff Python, der alten Schlange, die von Apollo, dem Gott der Prophetie in der griechischen Mythologie, getötet wurde. Und dies erinnert an die Etymologie des Wortes August vom Beginn dieses Kapitels.

Es ist manchmal sehr erhellend, die Bedeutung von Begriffen herauszufinden. Und so auch im Fall des früheren KGB-Agenten Wladimir Wladimirowitsch Putin, dessen zweiter Name im Russischen »Sohn des Wladimir« bedeutet. »Wladimir« wiederum bedeutet im Russischen »Herrscher der Welt« oder »der, der die Welt besitzt«. Im Rumänischen bedeutet »Vlad« auch Dämon oder Bosheit.

Manche Leute werden nun denken, dies sind nur dumme Zufälle. Aber sie werden vermutlich nicht die mathematische Wahrscheinlichkeit einer solchen Anzahl von Zufällen bedenken – von der seltenen Planetenkonstellation, die am Himmel stand, als Putin Premierminister wurde, über den Zeitpunkt am letzten Tag des Jahres 1999, genau am Übergang zum neuen Jahrtausend, als er Präsident wurde, und sein Name, der Dämon bedeutet, die Ähnlichkeit zur alten Schlange aus der Mythologie, ein jüdischer Nachname wie in der Überlieferung des Antichristen usw. ...

Ich glaube ganz sicher daran, dass es möglich ist, die Zukunft durch das Studium der Vergangenheit im Voraus zu kennen, indem man Geschichte, Politik, Wirtschaft und Prophetie miteinander verbindet. Es ist nachgewiesen und gut dokumentiert, dass einige Leute ihre hellsichtigen Fähigkeiten beispielsweise dazu einsetzten, der Polizei bei der Aufklärung ungelöster Verbrechen zu helfen. Ob meine Interpretation richtig oder falsch ist, wird sich im Verlauf der Jahre erst erweisen müssen, dann wird sich zeigen, ob Wladimir Putin der Antichrist ist oder nicht. Schon oft in der Geschichte glaubten die Menschen, der Antichrist lebe unter ihnen. Warum sollte man also glauben, Wladimir Putin sei der Antichrist? Man sollte es nicht glauben! Man sollte stattdessen mit eigenen Augen die Fakten betrachten. Man sollte die Augen offenhalten und darauf achten, was um einen herum geschieht. Die Juden sind nach Israel zurückgekehrt, womit eine alte Prophezeiung erfüllt wurde. Auch die gegenwärtige Krise der Weltwirtschaft ist ein solches Zeichen, ebenso der globale Klimawandel. All dies sind Zeichen dafür, dass »das Ende« nahe ist. Wenn man in den nächsten Jahren sieht, dass Putin erneut russischer Präsident wird, und wenn die Welt in eine schwere wirtschaftliche Depression abstürzt, dann sollte man sich vorbereiten. Die Russen werden mit den islamischen Ländern im Nahen Osten verbündet sein, wie sie es offenbar schon seit dem Zweiten Weltkrieg waren. Falls dies in den nächsten Jahren stattfindet, dann sollte man sich auf die schlimmste aller Schlachten vorbereiten, die in Prophezeiungen aus allen Regionen der Welt, aus allen Kulturen und Religionen seit Jahrtausenden, selbst aus vorchristlicher Zeit angekündigt wurde: Dies ist die letzte Schlacht zwischen den Söhnen des Lichts und den Söhnen der Finsternis, die auch als »Ende der Welt« bezeichnet wurde. Die Welt wird nicht aufhören zu existieren, aber es gab früher offensichtlich keine bessere Beschreibung für das kommende Geschehen. Wie Einstein einst sagte, wenn es einen dritten Weltkrieg gibt, wird der vierte Weltkrieg mit Steinen und Knüppeln ausgetragen werden. Vermutlich wird es nicht allzu verschieden davon sein.

5. Wie Prophezeiungen die Zukunft beschreiben

Eine Zusammenfassung der nächsten 30 Jahre

»Das dritte Jahrtausend ist der Zeitpunkt des dritten großen Krieges. Frankreich wird zerstört. Die Erde bebt. Am Himmel unterbricht die Sonne ihren Lauf. Dann kehren die alten Götter zurück.«
Liber Vaticinationem Quodam (verfasst zwischen 345 und 350, bekannt im 16. Jahrhundert)

»Es wird kommen die Zeit, wenn die Jahre vergeh'n, wo des Ozeans Strom den Erdenring sprengt und ein riesiges Land sich weithin erstreckt, wo Tethys enthüllt, was an Räumen sie barg – das Ende der Welt ist Thule nicht mehr.«
Seneca, römischer Philosoph (4 v. Chr. bis 65 n. Chr.)

»Ein großer Kampf. Die Sonne verlischt, das Land sinkt ins Meer; vom Himmel stürzen die heiteren Sterne, Lohe umtost den Lebensnäh-

rer; hohe Hitze steigt himmelan, der Schlachtgötter Sturz. Neues Land steigt auf, die wundersamen goldenen Tafeln finden sich wieder, eine lange fruchtbare und schöne Zeit, der düstere Drache versinkt.«
Die isländische Edda, 9. bis 13. Jahrhundert

Die Historiker wissen, dass der christliche Glaube und seine Prophezeiungen auf dem Judentum basieren, das wiederum auf älteren Glaubensvorstellungen aufbaut, die wahrscheinlich aus Ägypten, Assyrien und vom Zarathustrismus stammen. Kein Historiker kann daran zweifeln, dass viele Prophezeiungen aus politischen Gründen gefälscht wurden. Gleichzeitig kann heute niemand leugnen, dass parapsychologische Institute in aller Welt die Präkognition als das am weitesten verbreitete parapsychologische Phänomen anerkennen. In Anbetracht dieser beiden Seiten der Medaille stelle ich die Prophezeiungen an dieser Stelle nicht als etwas dar, das grundsätzlich von Menschen mit politischen Hintergedanken geschaffen wurde, ebensowenig hatte ich selbst irgendein politisches Interesse, als ich »meine eigene Vision« hatte, bzw. als sie mir gezeigt wurde. Manche Schriften, die sich mit Prophezeiungen auseinandersetzen, sind nichts weiter als Studien der Bibel oder anderer Glaubensrichtungen, und das macht die Sache nur noch komplizierter. Viele dieser Studien habe ich nicht einmal berücksichtigt, und das, obwohl sie von vielen Experten als wichtig erachtet werden. Mönche im 11. Jahrhundert hatten die Aufgabe, viele Stunden am Tag die Bibel zu lesen und darüber zu meditieren. Da darf es nicht verwundern, dass sie nachts auch davon träumten und versuchten, das Gelesene zu interpretieren. Seltsamerweise weisen Historiker nur selten darauf hin, dass sich viele der prophezeiten Motive vom Mittelalter bis ins 20. Jahrhundert hinein fortsetzen, wenn auch andere Begriffe dafür verwendet werden. Da tauchen keine »eisernen Vögeln« mehr auf, sondern Flugzeuge. Es ist nicht mehr die Rede vom »Ende der Welt« oder dem »Jüngsten Gericht«, sondern vom Polsprung. Auch wird nicht mehr vor dem »Einsturz des Himmels« gewarnt, sondern vor einer dreitägigen Finsternis. Irgendwie verlieren die mythologischen Begriffe ihre Ausdruckskraft, je weiter wir in der Zeit fortschreiten.

Die meisten Leute hatten nie eine eigene Vision, und sie glauben, so etwas sei unmöglich. Aber ausgehend von echten Vorhersagen und Vorahnungen, die aufgezeichnet wurden, und Ereignissen, die dann tatsächlich stattgefunden haben, können wir folgern, dass es durchaus möglich ist, zukünftige Ereignisse vorauszuwissen. Vielleicht wird die Menschheit diese Gabe irgendwann in der Zukunft besser verstehen und nutzen können.

Normalerweise sagt ein Seher Ereignisse voraus, die im Zusammenhang mit seinem eigenen Land oder seiner eigenen Umgebung stehen, manchmal aber auch für andere Länder. So wird ein deutscher Prophet beispielsweise hauptsächlich Ereignisse prophezeien, die auf Deutschland bezogen sind. Analog dazu wird ein französischer Seher hauptsächlich Ereignisse in Frankreich, ein amerikanischer Seher Ereignisse in Amerika und ein afrikanischer Seher Ereignisse für Afrika vorhersagen. Manchmal sind die Prophezeiungen auf eine Region, eine Provinz oder ein Gebiet beschränkt. Es ist interessant, dass die Bücher des deutschen Prophezeiungsautors Leo DeGard, mit dem ich befreundet bin, nach Jahren der Recherche zu einem ähnlichen Ergebnis kommen wie meine, und das, obwohl wir das Thema in verschiedenen Erdteilen erforschten und dafür zumeist verschiedene Quellen verwendet haben. Einer der Unterschiede zwischen unseren Ergebnissen betrifft die Frage, wie lange der Dritte Weltkrieg dauern wird. Genau wie andere deutsche Autoren, die von deutschen Prophezeiungen ausgehen, glaubt er, dass der Krieg drei Monate dauern werde. Ich glaube hingegen, dass die Anfangsphase des Krieges drei Monate dauern wird. In dieser Anfangsphase wird Europa überfallen, und es wird so aussehen, als sei der Krieg verloren. Dann werden verschiedene Länder langsam ihre Kräfte vereinen, um die Feinde zurückzuschlagen und sie am Ende buchstäblich zu vernichten und die Überlebenden zu bekehren. Europa wird zwar verwüstet, wird aber den Sieg davontragen. Am Ende des Krieges wird sich auch eine Naturkatastrophe ereignen, die das Unglück für die Welt noch vergrößert.

Die folgenden Motive werden in den Prophezeiungen oft erwähnt:

· Kurz vor dem Dritten Weltkrieg wird Europa und vielleicht sogar die ganze Welt unter einer Wirtschaftskrise leiden.[9]
· Kurz vor dem Krieg werden in Europa bürgerkriegsähnliche Zustände herrschen, und kurz vor Kriegsausbruch oder unmittelbar danach werden viele Europäer aus ihrer Heimat flüchten, beispielsweise aus Frankreich und Deutschland.
· Nach der plötzlichen Invasion wird es in den ersten drei Kriegsmonaten so scheinen, als würden die Feinde Europa erobern. Langsam werden die Europäer ihre Kräfte vereinen und den Sieg erringen.
· Der große europäische Führer (der Große Monarch), der von den Franzosen erwartet wird, erscheint während des Krieges, vielleicht etwa ein Jahr nach Kriegsausbruch.
· Der engelgleiche Papst erscheint im Anschluss an Petrus II., der in der Prophezeiung von Malachias als letzter Papst genannt ist. Während seiner Amtszeit wird die zur Hälfte zerstörte katholische Kirche eine große Erneuerung erleben.
· Es setzt eine weltweite religiöse Bekehrung ein. Islam und Judentum verschwinden, alles wird nach dem Krieg durch den Großen Monarchen und den engelgleichen Papst zum Christentum bekehrt.
· Der Polsprung oder »das Ende der Welt« löst schwere Erdbeben und Naturkatastrophen aus.

---

[9] Die europäische Krise, die mit dem Euro ihren Anfang nahm, wird sich von Jahr zu Jahr fortsetzen.

- Eine dreitägige Finsternis, wahrscheinlich während des Polsprungs.
- Das Erscheinen des Antichrist, allerdings sind wahrscheinlich die meisten diesbezüglichen Prophezeiungen nur Legenden.

Laut den Vorhersagen wird der Dritte Weltkrieg den Tod von ungefähr einem Drittel der Weltbevölkerung, also etwa 2 Milliarden Menschen, verursachen. Der plötzliche Polsprung, der etwa dreieinhalb Jahre nach dem Kriegsausbruch stattfindet, kostet erneut etwa ein Drittel der Weltbevölkerung. Der Zeitablauf kann nicht genau vorhergesagt werden, dies gilt besonders für konkrete Zeitangaben, da die Prophezeiungen hier meistens falsche Daten angeben. Trotzdem gewinnt man einen Eindruck davon, wie weit die Ereignisse noch entfernt sind, wenn man die Vorzeichen betrachtet, die dem Dritten Weltkrieg vorausgehen:

- Die Rückkehr der Juden nach Israel. Jahrhundertealte Prophezeiungen kündeten dieses Ereignis für die Endzeit an, und tatsächlich trat dies bereits ein, also sind wir inzwischen in der Endzeit, bzw. nahe dem »Ende der Welt«.
- Die Liste der Päpste nach der Malachias-Prophezeiung geht zu Ende.
- Die Weltwirtschaftskrise vor dem Dritten Weltkrieg. Je näher wir dem Dritten Weltkrieg kommen, umso schlechter werden die wirtschaftlichen Verhältnisse. Die von europäischen Sehern üblicherweise in diesem Zusammenhang erwähnten Staaten sind hauptsächlich Italien, Frankreich und Deutschland, wo es außerdem innere Unruhen geben soll.
- Bürgerkriege in Europa, vielleicht zwischen in Europa lebenden Moslems und Einheimischen. Monate oder Wochen vor dem Beginn des Dritten Weltkriegs dürften diese bürgerkriegsähnlichen Zustände sehr ernste Ausmaße angenommen haben. Ausschreitungen und Brandstiftungen wie zuletzt in Frankreich gegen Ende 2005 dürften auf breiter Fläche auftreten. Mehrere Prophezeiungen erwähnen, dass Paris brennt, nicht nur Nostra-

damus (»*Paris au feu*« etc.). Mindestens eine spricht eindeutig
davon, dass Paris von den eigenen Bewohnern noch vor Ausbruch des Dritten Weltkrieges angezündet wird. Während des
Krieges wird der Sitz der französischen Regierung nach Avignon
verlegt. Nach dem Krieg werden auch andere europäische
Hauptstädte verlegt, beispielsweise in Italien und Russland. Bürgerkriege dürften vor allem in Italien, Frankreich, Deutschland
und vielleicht in Spanien und England toben.
· Der Vorbeiflug eines unerwarteten großen Himmelskörpers,
  möglicherweise im Februar oder März des Jahres, in dem der
  Krieg beginnt.
· Der Krieg werde ausbrechen, wenn auf der Nordhalbkugel Frühling ist, möglicherweise im März oder April. Das Wetter dürfte
  zu dieser Zeit in Europa außergewöhnlich warm sein, mit som-
  merlichen Temperaturen bereits im Frühling, was auf den Polsprung zurückzuführen ist, der dafür sorgt, dass es in Europa
  wärmer wird.
· Die Vorhersagen zum Dritten Weltkrieg sprechen von einem
  Krieg zwischen Ost und West, und einige Quellen sprechen von
  einem Religionskrieg, in dem die Moslems mit den Russen oder
  einer orientalischen Macht, eventuell China oder Japan, vereint
  seien. Während die moslemische Welt Tag für Tag näher zusam-
  menrückt, wird auch Europa immer weiter vereint, sodass die
  Prophezeiung von einem Krieg zwischen Europa und der moslemischen Welt schon bald Realität werden könnte.
· Ein Führer, der 1999 oder 2000 auftrat, steht mit dem Ausbruch
  des Dritten Weltkriegs in Verbindung. Wladimir Putin wurde
  am 31. Dezember 1999 russischer Präsident und möglicherweise wird er oder jemand, der mit ihm in Verbindung steht, der
  Anführer der Feinde sein, die Europa und Nordamerika zerstören werden.

Sir Arthur Conan Doyle untersuchte sieben Jahre lang, von
1923 bis 1930, spiritistische Botschaften über die Entdeckung der
Ruinen von Atlantis. Am 20. Juli 1930 veröffentlichte der *London*

Sunday Express einen Brief, in dem er die Botschaften, deren Zeuge er gewesen war, wie folgt zusammenfasste:

»Wenn wir den Lauf der Ereignisse enthüllen, wie sie in mehreren Dokumenten beschrieben wurden, und wenn wir sie mit unseren Informationen vergleichen, dann zeigt sich ein beeindruckendes Ergebnis. Darin ist die Rede von einer schrecklichen Naturkatastrophe, in der ein großer Teil der menschlichen Rasse umkommen würde. Es scheint, als ob Erdbeben von enormer Gewalt und riesige Seebeben die Ursache dafür seien. Es gibt Hinweise auf einen Krieg, aber dieser würde nur in der Anfangsphase stattfinden und würde dadurch sozusagen das Vorzeichen der Katastrophe darstellen. Die folgenden Einzelheiten lassen sich hauptsächlich festhalten:

· *Die Krise bricht plötzlich aus;*
· *Die allgemeine Zerstörung und völlige Zerrüttung des zivilisierten Lebens wird alle Erwartungen weit übersteigen;*
· *Es wird eine kurze Periode des totalen Chaos geben, gefolgt von einem gewissen Wiederaufbau;*
· *Die Umwälzungen dauern im Ganzen ungefähr drei Jahre.*
· *Das Zentrum der Zerstörung wird der östliche Mittelmeerraum sein, wo nicht weniger als fünf Länder verschwinden sollen. Auch im Atlantischen Ozean wird ein Schwerpunkt sein, dort wird Land aufsteigen, was die Seebeben (Tsunamis) auslöst, die für die großen Katastrophen an den Küsten Amerikas, Irlands und Westeuropas einschließlich des unteren Großbritannien verantwortlich sein werden. Es gibt Hinweise auf weitere schwere Erschütterungen im Südpazifik und in der Gegend um Japan.«*

Das 1795 in Paris von dem Dominikaner Bernard Lambert veröffentlichte Buch *Avis aux catholiques sur le caractère et les signes du temps où nous vivons: ou de la conversion des juifs, d'avènement intermédiaire de Jésus-Christ et de son règne visible sur la Terre* gehört zu jenen Schriften, die auf dem Studium und der Interpretation religiöser Texte basieren und die von gläubigen Menschen verfasst wurden, welche davon ausgehen, dass die Rückkehr der Juden ins

Heilige Land und ihre Bekehrung ein Zeichen für das nahende Ende der Welt sei. Die Juden begannen bereits im 19. Jahrhundert mit ihrer Rückkehr ins Heilige Land, also noch vor der Gründung des Staates Israels im Jahr 1948, aber seine heutigen Grenzen bestehen erst seit 1967. Die wichtigsten Vorzeichen, die von Sehern jahrhundertelang beschrieben wurden, sind heute bereits eingetroffen oder ereignen sich gerade. Einen genauen Zeitpunkt für den Ausbruch des Krieges kann man nicht sicher angeben. Obwohl manche Prophezeiungsforscher anderer Ansicht sind, was die Dauer des Dritten Weltkriegs betrifft, gehe ich davon aus, dass er 42 oder 43 Monate andauern wird, was den 42 Monaten entspricht, die in der biblischen Offenbarung 13,5 genannt werden.

Das Szenario des Dritten Weltkrieges stellt sich etwa folgendermaßen dar: Nachdem eine oder mehrere Kriegsdrohungen ignoriert wurden, werden die Russen plötzlich Europa und die USA angreifen und dabei viele im Westen unbekannte Bomben zum Einsatz bringen. Gleichzeitig werden islamistische Kräfte in Europa einfallen und dort die ersten drei Monate lang herrschen. Die Islamisten erreichen Europa über das Mittelmeer. Eine östliche Macht (vielleicht Japan oder China) wird in Kanada einfallen. Die Russen werden über neue geheime Bomben verfügen, einschließlich verschiedener Arten chemischer Waffen, von denen einige in diesem Buch erwähnt werden. Einige große Städte wie etwa London werden durch Flutwellen zerstört, die von einer großen Bombe ausgelöst werden, die laut Alois Irlmaier ins Meer geworfen wird. In den ersten drei Monaten wird alles verloren scheinen. Nach etwa drei Jahren andauernder Kämpfe wird der Krieg mit einem Sieg der Europäer und durch ein apokalyptisches Ereignis entschieden: durch eine riesige Naturkatastrophe, die dreitägige Finsternis, in der Milliarden Menschen und Tiere in kürzester Zeit durch Flutwellen, Gase, Erdbeben usw. sterben werden. Irgendetwas wird im Nahen Osten stattfinden, denn viele Moslems werden in diesen drei Tagen aufgrund der Katastrophe umkommen, die auch die Kontinente der Erde verändert und den Lauf der Sterne am Himmel verschiebt. Anschließend gibt es einen neuen Himmel, wie er von den alten biblischen Propheten ebenso vorhergesagt wurde, wie von den Wissenschaftlern, die eine neue Eiszeit ankündigen.

Ein weiterer wichtiger Aspekt dieses Krieges ist der engelgleiche Papst, jener Papst, der während des Krieges gewählt wird, nachdem der letzte Papst, der in der Malachias-Prophezeiung erwähnt wird, ermordet wurde. Der engelgleiche Papst und der Große Monarch werden während des Krieges in Erscheinung treten und eine Schlüsselrolle in der Bekehrung der Menschheit spielen, die in den folgenden Jahren nach dem Ende des Krieges stattfinden wird. Einige Prophezeiungen erwähnen einen Anti-Papst, einige andere, darunter auch islamische Quellen, einen Antichrist, der Jahre nach dem Krieg an die Macht gelange, aber dabei handelt es sich wahrscheinlich nur um eine Legende, die durch die falsche Interpretation alter Schriften entstanden ist. Es scheint diesbezüglich noch nicht einmal in der Bibel eine echte Prophezeiung zu geben. Der Dritte Weltkrieg wird durch einen Polsprung beendet, der das Wetter auf der Erde verändert und viele Menschenleben fordert. Als Folge davon wird Europa ein wärmeres Klima bekommen: Eine Prophezeiung spricht davon, dass in Moskau Zitronen wachsen werden, und der deutsche Seher Alois Irlmaier spricht von tropischen Früchten, die in Deutschland wachsen.

Zusammenfassend seien hier ein paar Vorhersagen über die Zukunft zitiert, die im nächsten Kapitel im Detail vorgestellt werden.

Der Beginn des Krieges

Unmittelbar vor dem Dritten Weltkrieg werden eine Wirtschaftskrise und bürgerkriegsähnliche Zustände herrschen. Am Ende des Krieges ereignet sich eine riesige Naturkatastrophe, die früher als das »Ende der Welt« bezeichnet wurde. Dies wird die Welt vollständig verändern. Ganze Länder werden verschwinden, Milliarden Menschen werden sterben.

Der alte Jasper (1764–1833):

»Hierauf wird ein anderer Krieg ausbrechen. Ein Religionskrieg wird es nicht werden, sondern diejenigen, so an Christus glauben, werden zu Haufen halten wider diejenigen, welche nicht an Christus glauben. Aus Osten wird dieser Krieg losbrechen. Von Osten habe ich Bange. Dieser Krieg wird sehr schnell ausbrechen. Abends wird man sagen: Friede, Friede, und es ist kein Friede, und morgens stehen die Feinde schon vor der Türe, doch schnell geht's vorüber, und sicher ist, wer nur einige Tage ein gutes Versteck weiß. Auch die Flucht wird sehr schnell sein. Man werfe Karren und Rad ins Wasser, sonst nehmen die fliehenden Feinde alles Fuhrwerk mit. Vor diesem Kriege wird eine allgemeine Untreue eintreten, die Menschen werden Schlechtigkeit für Tugend und Ehre, Betrügerei für Politesse ausgeben. In dem Jahre, wo der Krieg losbricht, wird ein so schönes Frühjahr sein, dass im April die Kühe schon im vollen Grase gehen. Das Korn wird man noch einscheuern können, aber nicht mehr den Hafer.«

Palma Maria d'Oria (gest. 1863):

»Es wird den Versuch der Sektierer geben, eine republikanische Regierung in Frankreich, Spanien und Italien zu errichten; als Folge davon wird in diesen Ländern ein Bürgerkrieg ausbrechen, begleitet von anderen schrecklichen Strafen wie Pestilenz und Hunger, die Abschlachtung von Priestern ...«

Schwester Rosa Asdenti aus Taggia (gest. 1847):

»Eine große Revolution wird sich über Europa ausbreiten, und der Friede wird nicht eher wiederhergestellt, bis die weiße Blume, die Lilie, den Thron Frankreichs in Besitz genommen hat.«

Schwester Marianne von Gaultier (gest. 1804):

»Dieses große Unheil wird bestehen aus: 1. Einer großen Flucht, 2. Großer Drangsal in vielen großen Städten Frankreichs (und Europas)*; 3. Ein entsetzliches Massaker in der Hauptstadt, namentlich in Paris ... Vor der großen Schlacht werden die Bösen die Herrscher sein.«*

Der Verlauf des Krieges

Krieg in Europa – Johann Peter Knopp von Ehrenberg (1794):
»*Kriegsvolk wird den Rhein besetzen, und alles Mannsvolk muss mit, was nur eine Mistgabel tragen kann. Und es wird ein Krieg sein, wie vordem nicht erlebt worden, aber er wird nicht lange dauern. Es wird hart hergehen, besonders bei Koblenz. Von Leutesdorf bis Unkel wird es noch leidlich sein, wiewo es auch hier hart hergeht. Die Linzer werden viel leiden und viele alles verlassen und im Gebüsche wohnen, müssen aber dabei noch Gott danken.*«

Koblenz – Prophetische Sage:
»*Wehe! Wehe! Wo Rhein und Mosel zusammenfließen, wird gegen Türken und Baschkiren (Russen) eine Schlacht geschlagen werden, so blutig, dass der Rhein bis auf fünfundzwanzig Stunden Wegs rot gefärbt sein wird.*«

Frankreich und Paris zerstört – Marie Martel von Tilly (gest. 1899):
Sie sah die Zerstörung von ganz Paris durch Feuer sowie die Auslöschung von Marseille und anderer Städte.

Paris in Flammen – Anna Katharina Emmerick (gest. 1824):
»*Beim dritten Besuch* (Krieg) *wirst du* (Paris) *in die Hände von Fremden fallen. Deine Feinde, die weit entfernt stehen, werden deine Paläste in Flammen sehen. Deine Häuser werden zu Schutthaufen, getränkt mit dem Blut deiner Helden, die nicht mehr sind.*«

Italien zerstört – Magdalena Porzat (gest. 1850):
»*Hunger, Pest, Krieg und Betrug werden dem italienischen Königreich bevorstehen ... der oberste Hirte* (Papst) *wird die Schlüssel des Himmels behalten, aber das irdische Königreich verlieren ... Dieser Zustand wird ungefähr fünf Jahre andauern.*« (Bei diesen fünf Jahren handelt es sich wahrscheinlich um eine Schätzung, der Krieg wird dreieinhalb Jahre dauern.)

Mary Lataste (gest. 1847):
»*Betet für Frankreich ... während drei Jahren und ein wenig länger wird diese Stadt bezwungen scheinen.*«

Eine dreimonatige Krise am Anfang – Nonne aus Belize (gest. 1830):
»*Diese große Krise, in der am Ende die Guten triumphieren werden, wird von kurzer Dauer sein, nämlich ungefähr drei Monate.*«

In Deutschland eingesetzte Bomben – Alois Irlmaier (1959):
»*Der Russ kommt ... Das sind Teufelsbrocken. Wenn sie explodieren, dann entsteht ein gelber und grüner Staub oder Rauch, was drunter kommt, ist dahin, obs Mensch, Tier oder Pflanze ist. Die Menschen werden ganz schwarz und das Fleisch fällt ihnen von den Knochen, so scharf ist das Gift.*«

Der Sieg in Europa

Laut den Vorhersagen werden Moslems und Russen einige Monate lang Europa beherrschen. Dann werden die Europäer anfangen sich zu verteidigen, und sie werden die Besatzer hinauswerfen und besiegen. In Nordamerika werden die Russen und eine gelbe »asiatische« Macht gegen die USA und Kanada kämpfen.

Der Dritte Weltkrieg – Kapuzinerpriester (1776):
»*Im Verlauf dieses Unheils wird der Papst sterben ... Aufgrund von drei gegnerischen Lagern werden gleichzeitig drei Päpste gewählt: ein Italiener, ein Deutscher und ein Grieche ... In dieser Zeit wird in Italien viel Blut vergossen werden, und viele Städte, Dörfer und Schlösser werden verwüstet werden mit dem Tod vieler Tausend Menschen ... Ein Abkömmling des Geschlechts der Karolinger, von dem alle glauben, es sei ausgestorben, wird nach Rom kommen ... Dieser neue Kaiser wird mit Franzosen, Italienern und anderen Völkern ein starkes Heer aufbauen, das die Armee der Kirche genannt*

wird, mit dem er das Imperium der Moslems und alle Ketzerei zer-
stören wird, und ebenso wird er den Herrscher des Nordens (Russland)
besiegen, welcher der mystische Antichrist genannt wird.«

Der Polsprung

Wenn die Erde bebt – die Nonne Marie-Julie de la Fraudais
(8. März 1881):

»Die Erde wird beben. Frankreich und das Ausland und die andere
Seite (England) *wird in Verzweiflung liegen. Die Erde wird so stark er-*
zittern, das manche Menschen 300 Schritte (etwa 200 Meter) *weit ge-*
worfen werden. Tos … Tosca … Toscana … Ich konnte es klar lesen, ich
weiß nicht, was das bedeutet, aber ich fahre fort. Toscana, die Erde bebt,
sie versinkt und geht in einem unergründlichen Loch verloren … In der
Stadt Siena – ich weiß nicht, wo das ist – wird sich die Erde öffnen wie
ein großes Grab mit einem fauligen Gestank. Dieser Ort wird ein sehr
starkes Erdbeben erleiden.«

Die Klimaveränderungen – Mühlhiasl von Apoig (1825):

»Kurze Sommer werden kommen. Winter und Sommer wird man
nicht mehr auseinanderkennen«.

Eine von Benediktinerpater Ellerhorst 1922 aufgezeichnete Prophezeiung über die Visionen Josef Kugelbeers aus Vorarlberg:

»Große Sittenverderbnis herrscht, große Knappheit, sogar die Kräu-
ter von den Feldern werden als Nahrung verwendet. Konflikte. Russland,
Deutschland, Frankreich, Italien, England sind die Länder, die von dem
Seher genannt werden. Allerorts Aufruhr und Zerstörung. Der Seher sieht
die Anwesenheit von Soldaten, daher können die politischen Revolten,
die große Verderbnis und der Hunger eine Folge des Krieges sein. Paris
wird angezündet, Marseille versinkt im Wasser. Berge von Leichen in
Rom. Der Papst flieht mit zwei Kardinälen nach Genf in die Schweiz
und später nach Deutschland, wo der Große Monarch gekrönt wird. Der
König verspricht, die Kirche zu verteidigen.«

»Während drei Tagen und drei Nächten herrscht Dunkelheit. Es beginnt mit einem lauten Donner oder Erdbeben. Nur heilige Kerzen werden brennen. Erdbeben und Seebeben. Schwefeldämpfe erfüllen die Luft. Ein Kreuz erscheint am Himmel, das ist das Zeichen vom Ende der Dunkelheit. Die Erde ist verwüstet. Verängstigte Menschen verlassen die Häuser. Die Toten werden zusammengetragen und in Massengräbern beigesetzt. Die Straßen sind ruhig und die Fabriken stehen still. Die Erde ist verändert. Die Güter werden unter den Überlebenden aufgeteilt.«

In dem Buch »Coming World Changes« von 1922 erwähnen die Autoren Harriette Augusta Curtiss und F. Homer Curtiss einige Prophezeiungen über eine zukünftige globale Katastrophe, bei der Küstenstädte vom Meer überflutet werden, so wie folgende, die den Titel *Spirit of the Ocean Waves* trägt:

»Vorwärts, schreiten wir, vorwärts! Der Ozean ist König! Der Ozean ist König!
Hinab, hinab, oh Land, unter die Wellen!
Ein neuer Tag, ein neuer Ort zu spielen, ihr Nymphen der Höhlen!
Der Mensch, die kümmerliche Kreatur ist verschwunden. Und das Land wo er wohnte und stolz prahlte, wo ist es jetzt? Unter den Wellen! Und darüber tanzen die Delphine und spielen den ganzen Tag. Oh kümmerlicher Mensch, wo ist dein Reich? Wolltest du die große Tiefe aufhalten? Ha! Ha!
Vorwärts, vorwärts über das Land! Jetzt ist es verschwunden. Die Wellen branden hoch, und die schöne Sonne scheint durch ihre Tiefen und leuchtet wie eine Myriade Diamanten und Perlen. Denn das Land ist verschwunden, verschwunden, verschwunden.«

Die folgenden Veränderungen sollen stattfinden:

Religion

Vor dem Dritten Weltkrieg werden Christen Probleme mit Moslems bekommen. Der Dritte Weltkrieg wird auch ein Religionskrieg sein. Einige Seher sprachen vom Kampf Ost gegen West, während andere einen weiteren »Kreuzzug« erwähnen. Nach dem Dritten Weltkrieg soll es den Islam und das Judentum nicht mehr geben. Sie werden mit dem Christentum vereint werden. Ob mit den fernöstlichen Religionen etwas Ähnliches geschieht, ist nicht sicher, aber ich glaube, dass es auch dort eine ähnliche Vereinigung geben wird, denn es gibt Vorhersagen über eine einheitliche Religion in der Zukunft, in der alle Religionen vereint sind. Sogar der Islam glaubt an eine Art der Vereinigung, wenn Jesus zurückkommt. Im Verlauf des Dritten Weltkrieges wird ein neuer Papst gewählt, dieser ist der engelgleiche Völkerhirt, von dem alte Prophezeiungen sprechen. Dieser Papst wird die katholische Kirche von Grund auf verändern und eine große Reform durchführen, die sie zu urchristlichen Prinzipien zurückführen wird.

Politik

Im Verlauf des Dritten Weltkrieges werden einige Republiken wieder zu Monarchien, speziell in Europa und vielleicht auch außerhalb Europas. Solches wird in Deutschland, Frankreich und möglicherweise in anderen Staaten stattfinden. Vielleicht ist das der Grund, warum es in vielen europäischen Ländern Vorhersagen über die Rückkehr ihres Königs gibt. Im Dritten Weltkrieg wird ein französischer Führer das vereinte Europa zum Sieg gegen die Feinde führen, dabei handelt es sich wahrscheinlich um Russland, eine islamische Allianz und eine östliche Macht. Mehrere Vorhersagen sprechen davon, dass Deutschland in Europa auch weiterhin eine bedeutende Rolle spielen wird. Auch Frankreich wird sicherlich eine wichtige Rolle spielen, vielleicht sogar für eine Weile noch bedeutender als Deutschland, denn der Große Monarch wird ein Franzose sein. Nach dem Krieg werden fünf europäische Nationen verschwunden sein. Die Hauptstädte mancher Staaten werden verlegt. Nach einigen Jahren, vielleicht um das Jahr 2050 oder später, wird in Deutschland ein neues System etabliert werden. In diesem neuen System, bei dem die Religion erlaubt ist, herrschen Gesetze, die es verhindern, dass Leute reich werden. In diesem neuen System würden die Menschen glücklicher leben.

Andere europäische Staaten würden dies nachahmen und vielleicht auch Staaten außerhalb von Europa. Dies wäre das Ende des Kapitalismus, denn sein Ende wurde vorausgesehen. Vorausgesetzt der Antichrist ist mehr als nur eine Legende, dann könnte er etwa 30 Jahre nach dem Krieg in Erscheinung treten und dreieinhalb Jahre lang über die Welt herrschen, wenn er nicht schon vorher aufgetreten ist.

Wirtschaft

Vor dem Dritten Weltkrieg werden einige Länder unter einer Wirtschaftskrise leiden. Es wird Bürgerkriege geben, die einen religiösen Hintergrund haben könnten, beispielsweise in Italien, Frankreich, Spanien, Deutschland und England. Konfrontationen zwischen Moslems und Franzosen hat es bereits gegeben und wird es wieder geben. Es gibt mindestens eine Prophezeiung, die davon spricht, dass Paris von den eigenen Bürgern niedergebrannt wird. Nach dem Dritten Weltkrieg stecken die USA in finanziellen Schwierigkeiten und Lateinamerika würde ihnen helfen und dabei so hohe Zinsen verlangen, wie es selbst zuvor immer bezahlen musste. Auch Europa wäre arm.

Kultur

Der Dritte Weltkrieg wird für Europa einen kulturellen Rückschlag bedeuten, sodass das Interesse der Welt an der europäischen Kultur nachlässt. Auch das Interesse an amerikanischer Kultur (Musik und Filme) wird wahrscheinlich verschwinden und damit der weltweite Einfluss der USA. Nach einigen Jahren wird Europa wiederaufgebaut sein, und das Interesse an europäischer Kultur wird erneut anwachsen. Eine europäische Prophezeiung spricht davon, dass die europäische Kultur in Zukunft wieder im Mittelpunkt stehen wird, obwohl das meiste seiner Geschichte durch den Krieg verloren gegangen sein wird. Italien wird seine politische Bedeutung nach dem Krieg weitgehend verlieren und wird lediglich seine kulturelle und geschichtliche Bedeutung behalten.

Gesellschaft

Wenn der Dritte Weltkrieg und der Polsprung vorüber sind, werden 2 bis 4 Milliarden Menschen gestorben sein. Viele Städte werden zerstört, besonders auf der Nordhalbkugel. Der Krieg wird direkt oder indirekt jedes Land und jede Region betreffen, genau wie der Polsprung. Nach einigen Jahren würde ein neues Gesellschaftssystem eingeführt werden, in dem die Leute nicht mehr arbeiten müssen, um Rechnungen zu bezahlen. Aber dies wird auch ein einfacheres Leben bedeuten. Zwischen 2050 und 2100 wird es eine schnelle Art der Fortbewegung geben. Edgar Cayce spricht von einer sehr schnell fliegenden Maschine. Einige Propheten sprechen von einem längeren Leben, was neue Erkenntnisse in der Medizin andeutet. Andere Seher sprechen von Telepathie oder einer besseren Art der Kommunikation zwischen den Menschen.

Grundsätzlich ist das, was stattfinden wird, in der Völuspa vorhergesagt. Dies ist ein Gedicht, das vor ungefähr 1.000 Jahren in Skandinavien geschrieben wurde und auf älteren Überlieferungen basiert.

Wie H.R. Ellis Davidson in seinem Buch über die nordeuropäischen Mythen und Götter schreibt, wissen wir bis heute nicht, ob es sich dabei um eine Sammlung von Fragmenten verschiedener Glaubensrichtungen handelt. Die alte Prophezeiung, die in dem Gedicht enthalten ist, spricht von einem dreijährigen Winter, in dem Kriege und Schlachten auf der Welt stattfinden würden. Dann würden mächtige Erdbeben das Land erschüttern und die Sonne würde sich verfinstern. Eine riesige Flut würde viele Nationen überschwemmen. Nach der Flut tauchen die grünen Felder wieder aus dem Meer. Nur die Söhne der Götter würden überleben und sie würden sich an die Vergangenheit nur so erinnern, wie sich die Menschen an einen Alptraum erinnern.

6. Der König von Angoulmois kehrt zurück

1999. 666!

```
164        CENTURIE  X.
Champ arroufé viendra en decroiffance,
Que le primat fuccombera à Rege.
            LXXI.
    La terre & l'air geleront fi grand eau,
Lors qu'on viendra pour jeudy venerer,
Ce qui fera jamais ne fut fi beau,
Des quatre parts le viendront honorer,
            LXXII.
    L'an mil neuf cens nonante neuf fept mois,
Du ciel viendra un grand Roy d'effrayeur,
Refufciter le grand Roy d'Angolmois,
Avant aprés Mars regner par bon-heur.
```

Die bekannteste Centurie von Nostradamus über das Jahr 1999

In dem Buch *The Last World War and the end of time* zitiert der Autor Emmet Culligan den Bischof von Nashville, William Adrian, der im September 1966 sagte: »*Einige Päpste und Heilige haben uns gewarnt, dass der Antichrist um das Jahr 2000 herum erscheinen wird; er ist bereits geboren worden.*«

Viele Prophezeiungsbücher aus aller Welt erwarteten für das Jahr 1999 ein einschneidendes Ereignis. Ich glaube, dass diese Erwartung auf der falschen Interpretation einer Prophezeiung von Nostradamus beruht. In dem 1831 in Frankreich erschienenen Buch *Nouvelles Conjectures pour Confirmer la Fin Prochaine du Monde* heißt es beispielsweise, »*vor dem Hintergrund des letzten vorhergesagten Ereignisses im Jahr 1731 können wir vernünftigerweise erwarten, dass jenes große Ereignis im Jahr 1999 das Ende der Welt ist.*« Auch im 20. Jahrhundert glaubten einige Autoren, das Jahr 1999 sei der Beginn eines neuen Weltkrieges, andere erwarteten das Ende der Welt, während wieder andere meinten, zu jener Zeit würde der Antichrist geboren oder gelange an die Macht, und eine letzte Gruppe glaubte sogar, dass Außerirdische von einem anderen Planeten, angeführt vom König von Angoulmois, die Erde erobern würden. Es besteht kein Zweifel, dass es sich dabei um gefälschte Prophezeiungen für den Jahrtausendwechsel handelte. Zum Beispiel ist es wahrscheinlich, dass eine Prophezeiung, die der Heiligen Brigitte aus dem 14. Jahrhundert zugeschrieben wird und die davon spricht, dass im Jahr 1999 *»die Lichter verlöschen werden«*, eine alberne Fälschung und keine echte und authentische Prophezeiung ist. Völlig auszuschließen ist die Echtheit zwar nicht, aber das Gegenteil ist wesentlich wahrscheinlicher.

Einige Prophezeiungen über den Antichrist beziehen sich offenbar auf eine Person oder einen Führer, der um das Jahr 2000 herum erscheinen würde und der für den Dritten Weltkrieg verantwortlich wäre.

Beispielsweise sagte der katholische Seher Alois Irlmaier (1894–1959) aus Freilassing, der Dritte Weltkrieg würde unmittelbar nach dem Mord an einem Hochgestellten ausbrechen. In den 50er Jahren des 20. Jahrhunderts sah er im Zusammenhang mit diesem Weltkrieg eine Zahl: *»Ich sehe ganz deutlich drei Zahlen, zwei Achter und einen Neuner. Was das bedeutet, weiß ich nicht, eine Zeit kann ich nicht sagen.«*

Obwohl er wusste, dass diese Zahlen irgendwie mit dem Krieg zusammenhängen, konnte er ihre Bedeutung nicht erklären. Die Zahl 899 könnte »August 99« bedeuten, oder anders gesagt, sie könnte einen Hinweis auf den Monat und das Jahr geben, in dem Wladimir Putin als russischer Ministerpräsident erstmals ins Licht der Weltöffentlichkeit trat.

Wie wir in einem späteren Kapitel noch sehen werden, sagte der Spiritist H. Kolder über die Zeit nach dem Zweiten Weltkrieg: *»Freut euch nicht über den Frieden, denn der Funken zum Krieg wird im Volk weiterglühen. Und es werden Blut und Tränen fließen. Aber die böse Person wird erst am Übergang zum Jahrtausend erscheinen.«* Wladimir Putin wurde am 31. Dezember 1999 russischer Präsident, exakt am Übergang zum neuen Jahrtausend. Obwohl spiritistische Prophezeiungen normalerweise falsche Zeitangaben machen, gibt es doch mehrere Vorhersagen, welche die Jahre 1999 und 2000 mit dem Antichrist in Verbindung bringen. Gerade die bekannteste Prophezeiung des Nostradamus in der Centurie X.72 gibt uns eine Erklärung dafür, warum Putin wahrscheinlich der prophezeite König von Angolmois ist. Die Centurie X.72 spricht von einem »König« oder einem politischen Führer, der im Jahr 1999 an die Macht gelangt. Sie erwähnt den Begriff »König« zweimal, nicht jedoch das Wort »Krieg«. Wenn meine Interpretation korrekt ist, dann dürfte sich diese Vorhersage als die erstaunlichste und genaueste Prophezeiung erweisen, die jemals in der gesamten Menschheitsgeschichte von einem Propheten verkündet wurde.

Centurie X.72

»L'an mil neuf cens nonante neuf sept mois,
Du ciel viendra un grand Roy d'effrayeur,
Resusciter le grand Roy d'Angolmois,
Avant après Mars regner par bonheur.«

Übersetzung:

Im Jahr 1999, sieben Monate,
Vom Himmel (von Norden, von oben) wird ein großer furchterregender König kommen.
Der große König von Angoulmois lebt wieder.
Vor (und) nach dem März (2000) herrscht er für den letzten Moment.

Interpretation nach der heuristischen Methode:

Bei dieser Centurie reicht eine einfache Übersetzung nicht aus. Man muss jede einzelne der vier Zeilen sorgfältig analysieren. Dabei kommen wir zu folgendem Ergebnis:

a) Die erste Zeile bezieht sich auf die Zeit, in der die Prophezeiung eintreffen soll.

b) Die zweite Zeile spricht von einem kommenden König oder einem Staatsoberhaupt.

c) In der dritten Zeile ist wieder die Rede von einem König, dem König von Angoulmois, hier muss man die Geschichte zurate ziehen, um zu erfahren, wer dieser König in der Vergangenheit war und was er getan hat.

d) Die vierte Zeile liefert erneut eine Zeitangabe, tatsächlich haben im März 2000 Wahlen stattgefunden, und Nostradamus verwendet das Wort »bonheur«, oder im Altfranzösischen »bon-heur«, was sowohl Glück als auch »glücklicher Moment« oder den »endgültigen Moment« oder auch den »richtigen Zeitpunkt«, etwa für die Ausführung eines Plans, bedeuten kann.

Bezüglich der ersten Zeile a) betrat nach sieben Monaten, am neunten Tag des achten Monats, der bislang völlig unbekannte Wladimir Putin die Weltbühne mit seinem Amtsantritt als russischer Premierminister. Am 31. Dezember desselben Jahres trat Boris Jelzin zurück, und Putin nahm das Amt des russischen Präsidenten an. Das Jahr 1999 war zweifellos Putins Jahr.

Bei genauer Betrachtung sehen wir, dass sich nur eine Differenz von neun oder zehn Tagen von den vollen sieben Monaten aus der Prophezeiung des Nostradamus bis zum 9. August ergibt. Obwohl also Putin im August an die Macht gelangte, anstatt im Juli (siebter Monat), wie prophezeit, löst sich diese Differenz auf, wenn man in Betracht zieht, dass zur Zeit von Nostradamus der julianische Kalender verwendet wurde, und nicht der heute übliche gregorianische, der erst nach dem Tod des Sehers im Jahr 1582 von Papst Gregor XIII. in Italien eingeführt wurde. Bei der Einführung des neuen Kalenders wurden zehn Tage schlicht übersprungen. Mit anderen Worten, auf den 4. Oktober 1582 folgte nicht der 5., sondern der 15. Oktober. Die Tage zwischen dem 5. und dem 14. Oktober 1582 hat es nie gegeben, sie wurden aus der Zeitrechnung gelöscht, an diesen Tagen ist niemand geboren worden und niemand ist gestorben. Jahre später übernahmen auch andere Länder den neuen Kalender. Wenn man heute also den Kalender nachvollziehen will, den Nostradamus verwendet hat, muss man die 10 Tage entfernen, die 1582 eingefügt wurden. Somit entspricht der 9. August 1999 unserer gregorianischen Zeitrechnung dem 30. Juli 1999 des julianischen Kalenders, den Nostradamus kannte. Seine Prophezeiung sprach also von einem Führer, der am 9. oder 10. August 1999 erscheinen sollte, wenn man volle sieben Monate rechnet.

Bezüglich der zweiten Zeile b) könnte der Ausdruck »*vom Himmel wird ein großer furchterregender König kommen*« auch bedeuten »*vom Norden wird ein großer furchterregender König kommen*«. Russland liegt nördlich von Frankreich, es liegt »über Frankreich«, von wo die Prophezeiung stammt. Ein Blick auf den Globus verdeutlicht, was ich meine.

Bezüglich der dritten Zeile c) liefert uns der Ausdruck »*der König von Angoulmois lebt wieder*« wichtige Informationen über den für August 1999 prophezeiten König. Hierzu muss man die Literatur zu Rate ziehen, dann finden wir heraus, dass zur Zeit von Nostradamus der französische König François I. regierte. Dieser war Herzog einer Region namens Angoulême, und Angoulmois war eine mittelalterliche Provinz Frankreichs. Der Name Angoulmois findet sich in mehreren heute verwendeten Enzyklopädien. Angoulême war früher die Hauptstadt von Angoulmois. Das Gebiet wurde 1515 zur französischen Provinz, als Graf François d'Angoulmois den französischen Thron bestieg und König François I. wurde. Aber wer war François I.?

François I. war ein autokratischer König, der versucht hatte, das vereinte Europa anzugreifen. Europa war zu jener Zeit deshalb vereint, weil Karl V. fast ganz Europa beherrschte und Ländereien in Deutschland, Österreich, Holland, Belgien, Ungarn, Italien, Spanien und Lateinamerika besaß. Zu einer bestimmten Zeit knüpfte

98

François I. sogar Bündnisse mit den Moslems, um in Europa einzufallen, denn François I. wollte über ganz Europa herrschen. Wir haben hier also einen europäischen Anführer, der sich mit den Moslems vereinte, um das vereinte Europa anzugreifen. Nach Jahrhunderten, in denen es ein solch vereintes Europa nicht gab, ist Europa heute wieder vereint. Und das entspricht genau dem Szenario, das Hunderte von Prophezeiungen über den zukünftigen Krieg beschreiben, eine Allianz zwischen Russland und den Moslems (und einer orientalischen Macht, bei der es sich um China oder Japan handeln könnte) gegen Europa und die USA. Obwohl sich Russland teilweise auf europäischem Boden befindet, ist es nicht Teil der Europäischen Union, so wie Frankreich in jener Zeit außerhalb der damaligen europäischen Union lag. Jede Zeile der Centurie ist unglaublich klar. Betrachten wir also die letzte Zeile, die der Prophezeiung noch mehr Genauigkeit hinzufügen wird.

Bezüglich der letzten Zeile d) dieser berühmten Centurie sprechen die Tatsachen für sich. Im März 2000 fanden in Russland Wahlen statt. Putin war bereits vor dem März 2000 russischer Präsident, seit er das Amt von Boris Jelzin am 31. Dezember 1999 übernommen hatte, und blieb auch nach dem März weiterhin Präsident. Daher heißt es in der Prophezeiung, *»vor (und) nach dem März herrscht er ...«*. Das Fehlen von Pronomen ist in den Centurien häufig zu verzeichnen. Das Wort »bonheur« bedeutet Glück, aber es setzt sich aus zwei französischen Worten zusammen: bon (gut) und heur (Moment, Zeit oder Stunde). Es ist heute nicht mehr möglich herauszufinden, was Nostradamus wirklich schreiben wollte, ob »bon heur« oder »bonheur«, denn die Arbeitsweise beim Buchdruck zu jener Zeit war, wie der Nostradamus-Experte Peter Lemesurier mitteilt, dass ein Vorleser die Sätze vorlas, während ein Setzer das Gehörte buchstabenweise in die Druckmaschine einsetzte, sodass die Schreibweise des ursprünglichen Manuskripts verloren ging und man heute nicht mehr in Erfahrung bringen kann, ob es »bonheur«, »bon heur« oder sogar etwas ganz anderes bedeuten soll. Man kann also durchaus davon ausgehen, dass ursprünglich »bon heur« gemeint war, anstatt »bonheur«. Der richtige Moment ist gekommen, wenn eine Entscheidung fällt oder wenn sich etwas Entscheidendes oder Erwartetes ereignet. Dabei handelt es sich um einen »endgültigen Moment«, wie zum Beispiel die letzte Schlacht zwischen Gut und Böse, wie sie von vielen Propheten angekündigt wurde. Die Zeitangabe März wurde von vielen Autoren fälschlich als »Krieg« interpretiert, denn das französische Wort Mars kann sowohl für März stehen, also den dritten Monat des Jahres, als auch für den römischen Kriegsgott Mars. Diese Fehlinterpretation des Wortes Mars als Krieg trug maßgeblich zu der falschen Vorstellung eines Weltkrieges im Jahr 1999 bei, aber diese Prophezeiung handelt nicht vom Krieg, sondern sie spricht definitiv vom Erscheinen eines Staatsmanns im Jahr 1999. Hiermit möchte ich ohne Zweifel feststellen, dass es sich bei der Centurie X.72 um eine Prophezeiung über Wladimir Putin handelt. Als Putin im August 1999 Ministerpräsident wurde, hatte er die Zustimmung von nur 2 Prozent der russischen Bevölkerung. Aber weniger als ein Jahr später wurde er in den Wahlen vom März 2000 von den Russen zum Präsidenten gewählt. Es gibt noch andere Prophezeiungen mit Bezug auf den Krieg, in denen Putin scheinbar eine wichtige Rolle einnimmt.

Putin wurde 1952 geboren, 1999 wurde er russischer Ministerpräsident. Interessanterweise prophezeite der nordamerikanische Prophet Edgar Cayce den Beginn globaler Veränderungen für die Zeit zwischen 58 und 98, vermutlich 1958 bis 1998: »*Und diese Veränderungen werden im Abschnitt von 58 bis 98 beginnen, wenn man sagt, dass in dieser Zeit sein Licht wieder in den Wolken gesehen wird.*«

Die von Cayce prophezeiten Veränderungen haben tatsächlich begonnen, denn der Anstieg der Globaltemperatur setzte etwa 1950 ein, wie Temperaturaufzeichnungen heute beweisen, und das war ungefähr zur selben Zeit, als Putin geboren wurde. Könnten sich die merkwürdigen Worte Cayces, »*sein Licht in den Wolken*«, auf die kreuzförmige planetare Konstellation von 1999 beziehen?

Die katholische deutsche Nonne Anna Katharina Emmerick (1774–1824) machte folgende sehr klare Vorhersage, die keiner weiteren Erklärungen bedarf. Doch ich gebe zu, dass es sich dabei auch um einen Zufall handeln könnte: »*Ich hörte, dass Luzifer – wenn ich mich nicht irre – 50 oder 60 Jahre vor dem Jahr 2000 für kurze Zeit freigelassen wird.*«

Die folgende Prophezeiung wird Schwester Elena Leonardi Aiello, einer italienischen Nonne, zugeschrieben, die im 20. Jahrhundert lebte und bereits verstorben ist. Von ihren Vorhersagen sind einige bereits eingetroffen, wie etwa die Niederlage Italiens im Zweiten Weltkrieg. Im Jahr 1960 prophezeite sie, dass »*Russland mit geheimen Waffen gegen die Vereinigten Staaten kämpfen und Europa erobern wird, der Rhein in Deutschland ist voller Leichen.*« Sie sagte außerdem, dass »*Russland in Europa einfallen und, besonders in Italien, große Zerstörung und Vernichtung verursachen wird.*« Im Zusammenhang damit sah sie ein Zeichen: »*Wenn ein außergewöhnliches Zeichen am Himmel erscheint, sollen die Menschen wissen, dass das Gericht über die Welt nahe ist. Viele Zeichen werden über die Welt kommen, um die Menschheit zu warnen, dass sie die Grenzen bereits überschritten hat. Russland wird alle Nationen Europas überrennen und wird seine Flagge auf dem Petersdom hissen. Welch ein Schmerz! Die Regierungen verstehen nicht, denn sie besitzen nicht den wahren christlichen Geist, sie öffnen die Tore für den Materialismus.*« (April 1976)

Eine weitere Prophezeiung, die sich auf Putin beziehen könnte, wird der Sybille von Prag zugeschrieben, die in manchen Schriften als eine alte Frau beschrieben wird und die angeblich im 17. Jahrhundert gelebt haben soll: »*Aus dem Osten wird ein Drache kommen, schrecklich anzusehen, denn aus seinen 9 mal 99 Augen gehen tödliche Strahlen hervor und ein giftiger Atem strömt aus seinem Maul.*«

Die Malachias-Prophezeiung
oder die Prophezeiung der Päpste

Obwohl diese Prophezeiung keine Zeitangaben macht und weder die Russen noch den Antichrist erwähnt, deutet sie an, dass die katholische Kirche ein Ende findet, nachdem der nächste, auf Benedikt XVI. folgende, Papst gewählt wurde. Im Mittelalter entstanden mehrere Prophezeiungen über Päpste, deren Manuskripte man noch heute in einigen europäischen Bibliotheken finden kann. Eine davon erlangte besondere Bekanntheit. Sie wurde als die Prophezeiung der Päpste berühmt und wird dem Heiligen Malachias (1094–1148), Bischof von Armagh, Irland, zugeschrieben. Es wurden schon viele Arbeiten darüber veröffentlicht, beispielsweise was ihre Anhänger darüber behaupteten, wie Kritiker sie dennoch für eine echte Prophezeiung halten, über den Einfluss, den sie auf die Päpste ausgeübt hat, einschließlich der Münzen und Wappen, welche die Päpste in Auftrag gaben und auf denen Sprüche und Symbole aus der Prophezeiung eingeprägt wurden usw.

Die Malachias-Prophezeiung ist eine einfache Liste von 111 Sprüchen, die sich aus zwei lateinischen Worten zusammensetzen und die fortlaufend mit einem Papst in Verbindung gebracht werden, wobei der jeweilige Spruch auf die eine oder andere Weise einen individuellen Hinweis auf das Leben oder das Pontifikat des Papstes gibt. Inzwischen liegt nur noch ein Absatz der Prophezeiung über den letzten Papst in der Zukunft, alle anderen haben sich bereits erfüllt.

Der erste Autor, der über die Päpsteweissagung des Malachias geschrieben hat, war der Benediktiner Arnold Wion in seinem 1595 veröffentlichten Buch *Lignum Vitae, ornamentum et decus Ecclesiae*, das dem spanischen König gewidmet war. Darin gibt der Autor an, bislang habe noch niemand diese Prophezeiung veröffentlicht. Der Wortlaut lautet wie folgt:

»Ad eum exstant Epistolae sancti Bernardi tres, videlicet 315, 316 et 317.

Scripsisse fertur et ipse nonulla opuscula, de quibus nihil vidi praeter quamdam Prophetiam de Summis Pontificibus; quae, quia brevis est, et nondum quod sciam excusa, et a multis desiderata, hica nobis apposita est.

PROPHETIA S. MALACHIAE ARCHIEPISCOPI
1. Ex castro Tiberis.
2. Inimicus expulsus.
3. Ex magnitudine montis.
...
109. De medietate lunae (John Paul I.)
110. De labore solis (John Paul II.)
111. De gloria olivae (Benedict XVI., der letzte Papst, dem eine Nummer zugewiesen wurde)
In persecutione extrema sacrae Romanae Ecclesiae sedebit Petrus Romanus, qui pascet oves in multis tribulationibus; quibus transactis, civitas septicollis diruetur; et Judex tremendus judicabit populum. Finis.«

Im letzten Absatz heißt es: »*In der letzten Verfolgung der Heiligen Römischen Kirche regiert Petrus der Römer, er wird die Schafe unter vielen Bedrängnissen weiden. Dann wird die Sieben-Hügelstadt zerstört werden, und der furchtbare Richter wird sein Volk richten. Ende.«*

Hier ist also die Rede von einer letzten Verfolgung der Kirche, von Bedrängnissen und der Zerstörung Roms, was vor dem Hintergrund anderer Prophezeiungen eindeutig auf den Dritten Weltkrieg hindeutet. Der Name »Petrus der Römer« weist darauf hin, dass der nächste Papst wahrscheinlich den Namen Petrus II. annehmen wird, und da die Liste mit diesem Papst zu Ende geht, muss man davon ausgehen, dass die katholische Kirche danach aufhören wird zu existieren oder zumindest ein vorübergehendes Ende findet.

Die Prophezeiung vom Mönch aus Padua

Auch einem gewissen Mönch aus Padua werden Prophezeiungen zugeschrieben, die erstmals 1527 in dem in Venedig erschienenen Buch *De magnis tribulationibus et Statu Ecclesiae*, einem Sammelwerk alter Prophezeiungen aus dem 14. Jahrhundert, veröffentlicht wurden. Es existieren verschiedene Versionen dieser Prophezeiung, eine davon basiert zweifellos auf der Malachias-Prophezeiung und dürfte daher eine Fälschung aus dem 19. Jahrhundert sein. Vielleicht gibt es auch noch eine dritte Variante. Ich bin nicht sicher, ob die Prophezeiung von 1527 authentisch ist, aber sie sagt von Petrus II., dass er *»von fern nach Rom kommen wird, um dort Drangsal und Tod zu finden«*.

Die Tore der Zeit schließen sich, wenn der Papst »2« erscheint

Es gibt eine alte, dem Bischof Anselm von Marsic aus dem 13. Jahrhundert zugeschriebene Prophezeiung, die ich in einer französischen Bibliothek in einem Buch aus dem 16. Jahrhundert fand, die besagt, dass, *»wenn der Buchstabe K im Vatikan verehrt wird, das Unglück nach Italien kommen wird«*. Das könnte sich auf den polnischen Papst Johannes Paul II. beziehen, dessen bürgerlicher Name Karol Woytila lautete. Eine weitere lateinische Vorhersage aus dem 16. Jahrhundert heißt, dass Papst »Johannes Obi« ermordet wird. Das lateinische Wort »obire« bedeutet sterben. In einer anderen Weissagung heißt es, die Kirche werde von Petrus bis zu Petrus überdauern, so wie das Römische Reich von Romulus, dem mythologischen Gründer, bis zu Romulus, dem letzten Kaiser, existiert hat.

Zu guter Letzt gibt es auch noch eine interessante Papstprophezeiung, die als die »Prophezeiung der sieben Löwen« bekannt ist. Sie wurde im 16. Jahrhundert von Antonio Bosio in einer alten Katakombe entdeckt. Laut dieser Vorhersage kämen nach Johannes

Paul II. nur noch zwei weitere Päpste, und dies deckt sich mit der Malachias-Prophezeiung. Die Vorhersage endet mit den Worten: »*Wenn der doppelte Löwe brüllt, werden die Tore einer Zeit geschlossen.*« Der doppelte Löwe könnte als zweiter oder doppelter Papst interpretiert werden, so wie Petrus II., der letzte Papst.

Eine den Templern zugeschriebene Prophezeiung lautet: »*Nahe der Mitte des letzten Jahres* (1999?), *werden Zeichen und Zahl am Himmel erscheinen. Die eisernen Vögel werden die Sonne verdunkeln, die Monster der Apokalypse werden das Meer verlassen, die Feuer der Hölle werden die Erde einschließen. Zur gleichen Zeit wird der Himmel brennen, und die Meere werden sich erheben und die Länder verschlingen. Dann wird der Mensch die Wahrheit kennen. Die Tür wird sich für die Eingeweihten öffnen, für den ewigen Neubeginn, die ewige Welt wird den göttlichen Plan fortsetzen.*«

7. Der Dritte Weltkrieg

Die Schlacht der Söhne des Lichts gegen die Söhne der Finsternis

»*Wegen der gallischen Streitigkeiten werden die Nationen, welche die andere Seite des Meeres bewohnen* (Mittelmeer, Moslems) *in Frankreich landen ... Eiserne Vögel* (Flugzeuge) *werden Feuer vom Himmel auf die Erde werfen. Rom wird seinen großen Anführer* (Papst) *fliehen sehen. Wenn die südlichen Barbaren* (Moslems) *in Frankreich eintreffen, werden auch die nördlichen Barbaren* (Russen) *dort ankommen.*« Dem griechischen Propheten Cairis aus dem Jahr 80 n. Chr. zugeschrieben. Ich fand diese Prophezeiung in einem alten Buch, das Jahrhunderte vor der Erfindung von Flugzeugen gedruckt wurde. Falls es sich dabei um eine Fälschung handelt, ist sie Jahrhunderte alt.

»Ich sah viel Übel und Schaden in aller Welt geschehen. Es wird grausame Tode geben, das Land wird an vielen Orten der Welt erbeben, der Stern Merkur wird bei Tageslicht in der Farbe eines blutigen Schwerts erscheinen, was auf der Welt sonst nicht passiert, nur in Zeiten großer Veränderungen in der Welt. Es wird viele Kriege und Veränderungen an der Sonne, am Mond und an den Planeten geben, die Sonne wird sich oft verfinstern, es wird Feuer vom Himmel fallen ...«
Libro de los Grandes Hechos, eine typische mittelalterliche Prophezeiung über das Ende der Welt aus dem 15. Jahrhundert, Manuskript 8566 der spanischen Nationalbibliothek

»Jene, die fliegen, sind keine Vögel; jene, die schwimmen, sind keine Fische. Der Krieg hängt nicht mehr vom Fußsoldaten ab. Es ist das Spiel der Elemente. Rauch und Wolken bedecken den großen Ozean. Es schießt bis in den Himmel und sinkt bis unter den Ursprung. Die Mutter von Gold und der Vater aus Holz schauen dem gigantischen Feuerwerk zu. Ohne die Streitkräfte einzusetzen, verbreitet sich Terror, um den Himmel und die Erde zu bedecken.«
Prophezeiung aus der Zeit 627 bis 649, Tang-Dynastie, China[10]

Es gibt viele Prophezeiungen über einen zukünftigen Krieg. Einstein sagte, er wüsste nicht, mit welchen Waffen der Dritte Weltkrieg ausgetragen würde, aber der Vierte würde mit Knüppeln und Steinen gekämpft werden. Er sagte auch: *»Ich glaube nicht, dass die Zivilisation in einem Krieg ausgelöscht wird, der mit der Atombombe gekämpft wird. Vielleicht werden zwei Drittel der Erdbevölkerung getötet.«* Agatha Christi sagte, einen Krieg zu gewinnen sei genauso katastrophal, wie einen zu verlieren. Laut den Prophezeiungen sind beide nicht weit von der Wahrheit entfernt. Der Dritte Weltkrieg wird ein verheerendes Ereignis, aber er wird kein endgültiges Ende sein. Und wie wird er sich entwickeln? Die Prophezeiungen sprechen von Verbündeten. Oftmals ist die Rede von denselben

---

[10] Aus dem Buch *The Great Prophecies of China* von Li Chunfeng und Yuan Tienkang, welche von Kaiser Taitsung den Auftrag erhielten, ein Werk über die Zukunft zu schreiben. 1950 in englischer Sprache erschienen.

Parteien. Es ist auch die Rede von einer Wirtschaftskrise und einem Bürgerkrieg in einigen europäischen Ländern kurz vor Ausbruch des Krieges. Ich schätze, dass er um das Jahr 2020 herum ausbrechen wird, aber dies ist natürlich nur eine Schätzung, die falsch sein kann.

Die sogenannte Bemechobus-Prophezeiung oder die Prophezeiung von Bischof Methodius oder Pseudo-Methodius ist ein alter syrischer Text, der im siebten Jahrhundert übersetzt und unter dem Titel Doktrin verbreitet wurde. Der wahre heilige Methodius lebte im vierten Jahrhundert. Diese Prophezeiung wurde 1522 im *Liber Mirabilis* veröffentlicht:

»Diese neue Invasion der Ismaeliten (Moslems) *wird eine Strafe ohne Maß und Gnade. Der Herr wird alle Nationen in ihre Hände ausliefern wegen der Vergehen, die gegen seine Gesetze begangen werden. Das ist der Grund, warum Gott uns den Barbaren ausliefert, weil wir seine göttlichen Gebote vergessen haben. Weil die Christen sich einer großen Zahl verbotener Handlungen hingegeben haben und mit den beschämendsten Unsittlichkeiten beschmutzt wurden, lieferte sie der Herr den Sarazenen aus ... Spanien wird zerstört. Frankreich, Germanien und das Gotenreich werden von tausend Geißeln verschlungen und man wird sehen, wie viele ihrer Bewohner ihre Länder verlassen. Die Römer werden sterben oder fliehen. Sie werden ihre Feinde bis auf die Meeresinseln verfolgen; die Kinder Ismaels werden zur selben Zeit im Norden und im Osten, im Süden und im Westen einfallen. Jerusalem wird die Gefangenen aller Nationen tragen, die unter ihrem Joch und Tribut stehen. Alle Schätze und aller Kirchenschmuck aus Gold, Silber und Edelsteinen wird ihr Besitz werden; die Verwüstung wird groß sein, die Kirchen werden niedergebrannt ... Auf diese Weise wird das ganze Land den Kindern Ismaels übergeben, die es bis zum Ende einnehmen werden. Dies geschieht, weil der Herr Ismael zum Werkzeug des Krieges berief; und viele Städte werden zerstört, und daher werden die Kinder der Wüste kommen, und das sind keine Menschen, sondern den Menschen verhasste Wesen. Außerdem werden sie die schwangeren Frauen töten und die Priester in ihren Schreinen opfern. Sie werden die Kirchen entweihen und*

*Frauen schänden, und sie und ihre Frauen werden die heiligen Orna-
mente tragen ... Das wird für die Christen, die auf dem Land leben, eine allgemeine Drangsal. Dann wird sich eindeutig zeigen, wer fest an
den Herrn glaubt. Denn der Herr wird diese Drangsal den Christen nicht
senden, um die Gerechten und die Gläubigen zu töten, sondern um sicher zu sein, wer seine ergebensten Anhänger sind, denn die Wahrheit
sprach ihren Namen: gesegnet bist du, wenn du wegen meines Namens
verfolgt wirst, und tatsächlich wurden die Propheten, die uns vorausgin-
gen, verfolgt, oder jene, die bis zum Ende aushalten, werden gerettet werden. Aber nach diesen Tagen der Drangsal, wenn die Kinder Ismaels,
bekleidet von purpurnen und goldenen Gewändern, mit ihren errunge-
nen Siegen über die Christen prahlen, die vor ihrer Macht nicht mehr
beschützt werden können, werden sie sagen: ›Wir haben das Land und
alle, die dort leben, in unsere Gewalt gebracht‹, und dann wird der Herr-
gott sich seiner Gnade erinnern und seines Versprechens an jene, die ihn
verehren, jene, die an Christus glauben, der sie vom Joch der Sarazenen
befreien wird. Ein christliches Volk wird in Frankreich erscheinen, das
sie bekämpft und sie mit dem Schwert zerschneidet, und es wird ihre gefangenen Frauen befreien und ihre Kinder massakrieren. Und die Kinder Ismaels werden getötet und sie werden die Drangsal kennenlernen.
Und der Herr wird ihnen das Böse, das sie getan haben werden, zurückgeben, in siebenmal größerem Verhältnis. Der Herr wird sie der Macht
der Christen ausliefern, deren Reich über alle Reiche erhoben wird. Das
Joch, das ihnen die Christen auferlegen, wird schwer sein und jene, die
übrig bleiben, werden Sklaven sein. Dann wird das Land, das sie zuvor
zerstört hatten, befriedet sein. Die Gefangenen der Feinde werden ihre Heimat wiedersehen, und die Bevölkerung wird wachsen und sich vermehren.«*

Johann Peter Knopp (1714–1794) über den Krieg:

*»Dann wird es Krieg geben, wenn keiner es glaubt; man wird sich
nicht fürchten, und es wird wieder ruhig und jeder sorglos sein. Wenn
die Brücke zu Köln fertig sein wird, wird Kriegsvolk gleich drüber gehen.
Und es wird ein Krieg sein, wie vordem nicht erlebt worden, aber er wird
nicht lang dauern ... Es wird ein gutes Jahr vorhergehen, denen drei Miss-
jahre voller Elend und Drangsale folgen.«*

Der 1840 verstorbene Ludovico Rocco sagte, wie aus einem vor dem Zweiten Weltkrieg veröffentlichten Buch hervorgeht, präzise das schreckliche Geschehen des Ersten Weltkriegs voraus. Er verkündete beispielsweise, dass Russland der Schauplatz der größten Greueltaten werde, dass die Familie des Zaren ermordet werden würde, genau wie der Adel und ein Teil der Geistlichkeit.

»Die ungarische Nation wird verschwinden. Die Türken werden aus Europa verjagt. Dann werden die Restlichen zum katholischen Glauben bekehrt. In Konstantinopel wird der Halbmond gegen das Kreuz eingetauscht werden und Jerusalem wird Königsstadt werden.«

Im französischen La Salette hatten zwei Kinder, Melanie Calvat und Maximin Giraud, im Jahr 1846 eine Marienerscheinung. Ein Teil dieser Prophezeiung spricht von Bürgerkriegen vor dem Dritten Weltkrieg: *»Frankreich, Italien, Spanien und England werden im Kriege sein. Der Krieg wird auf den Straßen stattfinden. Die Franzosen werden mit den Franzosen kämpfen, die Italiener mit den Italienern, unmittelbar darauf wird es einen allgemeinen Krieg geben, der unglaublich sein wird ... Paris wird durch Feuer zerstört und Marseille wird vom Meer überschwemmt werden, andere große Städte werden durch Feuer zerstört und dem Erdboden gleichgemacht.«*

Wenn hier von einem Bürgerkrieg die Rede ist, könnte dies dann ein Kampf zwischen Moslems und Christen sein? Vor einigen Jahren gab es schon Konflikte in Frankreich, in den Vororten von Paris. Viele Autos gingen in Flammen auf. Ist es unglaubwürdig, wenn es in den Prophezeiungen heißt, dass Paris von den eigenen Einwohnern niedergebrannt wird? Von Islamisten? Der 1888 verstorbene Don Bosco sagte hierzu:

»Paris! Paris! Statt dich mit dem Namen des Herrn zu rüsten, umgibst du dich mit den Häusern der Sittenlosigkeit. Sie werden durch dich selbst zerstört werden.«

Renzo Baschera schrieb zu Beginn des 20. Jahrhunderts, dass Rasputin prophezeit hatte, der Dritte Weltkrieg würde kurz nach dem Ende des Jahrtausends ausbrechen. *»Zwei Raubvögel werden das Al-*

te (Europa) *heimsuchen, wenn die Lichter des Jahrtausends erlöschen. Ein Vogel wird gelb sein* (Japan, China, oder eine asiatische Macht) *und der andere schwarz* (Moslems?). *Und sein Schnabel wird wie Feuer brennen und wo sie landen, werden sie ihre Spur hinterlassen.«*

»Drei hungrige Schlangen werden über die Straße Europas kriechen (Deutschland, Japan und Italien: der Zweite Weltkrieg). *Und überall, wo sie auf den Straßen hingelangen, werden Asche und Rauch zurückbleiben. Aber nach dem Waffenstillstand wird es neue Gesetze und neue Flaggen geben. Aber die Gesetze werden noch immer die Saat der Gewalt in sich haben. Und wenn die langen Zeiten zu Ende gehen* (Jahrtausend), *werden wieder drei neue Schlangen* (Russland, Japan und Moslems: Dritter Weltkrieg) *über die Straßen Europas kriechen, aber diesmal wird auf dem Land kein Kraut mehr wachsen* (aufgrund von chemischer Kriegsführung).«

Der 1506 im spanischen Baskenland geborene Francis Xavier wurde vom portugiesischen König in die portugiesische Kolonie Indien geschickt. Dort verfasste der Missionar die nachfolgende Prophezeiung, die ich in Form eines lateinischen Manuskripts in der früheren königlich portugiesischen Bibliothek (heute Ajuda Bibliothek) fand. Nirgendwo sonst habe ich diese Prophezeiung zuvor gelesen:

»Das von Gott gegebene Königreich wird bis zum Ende blühen (Ende des Jahrtausends oder Ende der Zeiten). *Plötzlich wird es durch Moslems zerstört werden. Ein vernichtender Löwe wird kommen* (der Große Monarch) *und wird seine Krallen in die Feinde bohren ... schnell und schrecklich wird das Land* (Europa) *besetzt und zerstört ... Das Königreich wird unterdrückt und es wird große Verwirrung sein. Der Prinz wird die Feinde dazu bringen, in ihr Land zurückzukehren ... Das Imperium wird erzittern und es wird die katastrophale Invasion aus dem Osten erleiden, die sich nach Amerika erstrecken und ihr Ziel erreichen wird ... Große Zeichen werden am Himmel erscheinen. Zwei leidvolle Jahre lang wird das Imperium der Ungerechten von allen Seiten heimgesucht werden ... Rom wird zerstört werden.«*

In einem 1935 in Italien veröffentlichten Buch von Alberto del Fante mit dem Titel *Le Procellarie del Future* fand ich eine Napoleon zugeschriebene Prophezeiung. Darin heißt es, im Jahr 1812, als Napoleon Russland, welches die Blockade gegen England durchbrach, nicht besiegen konnte, habe er vorhergesagt: *»England wird dafür bezahlen, Russland wird England zerstören und es wird die Geißel Europas sein.«*

Der amerikanische Präsident George Washington (1732–1799) betete oft zu Gott und bat dabei um Hilfe und Erlösung. Dabei hatte er einmal die folgende Vision, in der er unter anderem drei Weltkriege sah und andere Ereignisse, die sich bereits erfüllt haben. Er erblickte Engel und hörte Stimmen, die zu ihm sprachen: *»Sohn der Republik, siehe und verstehe.«* Dies ist der Schlussteil der Vision, in der es um den Dritten Weltkrieg geht: *»Und wieder hörte ich die geheimnisvolle Stimme sagen: ›Sohn der Republik, sieh und lerne.‹ Danach setzte der dunkle, schattenhafte Engel eine Trompete an seinen Mund und blies drei verschiedene Stöße; und nahm wieder Wasser aus dem Ozean und spritzte es über Europa, Asien und Afrika. Dann sahen meine Augen eine furchtbare Szene: Von jedem dieser Länder entsprangen dicke, schwarze Wolken, die sich zu einer vereinigten. Durch diese Masse glänzte ein dunkles, rotes Licht, in dem ich Horden von bewaffneten Menschen sah, die sich mit der Wolke bewegten, über das Land marschierend und segelnd auf der See nach Amerika, das miteingeschlossen wurde in die Wolke. Und dunkel sah ich diese großen Armeen das ganze Land verwüsten und die Dörfer und Städte niederbrennen, die vorher aufgestiegen waren.* (Im ersten Teil der Vision) *Als meine Ohren den Donner der Kanonen hörten, das Rasseln der Schwerter und die Schreie von Millionen in tödlichem Kampf, hörte ich die mysteriöse Stimme wieder sagen: ›Sohn der Republik, sieh und lerne.‹ Als die Stimme das gesagt hatte, erhob der dunkle, schattenhafte Engel seine Trompete noch einmal an seinen Mund und blies einen langen, furchtbaren Stoß. Sogleich schien über mir ein Licht wie von tausend Sonnen herab und durchdrang und brach Lücken in die dunkle Wolke, die Amerika einschloss. Im selben Moment stieg der Engel, bei dem das Wort*

›Union‹ über dem Kopf geschrieben stand und der unsere Nationalflagge in Händen hielt, vom Himmel herab, begleitet von Legionen weißer Geister. Diese verbanden die Einwohner von Amerika untereinander und ich sah, dass sie sofort ihren Mut wiederbekamen, schlossen ihre zerbrochenen Reihen und nahmen den Kampf wieder auf. Wieder, inmitten des furchtbaren Lärms, hörte ich die mysteriöse Stimme sagen: ›Sohn der Republik, sieh und lerne.‹ Als die Stimme aufhörte, schöpfte der schattenhafte Engel ein letztes Mal Wasser aus dem Ozean und spritzte es über Amerika. Sofort ging die dunkle Wolke zurück, zusammen mit den Armeen, die sie brachten. Und die Bewohner des Landes waren siegreich.«[11]

Der brasilianische Spiritist Aiçor Fayad schrieb in seinem Buch über das dritte Jahrtausend, ein Geist namens Bruder X habe ihm zukünftige Ereignisse vorhergesagt. Trotz der Anzahl der Details machte Bruder X hierfür falsche Zeitangaben, denn er behauptete, alles würde sich noch im 20. Jahrhundert ereignen, doch dies ist bei Prophezeiungen ein weitverbreitetes Phänomen. Das Buch wurde im Jahr 1956 geschrieben und kurze Zeit später veröffentlicht. Die Prophezeiung stellt klar, dass die marxistische Doktrin die Ursache für den Dritten Weltkrieg sein wird, was eine Verbindung zu Russland herstellt. Darüber hinaus erwähnt diese Vorhersage auch die Naturkatastrophen, die sich unmittelbar nach dem Ende des Krieges ereignen.

»Die Tage des großen Blutbads kommen näher – vernichtende Bomben werden Städte und Bevölkerungen ausradieren. Eine Feuerhölle wird die Erde versengen, das Blut wird das Wasser rubinrot färben, tödliche Gase werden die Atmosphäre vergiften, und Mikroben werden sich durch den Luftstrom ausbreiten. Ganze Völker werden dezimiert, zivilisierte Nationen werden verschwinden. Dann werden die durch geologische Erschütte-

---

[11] Diese Prophezeiung wurde erstmals 1880 in einer amerikanischen Zeitung veröffentlicht. Viele Historiker halten diese Vision für eine Fälschung, denn sie wurde weder von Washington noch von sonst jemandem vor ihrer Veröffentlichung erwähnt.

rungen entfesselten Elemente das Drama der Menschheit beenden.«

Die Erde ist im Chaos. Ihre Oberfläche ist durch das Feuer der Atombomben versengt, ihre Städte sind zerstört, ihre Bevölkerung dezimiert ... In jedem Erdteil kann man das Toben der zerstörerischen Elemente spüren, die von der Heftigkeit des Kampfes zeugen, der über der Erdoberfläche ausgetragen wird. Hungernde Menschen wandern auf der Suche nach Nahrung umher ... der Hunger wird die schreckliche Geißel krönen. Nacktheit bekleidet die Körper und die Geschöpfe erscheinen wie wilde Tiere, verloren in den zerstörten Gebieten und gezeichnet von Schmerzen.

Auf den verlassenen Meeren des afrikanischen, europäischen und asiatischen Kontinents zeichnen sich die Silhouetten amerikanischer Schiffe ab. Diese Schiffe sind voller Nahrungsmittel, die zu den Orten der Zerstörung fahren, um den hungernden Völkern Vorräte zu bringen, in einer bewegenden Geste menschlicher Solidarität. Angeführt von Brasilien bringen diese Schiffe Lebensmittel, Kleidung und Decken an die Küsten der zerstörten Kontinente. Und dann wird langsam auf wundersame Weise das Leid derer, die dem Blutbad entgangen sind, gelindert ... Es ist trotzdem wichtig, deutlich hervorzuheben, dass die marxistische Lehre, die voller falscher Grundsätze ist, den Menschen eine gewaltige Ruhelosigkeit gebracht und den riesigen Konflikt verursacht hat, der in Europa, Asien, Afrika und in einem Teil von Amerika tobte. Der Sturm nahm seinen Anfang in Italien, zwischen Katholiken und Kommunisten, und breitete sich schnell über den Balkan aus, um bald die ganze Welt zu betreffen ... Auf der einen Seite standen jene, welche die Religion verteidigten, auf der anderen Seite standen die Atheisten.

Europa ist ein großer Friedhof. Asien und Afrika sind verwüstet. Teile Amerikas sind schrecklich zerstört. Nur Brasilien und seine südamerikanischen Nachbarn blieben unverletzt ... große Gebiete liegen in Ruinen. Ganze Nationen werden im Abgrund des furchtbaren Geschehens verschwinden. Frankreich, Italien, Deutschland und England werden ein rauchendes Gespenst, das in den großen Wassermassen verschwindet. Kein Staat in Europa wird dem Blutbad entgehen. In Asien versinken die Inseln, die das japanische Reich bilden, im Meer, ebenso wie viele andere Inseln und Australien. Der afrikanische Kontinent wird seine

Erscheinung verändern. Amerika wird tiefgreifende Veränderungen erleiden. Die atlantischen Inseln in Amerika werden auch vom Wasser überflutet. Brasilien wird nur wenig zu erdulden haben. Dank einer göttlichen Bestimmung wurde sein Territorium beschützt. China wird eine Ruinenlandschaft. Amerika, deine Staatsmänner kämpften für eine bessere Welt. In den beiden großen Kriegen, die dem Blutbad vorangingen, warst du der Schutzwall der freien Welt. Du hast davon geträumt, eine bessere Welt aufzubauen, basierend auf den Grundsätzen der menschlichen Freiheit. Auf der Basis deiner Inspiration wurde eine große Organisation gegründet, deren Ziel die Verteidigung der Menschenrechte war. Trotzdem wird sich dein Traum als Fehlschlag erweisen, und dies wird durch die Brutalität der Tragödie bestätigt, an welcher du beteiligt warst. Riesige Kataklysmen werden über den Erdball hereinbrechen, in einem schrecklichen Sturzbach des Unheils.«

»Tiefgreifende Umwälzungen haben auf dem Antlitz der Erde stattgefunden. Nicht nur die durch die Blindheit der Menschen ausgelöste Zerstörung, sondern auch Erdbeben haben das Aussehen des Planeten verändert. Die Pole gaben den Reichtum unentdeckten Bodens preis, die Meere sind in einige Kontinente eingebrochen. Die Beschaffenheit des Globus ist verändert.«

»Kontinente sind überschwemmt und andere sehen so aus, als würde sie die Bedingungen für eine bessere Bewohnbarkeit bieten.«

»Nach den Atomschlägen, unmenschlich und gnadenlos, kamen die geologischen Erschütterungen. Die Elemente hoben in ihrem zerstörerischen Toben große Teile seidiger Kontinente aus der Tiefe der Ozeane. Die polaren Eismassen verschoben sich ruckartig aufgrund des vertikalisierenden Effekts der Erdachse und überfluteten mehrere Gebiete. Die Wassermassen bedeckten riesige Landgebiete, und die bewohnbaren Teile der Kontinente reduzierten sich auf ein Drittel. Die Meere erweiterten ihr Gebiet und das Land zog sich in demselben Maß zurück. Dies war eine wahrhaftig weltweite Flut ... In der Offenbarung des Johannes spricht er von einem neuen Himmel und einer neuen Erde. Wir erwarteten ängstlich die Erfüllung der Prophezeiungen und verstanden erst jetzt den Sinn dieser Beschreibung.«

114

»*Außergewöhnliche Veränderungen werden sich in ein paar Jahren ereignen. Unglaubliche Ereignisse werden die Seele der Menschen mit Angst erfüllen. Ein unvorstellbarer Krieg wird ein Drittel der Lebewesen vom Angesicht der Erde hinwegfegen. Mensch und Tier wird im Abgrund des Blutbads verschwinden. Inseln und Kontinente werden von den Wassermassen überschwemmt.*«

»*Die gegenwärtige Zeit ist von einer seltsamen Skepsis gekennzeichnet. Ungeachtet, wie viele Warnungen dem Menschen gegeben werden, bleiben sie gleichgültig gegenüber der Stimme, die in ihre Ohren brüllt. Je mehr Licht in ihre Augen scheint, umso blinder werden sie. Jedoch wird die schreckliche Wahrheit in wenigen Jahren ihre Augen und Ohren öffnen.*«

»*In der Entfernung sieht man die Gestalt von jemandem, der auf einer Straße reist. Es ist seine Heiligkeit, der Papst. In einer Hand trägt er den Hirtenstab. Er hat auf alle menschlichen Vorrechte verzichtet, um nur noch der Führer der Seelen zu sein. Ein verschlissenes Gewand bedeckt seinen Körper. Er trägt einfache Sandalen. Er sucht nach den Schafen des Herrn. In jeder Stadt und jedem Dorf predigt er das Evangelium im Geist und in der Wahrheit. Seine Stimme trifft auf wunderbaren Widerhall, denn sie ist vom himmlischen Heiligen Geist inspiriert. Wie verschieden ist dieser Heilige von seinen Vorgängern! Kein Purpur mehr, keine Sänfte, keine Mitra.*«

»*Der vernichtende Krieg, der das Leben von Millionen von der Erdoberfläche hinweggefegt hat, ließ sie ängstlich und besorgt über den Frieden zurück ... auf gesellschaftlicher Ebene setzt eine große Bewegung ein. Frauen und Männer aus allen sozialen Klassen werden mit großem Aufwand mobilisiert, um die Fortsetzung des Blutbads zu stoppen. Botschaften gehen aus an alle Völker, damit diese an der Bewegung teilhaben. Vertretungen werden an die Regierungen der Welt geschickt ... die Jahre vergehen im Glas der Zeit. Langsam kehrt das Leben zur Normalität zurück.*«

»*Brasilien wird aufgrund der Größe seines Territoriums und der landwirtschaftlichen und industriellen Entwicklung die größte Weltmacht. Sein Territorium kann zahllose Gruppen von Auswanderern aufnehmen; diese werden sich beim Kontakt mit seiner wunderbaren*

Natur von ihren Kriegstraumata erholen und werden ihr menschliches Erbgut einbringen. Aus der Mischung dieser Völker (die Völker, die während des Krieges nach Brasilien fliehen werden) *mit dem brasilianischen Volk wird eine neue Rasse entstehen, die stärker und besser auf die Realität im dritten Jahrtausend vorbereitet sein wird.«*

»Die Erde hat soeben die Folgen der ideologischen Kämpfe gespürt, und ihre Oberfläche wirkt wie ein riesiger Krater, in dem die Schmerzensgeister umhergehen, auf der Suche nach einem Unterstand, um sich vor den Katastrophen zu verbergen. Gewaltige und nicht zu beschreibende Ereignisse sind auf der Erdoberfläche geschehen ... In allen Erdteilen war die Zerstörung zugegen. Überall zeugen die Ruinen von der Gewalt der Kämpfe ... Alles wurde eingeäschert.«

Die folgenden Prophezeiungen finden sich in einem der Bücher des italienischen Autors Renzo Baschera. Obwohl es schwer zu glauben ist, dass diese Personen spiritistischen Kontakt zu verstorbenen Geistwesen hatten, stimmen die Prophezeiungen inhaltlich mit anderen Quellen überein:

Von Strummer 1962: *»In Deutschland wird mehr als ein halbes Jahrhundert lang Frieden herrschen.«*

H. Kolder: *»Freut euch nicht über den Frieden, denn der Funke des Krieges wird im Volk weiterglühen. Und es werden Blut und Tränen fließen. Aber die böse Person wird erst am Übergang zum Jahrtausend erscheinen. Zwischen 1995 und 2005 wird die Welt von Vipern regiert werden. Und das Gift wird ein wenig auf allen Seiten verteilt werden. Der Himmel über vielen deutschen, schweizerischen, französischen und italienischen Städten wird sich mit Wolken verfinstern, die eine Menge Tod bringen werden ... Kapitalismus und Marxismus sind ungerechte Systeme, denn sie führen am Ende zur Kreuzigung der Menschheit. Zuerst wird der Marxismus fallen und das Krachen seines Sturzes wird bis zum Mond gehört werden. Dann wird der Kapitalismus fallen und der Lärm seines Sturzes wird bis zur Sonne zu hören sein. Wo die beiden Tiere fallen, bleibt nur Asche übrig, denn ihre Lehren waren nur Asche.*

Wenn sie in den Tunnel der viperischen Dekade eintreten, werden die Ideologien in eine tiefe Krise stürzen. Die Ideen werden fehlen ... die großen Ideen fallen vom Himmel wie Manna.«

F. Riedman (1959), auf die Frage nach den großen Veränderungen in Europa: *»Die Grenzen, die Hauptstädte, das Land und das Meer werden sich verändern. Es wird Veränderungen geben, die durch die Natur auferlegt sind, und solche, die der Mensch verursacht hat. Die Natur wird vielen Küsten, vielen Seen und vielen Hügeln eine neue Gestalt geben. Moskau wird zur Provinz, während Sankt Petersburg wieder die Hauptstadt Russlands wird. Rom wird ein Museum, während Mailand zur Hauptstadt Italiens wird. Belgrad wird vergehen* (wird total zerstört werden), *wenn die Feuer entzündet werden. Und Berlin wird zum Glanz seiner glorreichen Jahre zurückkehren. Die Nordsee wird ein wenig Land erfassen, aber es werden vor allem die Küsten Italiens, Frankreichs und Spaniens sein, die sich verändern. Manche davon wird man nicht wiedererkennen. Der oberste Teil des Mittelmeers wird kochen wie ein Topf auf dem Feuer.«* Auf die Frage, welche Vorzeichen diese Ereignisse ankündigen, hieß es: *»Wenn der Winter nahe dem Sommer ist ... aber vor allem, wenn Calais Dover umarmt, dann denkt daran, dass ihr in die Tage der großen Veränderungen eintretet.«* *»Der gewöhnliche Mensch kann nichts machen, denn alles ist festgeschrieben. Jene, die sich den Zeiten der großen Veränderungen mit Bescheidenheit und Gelassenheit stellen und die vor allem vorbereitet sind, werden überleben. Wenn das Jahrtausend stirbt, werden viele Dinge sterben. Und viel Totes wird zurückkommen. Halte in jenen Tagen deine Tasche gepackt, denn es wird die Zeit großer Wanderungen sein.«*

I. Fridmant (1952): *»Sagt den Leuten, dass sie darauf vorbereitet sein müssen, sich sehr harten Zeiten zu stellen. Es wird überall Hunger geben. Und schlimmer als der Mangel an Brot wird der Mangel an Wasser sein. Viele werden sagen: Die Reservoirs sind voller Wasser. Aber es wird verseuchtes Wasser sein. Erinnert ihr euch an die große Krise von 1929? Ein Jahrhundert später wird es sich wieder ereignen. Und es wird viel schlimmer kommen, denn es wird nicht nur eine Wirtschaftskrise* *sein. Kurz vor dem Dritten Weltkrieg wird es eine große Menge Betrüger geben, die nur dazu in der Lage sind, die Zunge zu bewegen und den naiven Leuten das Blut auszusaugen ... An den höchsten Stellen werden sich nur Riesen der Korruption mit dem Herz eines Hasen befinden. Die gerissensten und raffiniertesten Diebe werden sich dem Volk präsentieren mit reichem Gepäck voller Lügen. Und die naiven Leute werden für sie stimmen ... jedoch werden den naiven Leuten Spiel, Spaß und Sport geboten werden. Auf diese Weise vergessen die Leute stets Freiheit und Demokratie, die Bürger wählen Diebe, und das Land wird zur Kloake.«*

L. Helmut (1952): *»In ein paar Jahrzehnten wird das irdische Leben nicht mehr lebenswert sein ... Das ganze Land wird ein Gift und das menschliche Leben eine Krankheit. Die Erde wird verseucht sein wie eine infizierte Wunde. Die Politiker werden versprechen, die Dinge zu richten, aber sie werden das ganze Geld für den Kampf der Reinigung in sinnlosen Versammlungen, Diskussionen, Bescheiden, Kommissionen und Scheinkommissionen vergeuden ... Entsetzliche Wunden werden sich im Fleisch der Menschen und Tiere bilden. Entsetzliche Wunden werden sich über dem Land öffnen, das einst fruchtbar war.«*
Auf die Frage, ob die Apokalypse komme, sagte er:
»Ja, die Apokalypse wurde Stück für Stück von verrückten, unfähigen und korrupten Menschen aufgebaut. Daher wurde die große Sintflut beschlossen. Und nur die Besten werden überleben. Im ewigen Gesetz gibt es nur Platz für die Besten. Es werden nicht die großen Leute sein, die gerettet werden, sondern die Übermenschen. Und das neue Leben, das neue Verhältnis zwischen den Menschen, wird von diesen höhergestellten Gemütern etabliert und verwirklicht werden ...«

R. Dowden (1952) auf die Frage nach der Rolle der früheren Verbündeten im wahrscheinlich letzten Krieg der Menschheit: *»Wenn der östliche Wirbelwind über die Erde fegt, wird Japan durch eine Reihe von Erdbeben zerstört, die im Leben dieses Volkes eine tiefe Wunde reißen wird ... Das Schicksal Italiens ist die Veränderlichkeit, so wie der Wind wechselt.«*

Das Medium T. Simpson (1958) äußerte die folgende Prophezeiung in deutscher und französischer Sprache, ohne selbst die französische Sprache zu verstehen: »*Deutschland wird wieder eins sein* (erfüllt). *England wird seine Kolonien verlieren* (erfüllt), *es wird seine Monarchie verlieren und auch seine historische Einheit. Dann wird man begreifen, dass die Demokratie in diesem Land gar nicht existiert hat. Frankreich ist dazu bestimmt, von Deutschland abhängig zu werden. Die Sowjetunion wird in tausend Teile zerfallen* (erfüllt). *Und jeder Teil wird Anspruch auf seine eigene Flagge erheben. In den Ländern des Ostens wird eine unglaubliche Krise ausbrechen. Hunger und Seuchen werden das slawische Volk in Agonie stürzen. Die Vereinigten Staaten werden ihre Sterne verlieren, einen nach dem anderen. Sie werden von Angreifern überfallen. Es wird der Tag kommen, an dem sie sich selbst verteidigen müssen, innerhalb wie außerhalb. Die Freiheitsstatue wird bei Vollmond explodieren. Und mit der Freiheitsstatue wird die Geschichte der Vereinigten Staaten von Amerika in Stücke gerissen. Dann wird die Welt verstehen, dass die Vereinigten Staaten nicht großartig waren, sondern nur reich. Und der Reichtum ist wie der Wellengang des Meeres, er kommt und geht.*[12] *Die Farbe, welche die USA angreift, wird gelb sein. Zu dieser Zeit wird die Erde erbeben. Und Europa wird mehr als alles andere erzittern. Nur die lateinamerikanischen Länder werden Licht geben. Argentinien wird das Zentrum der Zivilisation. Eine große Reinigung wird notwendig werden: Was die menschliche Zerstörungskraft nicht erreicht, wird die Natur erreichen. Florida wird verschwinden, wird zum Meer werden ... Und aus dem Meer wird ein Land zurückkehren, in dem die Rätsel einer früheren Zivilisation verborgen sind* (Atlantis). *Und in diesen Rätseln wird ein neues Gesetz für das Leben gefunden werden.*«

F. Zellerh (1964): »*Nur wenn sich der Mensch verändert, wenn sich das Leben verändert, wird sich alles verändern. Wenn die Lichter nach einer langen Nacht verlöschen, wird die neue Sonne aufgehen ... Ich sagte, dass sich alles verändern wird, auf der Erde, im Meer und am Him-*

---

[12] Wie es auch im mitteralterlichen Opus Carmina Burana heißt.

mel. Die Sonne wird im Westen auf- und im Osten untergehen. Die Brise des Meeres wird in den Bergen gespürt werden, während die Gletscher im Meer zu finden sind ... Das erste Vorzeichen dieser Ereignisse wird durch die Jahreszeiten angezeigt. Wenn die Rose im Januar blüht und man im Mai Schnee sieht, bedeutet das, dass die Zeiten nahe sind ... Dann wird unter den Leuten Panik aufkommen. Aber es ist notwendig, dass dies geschieht ... Und in der neuen Zeit wird im Westen eine neue Sonne aufgehen, nicht mehr im Osten.«

J. Hermat (1974): »*Die Berliner Mauer ist eine Schande, und wie jede Schande hat sie eine begrenzte Zeit. Wenn man vom Sturz des sowjetischen Gebildes hört, wird die Mauer fallen ... Die Sowjetunion wird in tausend Teile zerfallen. Dann wird eine gnädige Hand all diese Teile aufsammeln, aber das Mosaik wird seine Farbe wechseln: Zuerst war es rot, später blau und zuletzt weiß ... Wenn sich die Farben der deutschen Flagge verändern, wird sich die Welt verändern.*«

Ludwig Kranz, zwischen 1965 und 1975: »*In der Zukunft Europas wird es nötig sein, alle geografischen Landkarten neu anzufertigen. Neue Nationen werden auftauchen und andere werden verschwinden. Europa wird zu einer lebenden Kreatur, aber erst muss es sterben, und es wird nach kurzem Todeskampf sterben. Aus dem Osten wird eine subtile Seuche kommen. Ein giftiger Sonnenstrahl wird die alten Zweige verbrennen ... Wir werden einen Zusammenbruch sehen, aber später wird alles neu zusammengefügt. Und aus dem Alten wird das Neue geboren werden. Es wird eine Krone sein und eine Flagge, und es wird ein Reich geben ... Im Jahr 2050 wird Europa im Zentrum des Weltinteresses stehen. Der Ruhm einer Zeit wird wieder erstehen. Die USA werden ihre Sterne verlieren ... einen nach dem anderen. Dann wird es eine Revolution geben. Und diesmal wird der Süden den Norden auf die Knie zwingen. Die Freiheitsstatue wird zerstört. Erst dann wird man ihre Innenseite erblicken und begreifen, wie verfault sie war ... Japan wird von der Wohlstandskrise in die Armutskrise stürzen. Die Erdbeben und die politischen Instabilitäten werden es vernichten. China wird die Laster, aber nicht die Tugenden des Westens übernehmen. Der letzte Marxist wird in China Zuflucht suchen. Und wenn auch der Kapitalismus stirbt, wird auch der letzte Kapitalist Zuflucht in China suchen. Europa wird wieder das Gesetz diktieren. Aber diesmal wird es ein Gesetz sein, das die menschliche Würde wirklich respektiert. Im Jahr 2050 werden die Menschen beginnen, wie Menschen zu fühlen ... Vom Jahr 2050 an wird die Zivilisation der Maschinen zu Ende gehen und das Zeitalter der Landwirtschaft wird beginnen. Das neue Leben wird auf Einfachheit, Bescheidenheit und Ehrlichkeit aufbauen. In dieser neuen Dimension wird man nicht mehr nach Reichtum streben, sondern nach Glück und Lebensfreude. Und die Arbeit des Menschen wird darauf aus sein, Glück und Freude zu bringen.«*

T. Franchini (1953): *»Binnen 50 Jahren wird in Italien eine gewaltige Krise ausbrechen. In der ganzen Welt. Und dann wird das Land neu entdeckt werden.«*

Auf die Frage, ob ein Dritter Weltkrieg ausbrechen würde:

»Ja, ich habe diese furchtbare Seite der Weltgeschichte bereits gesehen. Der Krieg wird die Industriestädte in schreckliche Schutthügel und Ruinen verwandeln ... Von 1988 an wird es mit der italienischen Wirtschaft schlechter werden ... (in gewisser Weise ist das eingetreten) *Aus dem Krieg wird der neue Mensch hervorgehen, der keine wirtschaftlichen Gesetze mehr brauchen wird.«*

Auf die Frage, wie die Industrie nach dem Krieg beschaffen sei:

»Die Autobahnen der Erde werden ihren Zweck nicht mehr erfüllen ... Es wird keine Telegrafie und kein Telefon mehr geben ... der Mensch wird ein paar Stunden pro Tag arbeiten, aber die Arbeit wird keine Last mehr sein und keine Erschöpfung bringen. Und von großen Seelen werden andere Seelen geboren werden. Und die Welt wird eine Welt der weisen Menschen sein, die in der Lage sein werden, miteinander zu kommunizieren, ohne dabei die Lippen zu bewegen, ohne zu schreiben und ohne sich zu bewegen ... Es wird unserer Welt ähnlich sein, denn es wird möglich sein, zur selben Zeit an verschiedenen Orten zu sein.«

Über die Veränderungen des Planeten:

»Große Dinge werden auf der Erde geschehen, aber wenn viele Teile der Erde vollständig erneuert werden ... werden Meere dort sein, wo zu-

vor Gebirge waren, und an der Stelle der Gebirge werden Meere sein, dann wird es kein verseuchtes Wasser mehr geben.«

Das Schweizer spiritistische Medium G. Arnel sagte 1954 in Mailand: *»Der Krieg wird vier Zeiten dauern, dann wird der Kopf der Schlange verbrannt werden und niemand wird je wieder von der Schlange sprechen, nur, dass sie existiert hat, aber es wird sie nicht mehr geben.«*

Als Antwort auf die Frage, ob es einen Dritten Weltkrieg geben würde:

»Ein Feuer wird entzündet, und alle werden in einem Feuer verbrannt werden, das selbst die Asche verbrennt ... Dann wird die Welt endgültig frei sein. Die Welt wird geläutert sein im Zeitalter des Friedens.«

Der italienischstämmige Argentinier S. Casertini antwortete auf die Frage nach Krieg oder Frieden: *»Es wird noch Krieg geben ... ein reinigender Krieg wird das letzte Jahrhundert abwaschen* (dies ist nicht geschehen), *zuvor werden sie die Jahrtausend-Autobahn des Wissens bereisen ... Für uns ist es schwer zu erkennen, wann er genau beginnen wird, aber es wird einen Krieg geben. Und es wird ein gewaltiger Krieg werden, der den größten Teil der Erde durcheinander bringt. Jede Nation, jedes Volk wird davon betroffen.«*

Auf die Frage, welche Städte Italiens darunter am meisten leiden werden:

»Rom ... Rom wird eine große Flamme werden ... und aus dem Himmel werden Steine fallen ... Die Geschichte der Tempel wird ihr Ende erreichen und das Colosseum wird fallen. Alles wird fallen ... Wenn die Römer sehen, dass ein Säulengang des Colosseums auf mysteriöse Weise einstürzt, bedeutet das, dass die Zeiten nahe sind ... Dann ist es sinnlos, sein Eigentum zusammenzupacken, um zu fliehen, denn an allen Orten wird Gefahr herrschen. Und nach Rom wird Mailand zerstört werden. Dann Turin. Die große Flut wird den Solferino-Platz überfluten, und an vielen Orten werden Kräuter wachsen. Venedig wird betroffen ... Das Wasser im See wird kochen, denn das Feuer wird ins Wasser fallen und das Wasser wird nicht ausreichen, das Feuer zu löschen ... Ein Teil Venedigs wird zu Asche werden, und ein Teil wird wie eine Königin herrschen.«

122

P. Veragli (1946): »*Stellt euch darauf ein, dass die Strände vom Meer verschluckt werden ... stellt euch darauf ein, die schönsten Bäume sterben zu sehen ... Die Städte werden zu verseuchten Ameisenhügeln ... Was die Demokratie in einem halben Jahrhundert in Italien anrichten wird, könnten Barbaren nicht in fünf Jahrhunderten anrichten.*«

Auf die Frage nach dem nächsten halben Jahrhundert: »*Die italienische Demokratie wird, wie alles auf der Erde, ihre Entwicklung und ihren Tod haben ... Die Konsumwirtschaft wird ein jämmerliches Ende nehmen. Italien wird kurz vor dem Krieg in eine schwere Wirtschaftskrise stürzen.*«

Auf die Frage nach einem russisch-amerikanischen Krieg: »*Er ist unausweichlich ... Nach einer gewaltigen Katastrophe werden die Zeiten geläutert sein.*«

In dem Buch *Tiere, Menschen und Götter* von Ferdinand A. Ossendowski (1871–1945), das zu Beginn des 20. Jahrhunderts nach einer Asienreise des Autors erschienen ist, fand ich die folgende Prophezeiung:

»*Mehr und mehr werden die Menschen ihre Seelen vergessen und auf ihr leibliches Wohl bedacht sein. Die größte Sünde und Verderbtheit wird auf der Erde herrschen. Die Menschen werden wie wilde Tiere sein und nach dem Blut und dem Tod ihrer Brüder dürsten. Der Halbmond (Moslems) wird düster werden, und seine Gefolgschaft wird in Bettlertum und endlosen Krieg versinken ... Die Kronen von Königen, großen und kleinen, werden fallen ... Eins, zwei, drei, vier, fünf, sechs, sieben, acht ... Eine schreckliche Schlacht wird unter allen Völkern stattfinden. Die See wird sich röten ... Die Erde und der Meeresboden werden mit Knochen bedeckt sein ... Königreiche werden verschwinden ... Ganze Völker werden dahinsterben ... Hunger, Krankheit und Verbrechen werden die Welt beherrschen ... Erdbeben werden kommen ... Millionen werden ihre Sklavenfesseln und ihre Erniedrigung mit Hunger, Krankheit und Tod vertauschen ... Die größten und schönsten Städte werden im Feuer vergehen ... Familien werden auseinandergerissen. Wahrheit und Liebe werden verschwinden. Unter zehntausend Menschen wird nur einer übrig bleiben, und er wird nackt und toll sein und ohne Kraft und* ohne die Kenntnis, wie er sich ein Haus bauen und Nahrung finden kann, ... Er wird heulen wie der wütende Wolf, Leichen verschlingen, sich ins eigene Fleisch beißen und Gott zum Kampfe herausfordern ... Die ganze Erde wird leer werden ... Dann werde ich ein Volk, ein jetzt unbekanntes Volk senden, das das Unkraut der Tollheit und des Lasters mit starker Hand ausreißen und diejenigen, die dem Geiste der Menschheit treu geblieben sind, zum Kampf gegen das Böse anführen wird. Dieses Volk wird auf der durch den Tod der Nationen gereinigten Erde ein neues Leben begründen ... Dann werden die Völker von Agharti aus ihren unterirdischen Höhlen auf die Oberfläche der Erde kommen ...«

8. Der zweite Messias

Gibt es Vorhersagen über einen zweiten und letzten Messias?

»Einige unserer Gelehrten behaupten, dass einer der Frankenkönige das Römische Reich wieder beherrschen wird. In der Endzeit wird er der größte und letzte aller Könige sein. Nachdem er sein Reich glücklich regiert hat, wird er schließlich nach Jerusalem kommen, und er wird sein Zepter und seine Krone am Ölberg ablegen. Das wird das Ende und die Vollendung des Römischen und christlichen Reiches sein.«
Mönch Adso, 10. Jahrhundert[13]

»Gott ... wird den Juden die Heimat zurückgeben ... Ein großer Mann, der viele gute Nationen anführt, wird viele Nationen aus Liebe, Respekt und Ehrfurcht bezwingen, und dann wird es nichts mehr geben außer der Besinnung auf Gott ohne Störungen und ohne Leidenschaften.«
Filon, 1. Jahrhundert, Jude, veröffentlicht in *Universal Historia* von Cesar Cantu

---

[13] Jahrhundertelang wurde diese Prophezeiung dem Erzbischof von Mainz Rabanus Maurus (776–856) zugeschrieben, beispielsweise in den Büchern von Reverend Gerald Culleton, aber auch Remigius von Reims (496) oder dem heiligen Augustinus. Aufgezeichnet wurde diese Prophezeiung jedoch vom Mönch Adso, der auch als Adso Dervensis oder Adson de Montier-en-Der, Adson Hermeticus, Asso Dervensis und Aso Dervensis bekannt ist und der im 10. Jahrhundert in Frankreich gelebt hat. Man findet sie in einem Traktat über den Antichrist, das den Titel *De ortu et tempore Antichristi* oder »Vom Antichrist« trägt, aus der Zeit von 949 bis 954 stammt und bei dem es sich wahrscheinlich um das beste Werk über den Antichrist handelt, das je geschrieben wurde. Er schrieb dieses Schriftstück im Auftrag der Königin Gerberga von Frankreich. Der heilige Augustinus verfasste lediglich eine Interpretation dessen, was über den Antichrist in der biblischen Offenbarung und im Buch Daniel zu finden ist. Sich darauf beziehende Bücher, wie etwa das 1872 in Frankreich erschienene Buch *Voix Prophétiques* von dem Prophezeiungsexperten Abt J. M. Curicque, geben an, dass dieser Wortlaut von Rabanus Maurus im 9. Jahrhundert prophezeit wurde, doch ich konnte diese Passage in seinen Schriften nicht finden.

Der Große Monarch, der *Immutator Mirabilis*, der letzte Herrscher, der König der Welt, der schlafende König, der verborgene König, der Neue David, der Neue Adam, *Novus Dux*, *Rex Mundi*, König Artus in der englischen Legende, König Sebastian aus portugiesischen Prophezeiungen, der Messias für die Juden, der Avatara Kalki der Hindus, der verborgene oder der letzte Imam der Moslems und der wiederkehrende Jesus Christus sind nur einige Beispiele für die über Jahrhunderte oder manchmal Jahrtausende gehegte Wiederkunftserwartung eines in der Zukunft erscheinenden großen Mannes. Ein König oder Führer, der in einer Zeit nahe dem Ende der Welt oder nahe dem Ende der Zeiten inmitten einer letzten Schlacht zwischen Licht und Dunkelheit oder zwischen Gut und Böse erscheint: im Dritten Weltkrieg, der in wenigen Jahren ausbrechen soll und der den Juden als Armageddon bekannt ist und den am Ende die Gerechten gewinnen, woraufhin ein weltweiter Frieden folgt. Historiker glauben im Allgemeinen, dass es sich beim Großen Monarchen, dem engelgleichen Papst und dem Antichristen nur um mittelalterliche Legenden handelt, denn die meisten derartigen Prophezeiungen stammen aus jener Periode. Der französische Historiker Jacques Le Goff glaubt, dass dieser messianische Mythos von einer orientalischen Legende über einen schlafenden Anführer stammt, der plötzlich erscheinen würde, um den Islam anzuführen. Ich gehe aber davon aus, dass dies nicht der Ursprung des Mythos vom Großen Monarchen ist, denn der Ursprung ist definitiv älter als das Christentum. Es gibt jüdische Prophezeiungen über einen königlichen Messias ebenso wie Vorhersagen fernöstlicher Religionen, die aus vorchristlicher Zeit stammen. Viele Prophezeiungen über diesen Messias wurden im Verlauf der Zeit anderen Königen zugeschrieben, wie etwa Friedrich II. in Deutschland, Artus in England, Sebastian in Portugal oder Karl dem Großen in Frankreich, und derartige Vorhersagen wurden oftmals aus politischen Gründen missbraucht, obwohl es scheint, als ob es sich dabei um echte Prophezeiungen handelt, die nicht erst aus politischen Gründen gefälscht wurden, denn man findet sie in allen Erdteilen.

Der Historiker Yves-Marie Bercé schrieb in seinem Buch *Le roi caché* (Der verborgene König), dass »*die Prophezeiung über die Rückkehr eines verlorenen Königs die Hoffnung auf eine zukünftige Entschädigung widerspiegelt … die Bretagne und Britannien, Wales, Irland und Schottland erwarten das Erwachen von Kämpfern, die eine ursprüngliche Größe wiederherstellen sollen … Gervais of Tilbury sah die persönliche Rückkehr von König Artus voraus … die Bretonen glauben daran, dass König Artus nach einer gewissen Zeit in sein Königreich zurückkehren wird.*«

König Artus schläft auf der Insel Avalon, und wenn der Antichrist erscheint, um den Gral (Jerusalem) in Besitz zu nehmen, wird er zusammen mit Merlin (der engelgleiche Papst?) zurückkehren, um den heiligen Gral zu beschützen und die Welt zu retten.

Laut dem argentinischen Historiker und Freimaurer-Experten Eduardo Callaey, der mehrere Bücher verfasst hat, wird die Rückkehr des Rex Mundi von einigen Zweigen der Freimaurerei erwartet, darunter von den Templern und anderen Geheimgesellschaften. Dieser Herrscher der Welt sei ein Abkömmling Davids.

Der ewige Kampf zwischen Gut und Böse, der Dualismus, der seit Jahrhunderten oder Jahrtausenden in allen Religionen präsent ist und zugleich ihre Grundlage darstellt, kulminiert im zukünftigen Sieg der guten Mächte über das Böse während des von den Sehern prophezeiten Dritten Weltkrieges. Der Sieg der guten Mächte wird durch einen Anführer errungen, welcher der neue Messias ist. Alle großen Religionen erwarten eine Art König, der am Ende der Zeiten erscheint, um die Hoffnung auf die Wiederherstellung des Friedens und die Vereinigung der Welt in einer gemeinsamen Religion zu erfüllen, wie es in uralten Prophezeiungen angekündigt wurde. In diesem entscheidenden Moment werden sich während des Krieges Naturkatastrophen ereignen, und dieses Szenario nannten die Seher in alter Zeit das Ende der Welt. Es ist das Ende der alten Welt und die Geburt einer neuen Welt, mit einer neuen Religion, einem neuen politischen System in vielen Ländern, einer neuen Wirtschaft, einer neuen Gesellschaft, neuen Jahreszeiten und einer neuen Weltkarte.

Verschiedene Religionen aus der ganzen Welt erwarten den Messias

Ein großer Monarch wird in fast allen Religionen und bei allen Völkern der Welt für das Ende der Zeit angekündigt. Niemals zuvor wurde jemand häufiger angekündigt, nicht einmal Jesus Christus in vorchristlicher Zeit:

· Christentum: Die Rückkehr von Jesus Christus. Laut den Evangelien wird man sein Zeichen am Himmel sehen können. Mit anderen Worten, in der Endzeit wird man nach dem Polsprung am Himmel ein Kreuz (sein Zeichen) sehen. Mehr als zwei Milliarden Christen erwarten heutzutage die Rückkehr Christi. Nach seiner Rückkehr wird ein tausendjähriges Friedensreich entstehen, und dies ist das neue Millenium oder das Zeitalter zwischen zwei Polsprüngen.

· Judentum: Der Messias, *Yeshua*, was im Hebräischen Retter bedeutet, wird in einer Zeit des Krieges erscheinen, wenn Israel von Moslems beherrscht sein wird, und er wird Israel in der Schlacht von Armageddon, nahe dem Berg Meggido zwischen Israel und Palästina, von den Feinden befreien, worauf eine weltweite religiöse Bekehrung folgt. In aller Welt erwarten Millionen Juden diesen König, um ihn als ihren prophezeiten Messias anzunehmen. Viele jüdische Vorhersagen beschreiben für die Zeit des Messias auch Naturkatastrophen.

· Hinduismus: Der Avatara Kalki ist in Indien ein Priester-Krieger, der am Ende der Zeiten gegen die bösen Mächte kämpft. Manchen Quellen zufolge finde zu Beginn des Dritten Jahrtausends eine letzte Schlacht statt, in der Millionen Menschen umkommen werden. Die in diesem Krieg eingesetzten Waffen würden so starke Zerstörungen anrichten, dass sie das Licht der Sonne verfinsterten, vielleicht aufgrund von vulkanischem Staub, und es werde Waffen geben, die sich durch die Kraft des Windes bewegen (Raketen). Kalki werde den Aberglauben bekämpfen und mit ihm werde das Zeitalter der weisen Menschen anbrechen. Nach dem Sieg Kalkis werde ein neues goldenes Zeitalter anbrechen, das tausend Jahre überdauere. Diese Prophezeiungen sind 4.000 bis 5.000 Jahre alt, und fast eine Milliarde Menschen erwartet Avatara Kalki.

- Zoroastrismus: Der Heiland Saoschjant soll um das Jahr 2000 herum erscheinen, und soll in einer großen Schlacht den Kampf jener anführen, die für das Gute kämpfen gegen jene, die für das Schlechte kämpfen, und die Welt werde erneuert werden, nachdem sie zuvor zerstört worden war. Sonne und Mond seien eine Zeit lang ohne Licht. Der Sieg werde gegen den dreiköpfigen Dämon Anzi Dhaka errungen, der den Tod über die Welt verbreiten wird. Weltweit erwarten ungefähr 2 bis 3 Millionen Gläubige den Heiland Saoschjant.

- Islam: Alle Moslems stimmen darin überein, dass Jesus kurz vor dem Ende der Welt zurückkehren und die Religionen aller Völker vereinigen wird. Es werde sich eine Schlacht ereignen und alle Moslems würden sterben, wenn ein schwarzer Rauch von Osten her den Himmel bedeckt. Dann wären Moscheen ein Relikt der Vergangenheit, ähnlich wie Museen.

- Schiitischer Islam: Mahdi, der Heiland, der alle Völker der Welt vereinen wird. Es warten Hunderte Millionen Moslems auf ihren Mahdi. Jacques Heers geht in seinem Buch über mittelalterliche Geschichte davon aus, dass die Moslems aufgrund orientalischer Einflüsse, vor allem aus Persien, an einen Mahdi, einen mächtigen Herrn, glauben, der überall für Gerechtigkeit sorgen werde und dessen Erscheinen das Ende der Welt ankündigen wird. Dieser Mahdi wäre der letzte Imam, der auch als verborgener Imam bekannt ist. Seine Ankunft zu erwarten ist eine der Grundlagen des schiitischen Glaubens.

- Der islamische Sufismus erwartet die Ankunft von Al-Khidr.

- Buddhismus: Maitreya, der »Weltvereiner« oder Mahayana-Amida. Heute warten ungefähr 400 Millionen Menschen auf diesen Heiland. Der Buddhismus glaubt auch an ein goldenes Zeitalter.

- Azteken: Laut einigen Quellen wird Quetzalcoatl zurückkehren – der weiße Gott mit langem, dunklem Haar.

- Auch die Sioux-Indianer glauben an einen Erlöser, und viele weitere amerikanische Indianerstämme kennen Prophezeiungen über einen Messias.

- Der Erlöser der Hopi, der »weiße Bruder«, ist bekleidet mit dem Zeichen des Kreuzes und wird die sittlichen Gesetze wieder aufrichten.

- In Indonesien wurde im 12. Jahrhundert ein »spiritueller König aus dem Westen« prophezeit.

- Auch Japan kennt eine Heilandserwartung

- In Zentralasien erwartet man einen Erlöser, der die Wende zur Spiritualität bringen soll.

- In den Schriftrollen vom Toten Meer ist die Rede von einem Heiland, der in der letzten Schlacht (im Krieg der Kinder des Lichts gegen die Kinder der Dunkelheit) aufseiten der Guten gegen die Bösen kämpfen und dabei die Soldaten aus Kittim vernichten werde.

Wie man sieht, erwarten zu Beginn des dritten Jahrtausends etwa 5 Milliarden Menschen einen Erlöser. Dabei sind die 300 Millionen Anhänger indianischer, afrikanischer und chinesischer Glaubensvorstellungen nicht eingerechnet, von denen auch einige einen Erlöser erwarten. Das heißt, die meisten heute lebenden Menschen, mit Ausnahme von Ungläubigen oder Atheisten, erwarten die Ankunft eines Heilands.

Der europäische Messias

In den Prophezeiungen vieler Religionen ist davon die Rede, dass der Messias einer bestimmten Religion angehöre. Beispielsweise behaupten katholische Prophezeiungen, der Messias sei Katholik, während Moslems einen muslimischen Erlöser erwarten. Vorhersagen der Inkas erwarten einen Inka, und jüdische Prophezeiungen behaupten, der Messias sei Jude usw. Ähnlich sieht es hinsichtlich seiner Nationalität aus. Englische Prophezeiungen erwarten einen Engländer, in deutschen Vorhersagen ist es ein Deutscher. Basierend auf französischen Prophezeiungen wird es ein Franzose, und die portugiesischen Vorhersagen kündigen einen Portugiesen an. Allerdings gibt es eine größere Anzahl Vorhersagen, die von einem Franzosen sprechen.

Nach Ansicht einiger Historiker gibt es Hinweise darauf, dass die Merowinger genealogisch von David abstammen. Dies sind keine Beweise, nur Indizien. Am Weihnachtsabend 496 wurde Chlodwig I. vom heiligen Remigius in Reims getauft und zum König der Franken geweiht. Er wird als der erste französische König und als erster König der christlichen Welt erachtet. Laut der Studie des Marchese André Lesage de la Franquerie (1901–1992) *La Mission Divine de la France*, die angeblich auf unwiderlegbaren Dokumenten basiert und erstmals 1926 veröffentlicht wurde, stammt König Chlodwig über die Linie von König Marcomir IV., der im Jahr 129 Athildis heiratete, von König David ab. Diese Behauptung stellt derselbe Autor auch in seiner Schrift *Ascendances davidiques des rois de*

France auf, genau wie Raoul Auclair in seinem 1973 veröffentlichten Buch *Histoire et Prophétie*. Athidis war die Tochter von Coel, einem Verwandten von Jesus Christus, welcher von Josef von Arimatea abstammte, und dieser stammte wiederum von König David ab.

Dasselbe würde auch für die anderen Könige Frankreichs gelten, und auch für einige Könige anderer Nationen. Es ist eine historische Tatsache, dass manche französischen Könige den judäischen Löwen als Symbol ihrer Dynastie und Abstammung im Wappen trugen. Ein Beispiel hierfür ist auch Karl der Große, der seit seiner Krönung im Jahr 795 in Briefen mit »König David« angesprochen wurde, und dies ist eine historische Tatsache, die nicht in Abrede gestellt werden kann.

Aber der vielleicht interessanteste Hinweis auf eine Abstammung der französischen Könige von König David stammt von einem jüdischen Historiker, der im 12. Jahrhundert in Spanien lebte. Abraham Ibn David, der Autor des Buches *Sefer Seder haKabbalah* (Buch der Überlieferung) schrieb: »*Dann schickte König Karl nach dem König von Bagdad (der jetzige Kalif Harun al-Rashid) mit der Bitte, einen seiner Juden von königlicher Abstammung aus dem Haus Davids zu senden. Er gehorchte und schickte ihm von dort einen Magnaten und Weisen, Rabbi Makhir mit Namen. Und (Karl der Große) schickte ihn nach Narbonne, der Hauptstadt, und siedelte ihn dort an und gab ihm einen großen Besitz, den er zu jener Zeit von den Ismaeliten erobert hatte ... Er (Rabbi Makhir) und seine Nachkommen wurden mit dem König und all seinen Nachkommen vermählt.*«

Die Schrift berichtet, dass dieser Mann, der vom Haus David stammte, seine Abstammung mit den Königen Frankreichs vermischte. Ob es sich dabei nur um eine Legende handelt, wie manche Gelehrte vielleicht glauben, ist heute nur noch schwer feststellbar. Frankreich hatte 69 Könige, der nächste wäre der 70. Könnte der 70. König der Große Monarch werden? Sieben Siegel hatte die Offenbarung, sieben waren ihre Gemeinden, ihre Sterne usw., sieben Tage dauerte auch die Schöpfung in der Bibel. Gott nahm Henoch, den siebten Mann nach Adam, zu sich usw. Könnte es sein, dass Gott den 70. König Frankreichs dazu auserwählt hat, der Große Monarch zu werden?

Viele Bücher wurden über Ludwig XVII., den Sohn von Frankreichs König Ludwig XVI., geschrieben. Manche Autoren versuchten zu belegen, dass der Sohn dieses Königs während der Revolution nicht im Temple-Gefängnis starb, wie viele glauben. In der 1911 veröffentlichten Schrift *Était-ce Louis XVII évadé du Temple?* bezog sich der Autor J. De Saint-Léger auf nie zuvor veröffentlichte Dokumente, um eine Lösung für dieses Rätsel zu finden. Auch G. Lenotre und André Castelot versuchten in den Büchern *Louis XVII et l'énigme du Temple* und *Louis XVII ou l'égnime du Temple* basierend auf bestehenden Dokumenten dem Geheimnis der Flucht von Ludwig XVII. oder seiner Austauschung gegen ein anderes Kind auf den Grund zu gehen. Der Historiker Yves-Marie Bercé schreibt in seinem Buch *Le roi caché* (Der verborgene König), dass Ludwig XVII., der Sohn des während der französischen Revolution getöteten Königs Ludwig XVI., der im September 1785 geboren worden war, im August 1792 zusammen mit seiner Familie im Temple-Gefängnis eingesperrt wurde, aber später von seinen Eltern getrennt und ausgesetzt wurde, bis er am 8. Juni 1795 in größter Armut starb. Aber ist er wirklich gestorben? Der Historiker behauptet: *»Die Hypothese einer erfolgreichen Flucht aus dem Gefängnis ist ganz und gar nicht übertrieben.«* Auch ein Austausch sei nicht grundsätzlich unmöglich gewesen.

Der Seher Jules de Vuyst, der 1933 in Belgien Visionen hatte, sagte diesbezüglich Folgendes, wenn es auch reichlich umstritten ist: *»Die Frau floh mit dem Kind ... dieses Kind war ein Sohn des Königs ... Später wird von den Nachkommen dieses Kindes ein großer König geboren werden, der das Glück nach Frankreich bringen wird. Er wird ein heiliges Leben führen und der König des Herzens Jesu genannt werden.«*

Laut dem Marchese André Lesage de la Franquerie war der italienische Pater Pio sich der Abstammung von König David vollkommen bewusst: *»Ohne die wahre Macht Davids, anerkannt und zurecht gerückt, so sagte mir Pater Pio, hat die christliche Religion nicht* *die notwendige Kraft, welche die Wahrheit und das Wort Gottes unterstützt.*« (Brief vom 6. November 1972, verfasst von einem Vertrauten Pater Pios an einen Gläubigen) »*Eines Tages sprach Pater Pio von einem sehr wichtigen Testament, das im Vatikan versteckt sei. Es ist das Testament der Herzogin von Angoulême. Dieses Testament würde nicht nur das Rätsel um den Dauphin* (französischer Thronfolger) *lösen ... dieses Testament darf nicht weiter geheim bleiben.*« 5. Mai 1972. »*Die wahre Größe Frankreichs ist die tatsächliche Macht Davids, der auf französischem Boden war im Blut von Ludwig XVI. und Marie-Antoinette.*« 20. November 1972

Wir gehen dabei nicht davon aus, dass Jesus verheiratet gewesen ist und dass die ersten Könige Frankreichs Abkömmlinge eines gewissen Jesus waren. Diese Theorie wird in dem Buch *Holy Blood, Holy Grail* von Michael Baigent, Richard Leigh und Henry Lincoln aufgestellt, die auch das Buch *The Messianic Legacy* verfasst haben, das als Basis für den Bestseller *The Da Vinci Code – Sakrileg* diente. Die Autoren gingen davon aus, der verheiratete Jesus Bar-Joseph, der nicht Jesus Christus war, sei der christliche Messias. Laut dieser Theorie, die glücklicherweise von den Historikern nicht unterstützt wird, würden die Merowinger-Könige Frankreichs von Jesus Christus abstammen.

Prophezeiungen über den Messias

In den Prophezeiungen ist die Rede davon, dass der Große Monarch im Verlauf des Dritten Weltkrieges in Erscheinung treten und Europa zum Sieg gegen die Moslems, die Russen und eine orientalische Macht anführen wird. Zumindest ist dies das Ergebnis meiner Analyse. Nach dem Sieg wird er die gesamte Welt zu einer Religion bekehren, bei der es sich um eine neue Art des Christentums handelt bzw. um ein Christentum, das näher an urchristlichen Prinzipien orientiert ist. Ausgehend von der Malachias-Prophezeiung, die erstmals im Jahr 1595 veröffentlicht wurde, ging ich im Jahr 1999 richtig davon aus, dass der nächste Papst nach

Johannes Paul II. ein »Benediktiner« sein würde, und zwar aufgrund der diesem Papst in der Prophezeiung zugewiesenen Bezeichnung »Gloria Olivae« – schließlich ist die Olive ein Symbol der Benediktiner. Die Prophezeiung des Malachias scheint echt zu sein. Sie hat sich im Verlauf der Jahrhunderte erfüllt, einige Päpste ließen sogar Münzen mit den Titeln prägen, mit denen sie der Prophet beschrieben hatte. Malachias' Vorhersage für den nächsten Papst (nach Benedikt) besagt, dass dieser im Verlauf des Krieges getötet wird und dass es große Schwierigkeiten für die katholische Kirche geben wird. Daher scheint es, als ob der Dritte Weltkrieg ausbrechen wird, wenn der nächste Papst nach Benedikt das Amt übernimmt. Während diesem Krieg wird der zweite Messias erscheinen. Das wird sicherlich noch vor dem Jahr 2050 geschehen, vielleicht sogar noch vor 2030. Die Malachias-Prophezeiung schließt nach der Ankündigung dieses letzten Papstes mit den Worten: »*Während der letzten Verfolgung der heiligen römischen Kirche wird Petrus, der Römer, regieren. Er wird die Schafe unter vielen Bedrängnissen weiden. Dann wird die Siebenhügelstadt zerstört werden und der furchtbare Richter wird sein Volk richten.*«

Unter den ältesten Prophezeiungen der westlichen Welt, die vom zukünftigen Großen Monarchen sprechen, finden wir das Orakel der Sybille von Tibur, das etwa 2.000 Jahre alt ist. Es spricht davon, dass der Große Monarch ein Grieche sei. Aber dabei handelt es sich vielleicht um eine mit Kaiser Konstantin in Verbindung stehende Fälschung. Es gibt auch Vorhersagen, die fälschlicherweise Bischof Methodius zugeschrieben werden, auch bekannt als Pseudo-Methodius. Nach Ansicht mancher Wissenschaftler regten diese beiden Quellen die Bildung der Legende eines zukünftigen Königs in den mittelalterlichen Prophezeiungen an. Doch meiner Ansicht nach stimmt das nicht, denn außer älteren Prophezeiungen über den zukünftigen Großen Monarchen, die sich sogar in der Bibel finden, gibt es andere sehr alte Prophezeiungen aus weniger bekannten Quellen, die sich auf einen zukünftigen Großen Monarchen beziehen, der am Ende der Zeiten erscheinen soll.

Die großen Veränderungen zur Zeit des Großen Monarchen werden wie folgt beschrieben:

»Die Flüsse werden voller Fische sein, die Felder werden eine reiche Ernte hervorbringen, die Winternahrung wird bis zum Sommer reichen und die Sommernahrung bis zum Winter ... Das Böse wird in Ordnung kommen, die Dunkelheit wird verschwinden, das Böse wird vergehen. An Wolken wird es nicht mangeln, der Bruder wird voller Mitleid für seinen Bruder sein ... Dieser Monarch wird über alle Völker herrschen ... er wird Elam (alter Name für das Gebiet des heutigen Irans) zerstören, er wird seine Städte vernichten.«
Niniveh Tafel II 6 bis 24, etwa 3.000 Jahre alt

»Aus dem Westen wird ein ruhmreicher König kommen, der das Reich der Moslems zerstören wird.«
Aus den Katakomben Roms

»Aber nachher wird der Tag kommen, an dem die vom Angreifer unterworfenen Gebiete befreit werden durch die mächtige römische Nation, genannt die Franken, und dann werden die Völker der Erde in umfassendem Frieden leben ...«
Dem heiligen Bischof Narses aus dem 4. Jahrhundert zugeschrieben

»Wisse, dass das Königreich Frankreichs von Gott dazu bestimmt ist, die römische Kirche zu verteidigen, welche die einzige echte Kirche Christi ist ... Dieses Königreich wird einst führend sein unter allen anderen. Es wird die Grenzen des römischen Reiches einschließen und alle Völker unter sein Zepter fügen ... Es wird bis ans Ende der Zeiten bestehen. Es wird siegreich und erfolgreich bleiben, solange es dem römischen Glauben treu bleibt, aber es wird schwer bestraft werden, wenn immer es seiner Berufung untreu wird ... Mögen aus diesem Volk Könige und Kaiser hervorgehen, die, jetzt und in Zukunft bestärkt in Wahrheit und Gerechtigkeit gemäß dem Willen des Herrn für die Erweiterung der Heiligen Kirche, regieren und täglich mächtiger werden und es so verdienen, im himmlischen Jerusalem auf dem Thron Davids zu

sitzen, wo sie mit dem Herrn herrschen werden bis in alle Ewigkeit. Amen.«

Dem heiligen Remigius während der Taufe Chlodwigs im Jahr 496 zugeschriebene Prophezeiung

»Der Große Monarch wird sich bis zu seinem 40. Lebensjahr im Krieg befinden: ein König aus dem Hause der Lilie, wird er große Armeen um sich scharen und die Tyrannen aus seinem Reich vertreiben. Er wird England und andere Inselreiche erobern (zurückgewinnen?). Er wird in Griechenland einfallen und dessen König werden. Er wird Clochis, Zypern, die Türken und Barbaren unterwerfen und alle Menschen dazu bringen den Gekreuzigten zu verehren. Am Ende wird er in Jerusalem seine Krone ablegen.«

Heiliger Cataldus von Tarent (7. Jahrhundert n. Chr.), laut dem Buch *The Prophets and Our Times* von Reverend Gerald Culleton

Manche Autoren vertreten die Ansicht, dass diese Prophezeiung erstmals im Liber Mirabilis zu Beginn des 16. Jahrhunderts gedruckt wurde. Stanislas de Guaita berichtet, dass die Leute während der französischen Kaiserzeit und der Revolution aufgrund dieser Prophezeiung davon abgehalten wurden, das Buch in Büchereien und Buchhandlungen zu lesen, denn man glaubte, sie beziehe sich auf die französische Revolution. Eine weitere Variante dieser Prophezeiung wurde im 19. Jahrhundert veröffentlicht.

Die nachfolgende Prophezeiung, die dem heiligen Caesarius von Arles zugeschrieben wird, wurde im Jahr 1847 von Abt Trichaud in dem lateinischen Manuskript *Magna Sancti Caesarii Arelatensis archiepiscopi praedictio* gefunden. Abt Trichaud hielt die Prophezeiung für authentisch, da man die Kalligrafie des Heiligen identifizieren konnte, trotz der fast 1.500 Jahre, die zwischen der Niederschrift der Prophezeiung und ihrer Entdeckung vergangen waren. Die Übersetzung des letzten Teils der Prophezeiung, die von Abt Trichaud veröffentlicht wurde, lautet wie folgt:

»Ein fürchterlicher Waffenlärm! Eisen und Feuer überall im gallischen Babylon (Paris), *welches unter ein großes Feuer fällt und im Blut*

versinkt. Dann wird eine zweite Stadt des Königreichs (Frankreichs) *zerstört und dann eine weitere* (Lyon und Marseille, wie aus anderen Prophezeiungen hervorgeht). *Dann leuchtet göttliche Gnade, denn die erhabene Gerechtigkeit siegte über das Böse. Er erscheint, der verstoßene Edelmann, der von Gott auserwählte. Er besteigt den Thron seiner Ahnen, den die Bosheit der verdorbenen Menschen beseitigt hatte. Er gewinnt die Lilienkrone zurück. Dank seines unbesiegbaren Muts vernichtet er die Kinder des Brutus ...«*

Aus einem Brief von Papst Gregor IX. an Ludwig den Heiligen (12./13. Jahrhundert): *»Du wirst das Königreich Frankreich nicht besitzen ... aber König Karl wird es besitzen, der wahre Thronerbe, denn Gott, der König der Himmel, will es so ... All jene, die gegen das heilige französische Königreich kämpfen, werden gegen König Jesus, den König des Himmels und von allem, was ist, in den Krieg ziehen.«*

Vom heiligen Ägidius aus dem 14. Jahrhundert stammt diese sebastianische Prophezeiung eines Königs, der aus dem Ausland kommt und Portugal retten wird. Sie wurde im Kloster Santa Cruz in Coimbra aufbewahrt, und der katholische Priester Vieira (17. Jahrhundert) erwähnt sie in seinen Schriften: *»Portugal wird ohne seine rechtmäßigen Gesetze für eine lange Zeit stöhnen und in verschiedener Weise leiden, aber Gott wird es wohlmeinen mit Portugal. Die Rettung wird von weither kommen, und Portugal wird unerwartet von einem Unerwarteten erlöst werden. Afrika wird zerstört, das muslimische Reich wird aufhören ... alles wird sich verändern.«*

Der Deutsche Wolfgang Aytinger oder Aystinger schrieb 1496 in seinem Buch *Tractatus de revelatione beati Methodii: »In den letzten Zeiten wird ein Prinz aufstehen, ein Abkömmling von Kaiser Karl, der das Land der Hoffnung wiedererlangt und die Kirche erneuert. Er wird der Kaiser Europas werden.«*

Jean Carrien, Frankreich 1543, aus dem Buch Chronicorii Libellus: *»Caesar (der römische Imperator, der König Frankreichs) wird auferstehen, nachdem man ihn in einem süßen Schlaf wähnte. Er wird von den Menschen tot geglaubt sein und wird das Meer überqueren und die Türken* (Moslems) *angreifen und sie schlagen …«*

David Poreus (1548–1622) schrieb: *»Der Große Monarch wird von französischer Abstammung sein, große Stirn, große dunkle Augen, hellbraunes welliges Haar und eine Adlernase. Er wird die Feinde des Papstes zerschmettern und den Osten erobern … er wird gegen seine Feinde Krieg führen, bis er vierzig ist … Er wird die Türken und Barbaren unterwerfen und dieses Gesetz erlassen: Jene, die nicht das Kreuz verehren, werden getötet.«*

Die folgende Prophezeiung stammt von Paracelsus, vom Beginn des 16. Jahrhunderts: *»Die Feinde Christi werden erstarken und werden eine große Armut verursachen, sodass es uns erscheinen wird, als sei es das Ende. Aber wenn die Feinde den Höhepunkt ihres Ruhms erreichen, wird der allmächtige Gott sie grausam und vollständig ausrotten durch eine kleine Gruppe von Leuten, die dem starken Löwen aus Mitternacht folgen werden, und viele werden sich bekehren und werden an seinen Namen glauben und seine ganze Macht. Und wenn dieser Löwe das Zepter vom Adler erhalten wird, werden alle ihm folgen.«*

Im 16. Jahrhundert sammelte M. Pirus Prophezeiungen aus verschiedenen Quellen, und er schrieb: *»Alle Prophezeiungen und Offenbarungen stimmen überein, sogar die Moslems erwarten einen französischen König, der die Armeen gegen sie anführen und sie schlagen wird und alle Länder im Westen und im Osten befreit, die sie erobert haben werden, und die Kirche wird sie verpflichten, die Taufe anzunehmen.«*

In dem 1646 veröffentlichten Buch *Profetie dell'Abate Gioachino et di Anselmo Vescovo di Marsico* finden sich zwei Prophezeiungen muslimischer Herkunft. Eine davon lautet: *»Unser Herrscher wird* kommen, er wird einem anderen König das Königreich abnehmen und seine Macht unterwerfen. *Nach einigen Jahren wird der türkische Angreifer vertrieben.*«

Die Prophezeiungen aus Fernost, aus Zentralasien, Afrika, von den Türken, den Arabern, den Syrern usw. berichten alle dasselbe. In dem Buch *Mémoire d'un voyage en Orient* von Eugène Borée lesen wir: »*Der Osten wartet: die Überlieferungen lehren, dass ein großer König von Frankreich ihr Sieger und Retter sein wird.*«

Immer noch im Hinblick auf den Orient schrieb der heilige Gregor von Armenien: »*Eine mutige Nation wird kommen, jene der Franken, und die ganze Welt wird sich ihr anschließen und Asien wird bekehrt werden.*«

Eine weitere alte orientalische Prophezeiung berichtet, dass » *... die Christen zusammenkommen werden. Ein großer König der Lilie* (Frankreich) *wird ihr Beschützer sein. Er wird mit großen Armeen kommen, um ihnen zu helfen. Es wird eine Schlacht zwischen Aleppo und Jerusalem geben, welche der König von Ägypten und die Moslems verlieren werden. Mekka wird zerstört werden, und der Islam wird aufhören.*«

Noch eine alte orientalische Prophezeiung besagt: »*Eines Tages werden Mekka, Medina und andere moslemische Städte zerstört und die Asche Mohammeds wird im Wind zerstreut werden. Es wird ein großer christlicher König kommen, geboren in einem europäischen Land, der diese Wunder vollbringt und vom Osten Besitz nimmt ... die Christen werden das Meer überqueren mit großer Geschwindigkeit und in großer Schar, sodass man glauben wird, dass die ganze christliche Welt den Osten angreift. Der christliche Glaube wird triumphieren: Die Moslems werden ihn annehmen, und der Glaube an Mohammed wird aufhören.*«

Josefa von Bourg (18. Jahrhundert): »*Gott wird einen Nachkommen von Konstantin, Pippin und Ludwig dem Heiligen auserwählen, der durch eine lange Zeit der Enttäuschung hindurchging, sodass er aus dem Exil kommt und Europa regiert. Er wird das Zeichen des Kreuzes auf seiner Brust tragen und außer, dass er ein gläubiger Mann ist, wird er auch gutmütig, weise, gerecht und mächtig sein. Mit ihm wird sich der katholische Glaube verbreiten wie nie zuvor.*« Konstantin war ein katholischer Kaiser, Pippin III. war König der Franken und Vater von Karl dem Großen.

Bruder Ludovico Rocco (gest. 1840): »*Ein fürchterlicher Bürgerkrieg in Europa ... Halb Paris brennt nieder, auch in England kommt es zur Revolution. Wien verödet, Ungarn verschwindet als Nation, die halbe Menschheit stirbt, ein katholisches Slawenreich entsteht ... die deutschen Länder werden unter einen Kaiser geeint. Jerusalem wird Königsstadt, Dänemark, Schweden und Norwegen bilden ein großes Reich, Spanien und Portugal vereinigen sich.*«

Von Marie-Julie Jahenny de la Fraudais, einer gläubigen Französin, stammt eine Vorhersage über den erwarteten König. Sie wusste nur, dass er von König Ludwig dem Heiligen abstammen wird. Sie erwähnte außerdem, dass vor ihm ein anderer erscheinen werde, der nicht der echte Große Monarch sein wird:

»*Zunächst wird Frankreich einen für seinen Retter halten: aber der wird nicht der wahre Retter sein: der Wahre ist von Gott auserwählt und stammt von der Lilie ab.*« *(1898)*

»*Vor dem Ende der Welt werden die Juden aus allen Gegenden der Erde kommen und nach Jerusalem zurückkehren und sie werden dort leben und gedeihen wie nie zuvor. Diese und alle anderen werden sich zum Christentum bekehren, die Kriege werden aufhören, und viele Völker werden in Harmonie miteinander leben.*«

The Wandering Jew, aus dem 19. Jahrhundert

Ferdinand Ossendowski schrieb in seinem 1922 erschienenen Buch, dass ihm tibetische Lamas erzählt hätten: »*Der König der*

Welt wird vor allen Völkern erscheinen, wenn die Zeit kommt, um die guten Menschen in einen Krieg gegen die bösen zu führen, die vom Schlechtesten aller Menschen angeführt werden. Aber diese Zeit ist noch nicht gekommen. Der Schlechteste aller Menschen ist noch nicht geboren worden.«

In dem zwischen 1956 und 1984 erschienenen Buch *Prophecy for Today* von Edward Connor heißt es über den heiligen Hippolyt von Rom (170–235), dieser habe geweissagt, »*der große französische Monarch, der den ganzen Osten beherrschen wird, wird nahe dem Ende der Welt erscheinen.*« Obwohl manche Versionen dieser Prophezeiungen auch von einem gallischen oder keltischen König sprechen, versuchte ich diese Vorhersage in den Schriften des heiligen Hippolyt zu finden sowie in dem Werk, das er über den Antichrist und seine Interpretation der Daniel-Prophezeiung über das Ende der Zeiten geschrieben hat, aber ich konnte nichts über einen Monarch oder einen Kaiser der letzten Zeiten finden. Außerdem wurde der erste französische König erst Jahrhunderte nach dem Tod des heiligen Hippolyt gekrönt, was diese Prophezeiung noch fragwürdiger erscheinen lässt.

Die Herrschaft des Großen Monarchen wird während des Dritten Weltkrieges beginnen, der durch eine Naturkatastrophe, den Polsprung, beendet wird, was viele für eine Strafe Gottes halten werden. Es ist denkbar, dass das Christentum auf Erden zu Ende gehen wird nach dem Ende der Herrschaft des Großen Monarchen. Wenn der Antichrist mehr als eine Legende ist, dann wird er nach dem Ende der Herrschaft des Großen Monarchen an die Macht gelangen, zumindest sprechen davon manche katholischen Prophezeiungen. Aber meiner Ansicht nach ist der Antichrist sehr wahrscheinlich nichts weiter als eine Legende. Der Dritte Weltkrieg wird während der Amtszeit des nächsten Papstes ausbrechen, der auf den gegenwärtigen Papst Benedikt XVI. folgt, und dieser Papst wird laut dem heiligen Malachias den Namen Petrus tragen.

Holländische, deutsche, französische, spanische und jüdische Prophezeiungen oder Legenden aus verschiedenen Ländern der Welt kündigen einen König an, der in einer Zeit des Krieges erscheint, um die Nation zu retten, aus der die Prophezeiung jeweils stammt. Es gibt alte Legenden, die ankündigen, dass König Arthus eines Tages zurückkehren wird. (»*Hic Iacet Arthurus Rex Quondam Rexque Futurus*«: »*Hier ruht Arthus, einst ein König und zukünftiger König*«, Thomas Malory, 1485, in *La Morte Darthur*. Derselbe Autor schrieb auch, dass »*die Menschen sagen, dass er zurückkehren werde, um das heilige Kreuz zu gewinnen.*«

Mehrere Jahrhunderte lang kursierte in Portugal und Brasilien eine große Anzahl sebastianischer Prophezeiungen. Viele Menschen, einschließlich Priester, verbreiteten in ihrer Zeit, dass der erwartete König, der in Portugal als »der Verborgene« bekannt ist, ein Portugiese sei und Sebastian genannt werde. Eine der ältesten Prophezeiungen, die diesen Namen erwähnen, wird dem 636 verstorbenen Heiligen Isidor, Bischof von Sevilla, zugeschrieben. Der Name Sebastian stammt von dem griechischen Wort »Sebastos«, der Entsprechung des Titels »Augustus«, der den alten römischen Kaisern verliehen wurde und »der Erhabene« bedeutet.

Bei der folgenden Prophezeiung, die dem katholischen Priester José de Anchieta zugeschrieben wird, handelt es sich vielleicht nur um eine Interpretation alter Prophezeiungen und nicht um eine echte Weissagung. Sie stammt aus dem brasilianischen Bundesstaat Espirito Santo und datiert aus dem 16. Jahrhundert. Ich fand sie in einem seltenen Buch, das 1810 gedruckt wurde. Wahrscheinlich wurde sie danach nie mehr in einer anderen Sprache veröffentlicht, und sie gehört zweifellos zu den ältesten Voraussagen, die von Europäern auf dem amerikanischen Kontinent gemacht wurden: »*König Sebastian wird dreimal nach Afrika gehen und wird es besiegen und erobern; und ein großer Teil der Moslems wird aus freien Stücken die heilige Taufe empfangen, und die Stadt Alexandria wird eingenommen werden, wo großer Reichtum in Besitz genommen wird; das*

Haus von Mekka wird zerstört, ohne dass Reste übrig bleiben: Er wird ganz Palästina erobern, Antiochia, Jerusalem und das ganze türkische (moslemische) Reich, wo große Beute gemacht wird, und er wird das deutsche Reich erobern wegen eines ketzerischen Imperators, der dort herrscht. Portugal wird der Vogel aus der Asche sein, so wie es in der Vergangenheit Rom war, das die Welt eroberte, denn alles ist vom Herrn so befohlen; und König Sebastian ist ein heiliger König, der an Gott glaubt und versucht, alles zu tun, was gesagt ist. Außerdem wird jeder im Norden und im Süden zur Kirche kommen und dem Papst folgen.«

Jüdische Prophezeiung über einen zweiten Messias

In alten jüdischen Schriften gibt es Prophezeiungen über zwei verschiedene messianische Personen: Christus und den messianischen König. Sogar einige Rabbis halten die jüdischen Prophezeiungen über den Messias für widersprüchlich, und auch die biblischen Prophezeiungen zum Heiland widersprechen sich. Die widersprüchlichen jüdischen Prophezeiungen sind so verwirrend, dass sie die Juden dazu veranlassten, Christus als Messias zu verleugnen, denn während sie auf einen einzigartigen Messias warteten, einen Führer oder König, der sie während eines Krieges rettet, gibt es auch jüdische Prophezeiungen über einen Messias, der auf einem Esel reitet, Blinde sehend macht und Kranke heilt. Es gibt also nicht nur Prophezeiungen über den Führer einer Nation, der in einer Zeit des Krieges erscheint, in der Israel von Feinden unterdrückt sein wird, der in diesem Krieg kämpft, Israel rettet und die Welt zum Frieden führt. Nach seinem Sieg wird der messianische König den Tempel Israels wieder aufbauen und alle Menschen zu einer einzigen Religion bekehren, und dieser messianische König wird aus den Wolken kommen (in einem Flugzeug). Die jüdischen Prophezeiungen findet man hauptsächlich im alten Testament (Tanach oder Pentateuch); im Sohar, dem Buch des Glanzes, das vor etwa 2.000 Jahren geschrieben wurde; im Midrash, das etwa aus derselben Zeit stammt, und im Talmud, der einige Jahrhun-

derte nach dem Sohar verfasst wurde. Die alten jüdischen Prophezeiungen aus diesen Büchern und aus dem Schulchan Aruch, dem
hebräischen Gesetz, können je nach Betrachtungsweise widersprüchlich aufgefasst werden, aber diese Widersprüche verschwinden, wenn wir anerkennen, dass hier von zwei unterschiedlichen
Messias-Erscheinungen und von zwei Personen die Rede ist. Beispielsweise scheinen sich die Prophezeiungen des *Hilchot Melachim*
ausschließlich auf den messianischen König zu beziehen, nicht
auf Jesus Christus.

Jüdische Prophezeiungen über den Wunderheiland
Jesus Christus

»*Das* Tanna debe Eliyahu *lehrt: Die Welt wird sechstausend Jahre
bestehen. In den ersten beiden tausend herrschte tiefe Betrübnis* (von
Adam bis Abraham, laut der Anmerkung in der Talmud-Interpre-
tation); *zweitausend Jahre blühte die Thora* (von Abraham bis 172
Jahre nach der Zerstörung des zweiten Tempels, der im August des
Jahres 70 zerstört wurde, laut der Anmerkung in der Talmud-In-
terpretation) *und die nächsten zweitausend Jahre sind die Ära des Messias.*« (zweitausend Jahre christlicher Zeit)
Babylonischer Talmud, Traktat Sanhedrin, folio 97 a. Diese Pro-
phezeiung sagt sogar die Zeitspanne voraus, in der die christliche
Kirche existieren wird.

»*Aber du, Tochter Zion, freue dich sehr, und du, Tochter Jerusalem,
jauchze! Siehe, dein König kommt zu dir, ein Gerechter und ein Helfer,
arm, und reitet auf einem Esel und auf einem jungen Füllen der Eselin.*«
Sacharja 9,9

»*Fürwahr, er trug unsre Krankheit und lud auf sich unsre Schmerzen.
Wir aber hielten ihn für den, der geplagt und von Gott geschlagen und
gemartert wäre. Aber er ist um unsrer Missetat willen verwundet und
um unsrer Sünde willen zerschlagen. Die Strafe liegt auf ihm, auf dass*

wir Frieden hätten, und durch seine Wunden sind wir geheilt.«
Jesaja 53,4–5

»Die Erlösung wird aus Rom kommen.«
Talmud

Jüdische Prophezeiung über den messianischen König

»R. Hanan ben Tahlifa benachrichtigte R. Joseph: Einst traf ich einen Mann, der eine Schrift besaß in hebräischer Sprache mit assyrischen Schriftzeichen. Ich sagte zu ihm: ›Woher ist das zu dir gekommen?‹ Er antwortete, ›Ich verpflichtete mich als Söldner in der römischen Armee und fand sie in den römischen Archiven. Es steht darin geschrieben, dass 4.231 Jahre nach der Schöpfung die Welt verwaist sein wird. Von den folgenden Jahren werden einige im Krieg mit den großen Seemonstern verbracht, und einige im Krieg von Gog und Magog, und die restliche Zeit wird die messianische Ära sein, während der Heilige, gesegnet sei er, erst nach 7.000 Jahren seine Welt erneuern wird.‹ R. Abba, der Sohn von Raba, sagte: Die Aussage war nach 5.000 Jahren.«
Babylonischer Talmud, Traktat Sanhedrin, folio 97 b

»In der Zukunft wird der königliche Messias erscheinen, der die Dynastie Davids wiederherstellen wird und sie zu ihrem urprünglichen Glanz zurückführt. Er wird den Tempel wieder aufbauen und das zerstreute Volk Israels versammeln. Dann werden alle Gebote wieder geachtet, wie es am Anfang war.«
Hilchòt Melachìm 11,1

Viele jüdische Überlieferungen berichten, dass es vor der Ankunft des Messias mehrere Kriege geben wird, und auch den Krieg von Gog und Magog (den Dritten Weltkrieg). *»Erwartet nicht, dass der königliche Messias Zeichen und Wunder wirkt oder der Welt Erneuerung bringt, weder die Erweckung der Toten noch ähnliche Dinge.«*
Hilchòt Melachìm 11,3

»Wenn ihr einen König aus der Linie Davids seht, der die Thora (Pentateuch) studiert und die mündlichen und geschriebenen Gebote des Gesetzes hält, so wie sein Vorfahr David es tat, und wenn er alle Israelis dazu zwingt, gemäß dem Gesetz zu leben, und wenn er die Kriege des Herrn kämpft, das ist der Messias. Wenn er all diese Dinge tut, und wenn er die Nachbarstaaten erobert, wenn er den Tempel Salomos am richtigen Ort wieder aufbaut, und das zerstreute Volk Israels versammelt, dann ist er der richtige Messias.«
Hilchòt Melachìm 11,4

Ein Ereignis, das mit der Erlösung zusammenhängt, ist der unglaubliche Krieg zwischen Gog und Magog (der Dritte Weltkrieg), in den viele Nationen verwickelt sind und dessen entscheidende Schlachten in der Nähe Israels geschlagen werden.
Hesekiel 38–39

»Siehe, es kommt die Zeit, spricht der HERR, dass ich dem David ein gerechtes Gewächs erwecken will, und soll ein König sein, der wohl regieren wird und Recht und Gerechtigkeit auf Erden anrichten. Zu seiner Zeit soll Juda geholfen werden und Israel sicher wohnen. Und dies wird sein Name sein, dass man ihn nennen wird: Der HERR unsre Gerechtigkeit.«
Jeremia 23,5–6

»Ja, den Tempel des HERRN wird er bauen und wird den Schmuck tragen und wird sitzen und herrschen auf seinem Thron, wird auch Priester sein auf seinem Thron, und es wird Friede sein zwischen den beiden.«
Sacharja 6,13

Eine weitere Auslegung der hebräischen Schriften verkündet, dass die Erlösung Israels nahe ist, wenn die Nationen der Welt sich gegenseitig herausfordern und der König Persiens den König Arabiens herausgefordert haben wird. Viele Passagen im Talmud scheinen für die Zeit des Messias eine klimatische oder physikalische Veränderung anzukündigen. Beispielsweise: »*In der Zeit seiner Ankunft werden alle nicht kultivierten Bäume Israels Früchte tragen.*« Talmud Ketubbot 112 b

»*Ich werde die Erde von allen wilden Tieren befreien*« (Ravad), bedeutet mit anderen Worten, dass die Naturkatastrophe das Aussterben vieler wilder Tiere bewirken wird, so wie die letzte Eiszeit das Aussterben der großen Tiger und Mammuts verursachte. Die zweite Phase der Auslöschung des Bösen wird mit der Auferstehung der Toten einhergehen – wenn die Welt neu geschaffen wird. Und zum Klimawandel: »*Gott wird die Bedeckung der Sonne entfernen.*« Die Temperatur wird sich verändern, manche Gegenden werden wärmer, so wie es jetzt bereits geschieht, und andere werden sich abkühlen. »*Die messianische Zeit wird von zwei Phasen gekennzeichnet sein: in der ersten wird die Welt ihren natürlichen Lauf beibehalten, in der zweiten wird dieser sich verändern.*« (Yemot Hamashiah). Mit anderen Worten, die Ankunft des messianischen Königs zeigt an, dass die Katastrophe unmittelbar bevorsteht, und sie wird sich ereignen, während er an der Macht ist. Der messianische König herrscht vor und nach der Katastrophe.

Jüdische Prophezeiungen über die Endzeit

In den prophetischen Büchern des alten Testaments gibt es den Ausdruck »yôm YHWH«, zu deutsch, der Tag des Herrn, der jenen Zeitpunkt kennzeichnet, an dem Gott eingreift, um den Sieg im Krieg gegen die Feinde herbeizuführen, Gericht über die Ketzer zu halten, und der begleitet ist von Naturkatastrophen und Himmelszeichen. Jener Zeitpunkt wird von den Christen als das Jüngste Gericht bezeichnet.

Im Sohar, genauer gesagt in der Balak Parascha, finden wir etwas über die Umstände, die mit der Endzeit in Verbindung stehen. Die folgende Passage scheint am Beginn des Dritten Weltkrieges das Auftauchen eines Sterns anzudeuten, was sich so auch in anderen Quellen findet: »*Dann wird der Stern wachsen und in der Welt gesehen werden. Und zu jener Zeit werden in allen vier Himmelsrichtungen heftige Schlachten toben, und es wird kein Glauben unter ihnen sein.*« Dann wird der messianische König erscheinen: »*Der feindliche König wird erscheinen, mächtig und weltbeherrschend, und er wird alle Könige unterwerfen und wird in zwei Richtungen Schlachten beginnen und wird sie gewinnen. Und die Heiligen in der Höhe* (die Anhänger Christi oder nach jüdischer Vorstellung die Juden; Anm. vom Autor) *werden sich gegen ihn vereinen, und der messianische König wird offenbar werden und ihm wird die Herrschaft verliehen werden. Und die Menschen werden in Schwierigkeiten sein, wenn er offenbar wird. Und jene, die Israel hassen, werden stärker sein. Und der Geist des Messias wird zu ihnen kommen und wird die Sünder vernichten und ihr ganzes Land im Feuer verbrennen.*« (Sohar)

Laut einem Buch, das von Rabbi Menachem M. Brod auf Hebräisch veröffentlicht und später ins Englische und Italienische übersetzt wurde und das auf dem Talmud basiert, wird der Sohn bzw. der Abkömmling Davids erscheinen, wenn es Stimmen geben wird, was laut der Talmudinterpretation von Rabbiner Schlomo Yitzhak so viel bedeutet, dass alle darauf warten oder wissen, dass der messianische König kommt. Im Jahr Shmita wird der Krieg ausbrechen, dies wird laut einer anderen Prophezeiung ein Schaltjahr (Shnat Shmita) sein. Das Jahr 2012, in dem der Majakalender endet, ist ein Schaltjahr, ebenso wie die darauffolgenden Jahre 2016, 2020, 2024 und 2028. Bricht in diesen Jahren der Krieg aus, dann deutet dies darauf hin, dass bald der Messias erscheinen wird, denn im darauffolgenden Jahr wird der Sohn Davids in Erscheinung treten. Folgt man also dieser Prophezeiung, dann tritt der Messias ein Jahr nach dem Ausbruch des Dritten Weltkrieges auf.

Der Sohar von Rabbi Shim'on Bar-Yoahi spricht von einem Krieg, in dem Christen gegen Moslems kämpfen und ihn gewinnen, wie es auch von anderen Prophezeiungen bestätigt wird. Dies ist der Dritte Weltkrieg: »*Und die Moslems werden über die hei-*

lige Stadt herrschen ... lange Zeit ... und die Moslems werden in der Welt grosse Kriege anfangen, bis sich die Edomiter (das sind nach jüdischer Überlieferung die Christen) *in einem Krieg gegen sie zusammenschliessen. Und sie werden Kriege führen, einen auf der Erde, einen auf dem Meer und einen in der Nähe von Jerusalem ... Dann werden sich alle Edomiter gegen sie zusammenschließen, und sie werden für uns die Moslems vernichten und ihre Armeen zerstören.«*

An anderer Stelle im Sohar heißt es:
»Am siebzigsten (Tag?), *an dritter Stelle* (Monat?), *werden alle Führer der Welt in der Stadt* (Jerusalem) *zusammenkommen ... zu dieser Zeit wird der königliche Messias auferweckt und er wird die Völker aus allen Teilen der Welt vereinen.«*

»Siehe, es ist ein Mann, der heißt »Spross«; denn unter ihm wird's sprossen, und er wird bauen des Herrn Tempel. Ja, den Tempel des Herrn wird er bauen, und er wird herrlich geschmückt sein und wird sitzen und herrschen auf seinem Thron. Und ein Priester wird sein zu seiner Rechten, und es wird Friede sein zwischen den beiden.«
Sacharja 6,12–13, über den zweiten Messias

Der messianische König wird nicht nur das Leben der Juden retten, die sich unter der Kontrolle ihrer muslimischen Nachbarstaaten befinden, sondern wird auch die Bekehrung des jüdischen Volkes zu einer neuen Religion bewirken, die es während der messianischen Ära geben wird. Dies wird eine christliche Religion sein, die sich jedoch von der heutigen unterscheiden wird.

Eine weitere Frage ist das Verhältnis zwischen den Prophezeiungen des Alten Testaments und assyrischen Vorhersagen und Orakeln. Wie Simo Parpola in seinem Buch *Assyrian Prophecies* berichtet, entsprechen die assyrischen Orakel vollständig den biblischen Prophezeiungen. Die Ähnlichkeiten zwischen den assyrischen und den biblischen Prophezeiungen wurden zwar seit ihrer Entdeckung gegen Ende des 20. Jahrhunderts systematisch aufgezeichnet und untersucht, jedoch sind sie der Mehrzahl biblischer Gelehrter und Historiker nach wie vor unbekannt. Auch wenn man den Messias in assyrischen Prophezeiungen vielleicht nicht finden wird, so waren einige assyrische Könige doch von Gott entstanden und von Gott hervorgebracht, was ideologisch den ägyptischen Pharaonen und dem jüdischen Messias entspricht.

Der Messias wird den Juden eine neue Thora offenbaren

Der jüdische Autor Menachem M. Brod schrieb in seinem 1992 erschienen Buch *Yemòt Hamashìach* getreu den Originaltexten, dass der Messias eine neue Thora oder einen neuen Glauben bzw. ein neues Wissen bringen würde. Dies steht sehr wahrscheinlich im Zusammenhang mit der Bekehrung der Juden zum Christentum.

»Denn Weisung wird von mir ausgehen, und mein Recht will ich gar bald zum Licht der Völker machen.«
Jesaja 51,4

»Siehe, was ich früher verkündigt habe, ist gekommen. So verkündige ich auch Neues; ehe denn es aufgeht, lasse ich's euch hören.«
Jesaja 42,9

»In der Zukunft wir der Gesegnete eine neue Thora hervorbringen, die vom Messias offenbart wird.«
Yalkùt Shim'òni, Yesh'ayà 429

»Die Juden werden groß und weise und werden Bedeutungen kennen, die bis dahin verborgen waren.«
Hilchòt Melachìm 9,5

9. Signa Judicii: Die Eiszeit steht vor der Tür

Wenn die Natur die halbe Welt auslöscht

»Ich werde alles zerstören, was ich geschaffen habe, und dieses Land wird in einen Ozean verwandelt werden, wie es am Anfang war.«
Ägyptischer Papyrus, 1800 v. Chr. (Gott Athon)

»Und gemäß Ihrer Prophezeiungen, sagen Sie, dass vor dem Ende der Welt so viele Überschwemmungen und Sintfluten stattfinden werden, dass kein Gebiet nicht von Wasser bedeckt sein wird.«
Auszug aus dem Buch von M. Laurens Videl, in direkter Rede an Nostradamus, den Videl persönlich kannte.[14]

»In Scharen werden Tausende von der Küste ins Landesinnere laufen, dann wird das Land zum Meer und das Meer wird Land.«
Eine Antônio Conselheiro oder Vater Cícero, einem katholischen Priester, zugeschriebene Prophezeiung aus dem 19. Jahrhundert, die wahrscheinlich von den Cariri Indianern aus dem brasilianischen Bundesstaat Ceará stammt.

Seit Tausenden von Jahren leben Zivilisationen aus verschiedenen Erdteilen mit Mythen, Legenden und Prophezeiungen über das Ende der Welt. Dies ist eine apokalyptische Zukunft, in der ein Gott oder die Götter mit riesigen Erdbeben und Flutwellen die Sünder bestrafen und eine Veränderung oder den Einsturz des Himmels bewirken würden und in der die Sonne, der Mond und die Sterne aufhören würden zu scheinen oder ihre Position veränderten. Fast alle Menschen würden sterben und nur einige wenige, die Auserwählten, würden in einem neuen paradiesischen Reich in Harmonie leben. Dieses Kapitel stellt einige Prophezeiungen aus verschiedenen Quellen vor, die eine große Naturkatastro-

---

[14] Dieses interessante Buch (*Déclaration des Abus, Ignorances et Séditions de Michel Nostradamus*) erschien 1558 und kritisierte die Prophezeiungen von Nostradamus scharf, nannte ihn gar eine törichte Person.

phe beschreiben, die sich in der Zukunft ereignen soll, welche das Ende der Welt genannt wird. Es ist entscheidend zu wissen, dass die Menschheit seit Tausenden von Jahren falsche Prophezeiungen hervorbrachte, diese veränderte, Heiligen und Bischöfen zuschrieb, sie falsch verstand und falsche Vorhersagen unter die echten Prophezeiungen bekannter Propheten mischte. Wir bekommen davon eine Vorstellung, wenn wir uns vor Augen halten, dass etwa 35 Prozent aller Urkunden, die im 8. Jahrhundert von Karl dem Großen unterzeichnet waren, gefälscht wurden. Natürlich kennt niemand die genaue Zahl gefälschter Prophezeiungen aus dem Mittelalter, aber sie dürfte sich in dieser Größenordnung bewegen.

Darüber hinaus wurden über lange Zeit hinweg Papyri benutzt – innerhalb der Kirche bis ins 11. Jahrhundert –, die nicht sehr beständig sind. Papier wurde erst ab dem 13. Jahrhundert für Bücher verwendet, obwohl die Papierherstellung in Europa schon seit dem 9. Jahrhundert verbreitet war. Weil damals nur wenige Menschen schreiben konnten und oftmals brüchige Papyri verwendet wurden, ist es heutzutage nicht einfach, Manuskripte aus der Zeit vor dem 11. Jahrhundert zu finden, und das mag der Grund dafür sein, warum die früheste Version des folgenden Manuskripts aus dem 11. Jahrhundert stammt.

Signa Judicii

Im Mittelalter kursierten in Europa zahlreiche handgeschriebene Prophezeiungen in lateinischer Sprache und in anderen Sprachen, welche die Zeichen ankündigten, die dem Ende der Welt vorausgehen sollen. Dabei handelt es sich um ein Leitmotiv vieler religiöser und prophetischer Schriften. Eines der bekanntesten dieser Manuskripte war das *Signa Judicii* (Zeichen des Gerichts). Obwohl die älteste Version dieses Manuskripts aus dem 11. Jahrhundert stammt, gehen manche Experten davon aus, dass das *Signa Judicii* auf einem verlorenen Buch des heiligen Hieronymus

(347–420) basiert, dem Übersetzer der Vulgata-Bibel, die das Christentum in alle Welt verbreitete und die bis 1995 die offizielle Bibelübersetzung der Katholischen Kirche blieb. William W. Heist fand 120 verschiedene Versionen des Signa Judicii, die in acht Gruppen aufgeteilt werden konnten.[15] Das Manuskript verkündete 15 Zeichen, die vor (laut manchen Schriften, wie etwa der Legenda Aurea aus dem 13. Jahrhundert) und nach dem Antichrist auftreten würden, und die hauptsächlich eine gigantische Flut und ein riesiges Erdbeben beschreiben, das den gesamten Planeten erschüttern würde »*wie ein Feigenbaum in starkem Wind*«. Andere Legenden sowie alte und moderne Prophezeiungen aus verschiedenen Quellen beschreiben eine riesige Naturkatastrophe, die den ganzen oder fast den ganzen Planeten zerstört, und diese Katastrophe wird üblicherweise das »Ende der Welt« genannt.

Dem Ende der Welt würden, gemäß Gonzalo de Berceo, mehrere Zeichen des Gerichts vorausgehen. Der in Berceo, Spanien, geborene Mönch Gonzalo war einer der gebildetsten Poeten des 13. Jahrhunderts. Ihm werden mehrere Werke zugeschrieben, darunter die Schrift *Signos que aparecerán antes del Juicio Final (Zeichen, die vor dem Jüngsten Gericht erscheinen werden)*. Laut Gonzalo wurde ihm dieser Text gewahr, als er »*ein wertvolles, vom heiligen Hieronymus geschriebenes Büchlein las, das die Zeichen des Gerichts offenbarte ...*«[16]

---

[15] Die große Anzahl von 120 Manuskripten zeigt, dass es sich hierbei um ein oft vervielfältigtes Werk handelt, das unter den Lesern des Mittelalters daher gut bekannt war. Viele europäische Bibliotheken verfügten zur damaligen Zeit nur über wenige Hundert Manuskripte, und es war in mehreren Bibliotheken vorhanden. Wie Marie-Paule Caire-Jabinet im Buch *Introduction à l'Historiographie* schreibt, hatte im 12. Jahrhundert zum Beispiel die Sainte-Geneviève-Bibliothek in Paris, zu jener Zeit eine der größten Städte, nur 115 Manuskripte. Die Benediktinerabtei Fleury verfügte, obwohl sie eines der großen Schriftzentren war, im 11. Jahrhundert nur über 300 Bücher. Die größten und bekanntesten Bibliotheken Europas hatten im 14. und 15. Jahrhundert nicht mehr als 2.000 Manuskripte.

[16] Obwohl ich die Authentizität dieser Prophezeiung nicht überprüfen konnte und einige Leute daran zweifeln, ob sie wirklich vom heiligen Hieronymus stammt, schreibt der bekannte französische Historiker Jacques Le Goff in seinem Buch über die mittelalterliche Zivilisation, dass der heilige Hieronymus in den Annalen des hebräischen Volkes tatsächlich darüber geschrieben hat.

Die 15 Zeichen: Das erste Zeichen ist, dass sich das Meer bis zu den Wolken emporhebt, höher als die Berge, und jeder, der das erblickt, wird erschrecken. Dann wird das Meer herabfallen, so weit, wie es zuvor emporgehoben wurde. Das dritte Zeichen spricht davon, dass die Fische auf der Meeresoberfläche treiben werden. Wenig später werden sich die Vögel und Tiere, kleine und große, seltsam verhalten und dabei großen Lärm verursachen. Dann werden die Wogen von Seen und Flüssen zunehmen. Das fünfte Zeichen bezieht sich auf die Bäume und grüne Pflanzen, die eine blutige Farbe annehmen. Wenig später kommt ein Tag der Verfinsterung. Und alles wird bis in Grund und Boden zerstört werden. Beim siebten Zeichen werden die Steine in Staub verwandelt. Das achte Zeichen ist ein sehr starkes Beben auf der ganzen Welt. Beim neunten Zeichen werden die Hügel eingeebnet. Kurz darauf werden die Menschen stumm. Beim elften Zeichen werden sich die Gräber öffnen und die Knochen zutage treten (ein starkes Erdbeben). Das zwölfte Zeichen spricht von Sternen, die bewegt werden oder vom Himmel fallen. Dann werden die Menschen, die Pflanzen und Tiere sterben. Als letztes Zeichen wird der Engel in sein apokalyptisches Horn blasen.

Das seltsame Verhalten der Tiere vor der Katastrophe, das in den Zeichen drei und vier beschrieben ist, wird von der Wissenschaft anerkannt und heute bereits mit schweren Naturkatastrophen in Verbindung gebracht. Tiere spüren es, wenn eine große Katastrophe bevorsteht. In manchen Ländern wurde dieses Verhalten untersucht, besonders dort, wo Erdbeben häufig auftreten, um herauszufinden, ob und wie Tiere der Menschheit dabei helfen können, Erdbeben vorauszusagen. Hunde, Kraken, Schlangen, Bären, Kühe, Schafe, Pferde, Mäuse, Hühner, Enten, Tauben, Hasen und Fische ändern vor einem Erdbeben ihr Verhalten.

Darüber hinaus findet sich in einigen mythologischen Katastrophen ein seltsames Verhalten der Tiere, beispielsweise bei der Flut der südamerikanischen Pamaris-Indianer (wo Tiere ihre Furcht verloren) und in den Mythen der präkolumbianischen Zivilisationen, die von einer Trauer unter den Lamas vor der Flut sprechen. Auch die Sintflut der Bibel spricht davon, dass alle Tierarten zahm wurden und Noah darum baten, in die Arche aufgenommen zu werden.

Beim neunten Zeichen verwandeln sich die Hügel in flaches Land. Seit dem 20. Jahrhundert weiß man, dass ein starkes Erdbeben die Landhöhe über dem Meeresspiegel verändern kann. Zum Beispiel sanken manche Gebiete Alaskas während eines Erdbebens in den 60er Jahren um 2 Meter ab, während andere um 12 Meter stiegen. Das zeigt, dass einige Elemente, die in der Prophezeiung erwähnt werden und die früher noch als absurd galten, heute als möglich erachtet werden.

Ein weiteres Zeichen, das im Signa Judicii erwähnt wird, ist die Verfinsterung der Sonne. Dieser »Weltuntergang« hat in früheren Zeiten bereits stattgefunden, und aus diesem Grund steht die weltweite Verfinsterung der Sonne für dasselbe Ereignis, das früher das Ende der Welt genannt wurde. Bei diesem Mythos ist lediglich der Grund für das Verschwinden der Sonne unterschiedlich. Die Sonne verschwindet für drei oder vier Tage und scheint dann wieder. Auf den Antillen ist die Ursache für den zeitweiligen »Tod« der Sonne der Dämon Majoba. Bei den südamerikanischen Tupi-Indianern ist es ein Jaguar. In Kambodscha ist die Ursache der Stern Rahu. Auf Borneo ist es eine geflügelte Schlange. In Indonesien eine Schlange mit Pranken. In Ägypten ist es der Gott Apophis und in China ist es die Kröte Tchen-tchou. Im Himalaya ist der Grund für das vorübergehende Fehlen des Sonnenlichts der Riese Tamusobato und in Tunesien ist es eine Hexe. Als die Spanier in Amerika ankamen, waren sie von der Angst beeindruckt, welche die Eingeborenen vor Sonnenfinsternissen hatten. Sie konnten sich nicht vorstellen, dass die Eingeborenen sich besser an die Vergangenheit erinnerten als sie selbst.

Prodigiorum Liber

Das *Prodigiorum Liber* (*Buch der Wunder*) ist ein Buch von dem Historiker Julius Obsequentis aus dem 4. Jahrhundert und wurde im 16. Jahrhundert häufig in lateinischer Sprache gedruckt. Das Buch enthält einen Bericht, den manche Leute für die erste Beschreibung unidentifizierter Flugobjekte (UFOs) in der westlichen Welt halten. Eine seltene Ausgabe von 1567 enthält wunderschöne Holzschnitte, darunter auch einen, der aussieht wie ein UFO, und das Buch mit ungefähr 1.500 Bildern wird als eines der schönsten Werke aus der Renaissance betrachtet.

Wunder und ungewöhnliche Naturereignisse, die sich in der Antike und im Mittelalter ereignet hatten, wurden in diesem Buch aufgezeichnet, manche davon wurden als prophetisch betrachtet, da viele Leute der damaligen Zeit glaubten, dass ungewöhnliche Ereignisse wie Kometen, Vulkanausbrüche oder Himmelserscheinungen sowie die Geburt von Tieren mit zwei Köpfen bestimmte zukünftige Ereignisse anzeigen würden. Das Prodigiorum Liber erinnert uns im Vorwort an eine Prophezeiung von Christus (Lukas 21) über das Ende der Welt: »*Erunt Signa in Sole, Luna et Stellis, in terris erit anxietas gentium, per desperationem, resonante mari et fluctibus ...*« Zu deutsch: »*Und es werden Zeichen geschehen an Sonne und Mond und Sternen; und auf Erden wird den Leuten bange sein, und sie werden zagen, und das Meer und die Wassermengen werden brausen ...*«

Die Jerusalemer Apokalypse

In dem Buch *Le Profezie della Santa Sindone* von Renzo Baschera wird erwähnt, dass unter den Reliquien, die während der Kreuzzüge aus dem Heiligen Land nach Europa gebracht wurden, auch ein Manuskript zu finden war, das als Jerusalemer Apokalypse bekannt ist. Dieses Manuskript handelt von einer Zerstörung und einer Fortsetzung der Welt, also nicht von einem Ende, sondern von einer Erneuerung, ähnlich den Worten in der Offenbarung des Johannes über die »Neue Erde«, die auch das »Neue Jerusalem« genannt wird:

1. *Die Erde wird unter deinen Füßen zittern und kein Stein bleibt auf dem anderen.*
2. *Die Wälder werden dorthin verschoben, wo die Hügel waren, und das Weideland wird dorthin verschoben, wo das Meer war.*
3. *Alte Wunden werden sich öffnen, und daraus wird das Blut der Erde unaufhörlich hervorkommen.*
4. *Es wird keine Zuflucht geben in den Tagen der großen Verfinsterung und die Menschen werden vergeblich vor dem Meer oder von den Hügeln fliehen.*
5. *Der Mensch wird alleine sein, und allein sein werden die großen Reiche, deren Mauern in Stücke geschlagen werden wie trockenes Buschwerk.*
6. *Die Städte werden zerstört, in Stücke geschlagen und vernichtet, und ihre Wunden werden zu riesigen Grabstätten.*
7. *Schau zur Zeit des Höhepunkts nach oben, und du wirst Berge fliegen sehen wie verrückte Vögel.*
8. *Das Wasser der Meere wird das Land überfluten, und das Wasser wird von den riesigen Wunden der zerschlagenen Städte verschlungen werden.*
9. *In einem Meer von Schlamm werden der Glanz, der Wohlstand und die Eitelkeit der Welt treiben und versinken.*
10. *Und wenn der Schlamm vorüber ist, werden die Erde, die Sonne und der Mond völlig verändert sein.*

Die Prophezeiungen vom Ende der Welt sprechen also offensichtlich von einer Zeit der Umwälzungen, die von extremen Tsunamis oder Fluten gekennzeichnet ist. Die Legenden über die Zeichen, die dem Ende der Welt vorausgehen, basieren auf uralten Manuskripten und apokryphen Schriften, die in manchen Fällen älter als das Christentum sind und manchmal bis zu 2.500 Jahre zurückreichen und die uns in Form mittelalterlicher Abschriften erhalten geblieben sind.

Liber Mirabilis

Das *Liber Mirabilis* oder *Mirabilis Liber* ist ein Buch, das zu Beginn des 16. Jahrhunderts erschienen ist. Wann genau die erste Ausgabe gedruckt wurde, ist nicht bekannt, wahrscheinlich stammt sie aber aus der Zeit zwischen 1514 und 1522. Zuverlässige Quellen belegen, dass eine zweite Ausgabe im Jahr 1523 und eine dritte im Jahr 1524 verlegt wurde. Viele Quellen geben einen Jean de Vatiguerro als Autor an, der im 13. oder 16. Jahrhundert gelebt haben soll.[17] Das *Liber Mirabilis* wird in mehreren Büchern erwähnt, die prophetische Themen zum Inhalt haben. Der erste, umfangreichere Teil des Buches ist in lateinischer Sprache gehalten, während der zweite kleinere Teil in Französisch verfasst ist. In diesem Buch fand ich die folgenden Passagen, die zur damaligen Zeit unverständlich waren, heute aber eindeutig als eine Beschreibung chemischer Kriegsführung zu verstehen sind:

»*Tatsächlich wird die Erde in vielen Gegenden vor Furcht erzittern, und sie wird die Lebenden verschlingen: Viele Städte, viele Festungen und mächtige Metropolen werden durch das Erdbeben zerstört werden. Die Früchte der Erde werden weniger und die Feuchtigkeit wird verschwinden; die Samen werden auf den Feldern verdorren und jene, die keimen, werden keine Früchte tragen. Vom Meer wird lautes Getöse ausgehen, und es wird das Land überfluten und viele Schiffe und viele Menschen verschlingen: Die Luft wird vergiftet und verdorben sein wegen der Niedertracht der Menschen.*

Zahlreiche wunderliche Zeichen werden am Himmel erscheinen: Die Sonne wird sich verfinstern, und sie wird für eine große Anzahl Menschen eine blutige Farbe annehmen. Gleichzeitig werden etwa vier Stunden lang zwei Monde erscheinen: In ihrer Nähe werden sie viele überraschende und verwunderliche Dinge sehen können. Viele Sterne werden

---

[17] Jene, die behaupten, der Verfasser habe im 16. Jahrhundert gelebt, haben das Buch nie gelesen, denn es enthält Prophezeiungen für das 15. Jahrhundert, sodass er mit Sicherheit vorher gelebt hat. Vatiguerro war nicht sein richtiger Name, sondern ein Pseudonym, eine historische Person mit diesem Namen hat es vielleicht nie gegeben.

mit anderen zusammenstoßen, und das wird das Zeichen für die Vernichtung und Abschlachtung vieler Menschen sein.

Der natürliche Lauf der Luft wird fast vollständig verändert und durcheinandergebracht durch ansteckende Krankheiten: viele plötzliche Todesfälle werden bei Mensch und Tier auftreten; es wird eine unerklärliche Seuche erscheinen; eine grausame und abscheuliche Hungersnot wird jeden ins Elend treiben, besonders im Westen. Niemals seit dem Anfang der Welt hat man von einer Hungersnot wie dieser gehört.«

Corpus Hermeticum

Ich fand diese Prophezeiung in einer gedruckten Ausgabe des *Corpus Hermeticum*, aber ich habe auch schon Ausgaben gesehen, in denen sie nicht erscheint. Das Corpus Hermeticum ist ein altes, weltweit vor allem unter Esoterikern und Okkultisten sehr bekanntes Buch. Offenbar wurde der Text des *Corpus Hermeticum* zwischen dem 2. Jahrhundert vor Christus und dem 3. Jahrhundert nach Christus verfasst. Der Text besteht aus einer Reihe von Schriften, die uns in griechischer Sprache überliefert wurden. Die lateinische Übersetzung des Textes von Marsilio Ficino erschien als Wiegendruck erstmals im Jahr 1471. Später wurde sie auch in andere Sprachen übersetzt. Schließlich wurde das *Corpus Hermeticum* in anderen Ausgaben auch erweitert. Das Werk wurde dem mythischen Hermes Trismegistos zugeordnet, was soviel wie »Hermes, der dreimal Größte« bedeutet. In den ersten Jahrhunderten der Kirchengeschichte kam der Schrift eine besondere Bedeutung zu, und sie war bis zum Mittelalter sehr populär und inspirierte die hermetischen Schriften, deren Blüte zu jener Zeit begann. Ende des 17. Jahrhunderts behaupteten manche Autoren, die Schrift sei eine Fälschung. Diese Hypothese musste völlig verworfen werden, als 1945 im ägyptischen Nag Hammadi Manuskripte des *Corpus Hermeticum* in koptischer Sprache gefunden wurden. Koptisch gilt als letzte Phase der ägyptischen Sprache und wurde von den ägyptischen Christen in den ersten Jahrhunderten gesprochen.[18] Diese uralte Schrift enthält einige interessante Prophezeiungen, die sich im letzten Teil des Werkes finden. Darin wird eine Flut prophezeit als göttliches Werkzeug für einen Neubeginn:

»Die Erde wird ihr Gleichgewicht verlieren, das Meer wird nicht mehr schiffbar sein, der Himmel wird nicht mehr voller Sterne sein, und die Sterne werden in ihrem Zug über das Firmament stillstehen, alle göttlichen Stimmen werden zum Schweigen gezwungen und sie werden still bleiben, die Früchte der Erde werden verderben, der Boden wird seine Fruchtbarkeit verlieren, die Luft wird schlecht werden in düsterer Erstarrung. Das wird geschehen, weil die Welt alt geworden ist: Unglaube, Unordnung, Unvernunft und Verwirrung in allem. Wenn sich diese Dinge ereignen, oh Asklepios, dann wird der Herr und Vater, der allermächtigste Gott ... all die Bosheit vernichten, sie mit einer Flut zerstören, sie durch das Feuer verzehren und sie mit pestartigen Krankheiten abtöten, die sich in verschiedene Gegenden ausbreiten werden, aber bald wird er die Welt wieder zu voller Blüte bringen, so wie sie am Anfang war, sodass diese selbe Welt wieder ehrwürdig und bewundernswert wird und damit Gott, der Schöpfer und Erneuerer eines so großen Werkes, von den Menschen verherrlicht werde, sodass sie dann in dauernder Lobpreisung, Verherrlichung und Segnung leben werden. In diesem Moment wird in Wahrheit die Geburt der Erde stattfinden: eine Erneuerung des Guten, eine heilige und feierliche Wiederherstellung der Natur, die im Lauf der Zeit gewaltsam unterworfen war ... Es wird ein Tag kommen, an dem der Mensch es vorziehen wird, die Nahrung von Hand herzustellen, aber die Nahrung wird giftig sein. Der Mensch wird die Erde vergiften, das Wasser und die Luft, und es wird dazu führen, dass auch sein Herz vergiftet wird ... Eine Sense wird die Opfer abmähen und ein Hammer wird die Menschen zermalmen.«

Ein Hammer und eine Sichel, das Symbol des Kommunismus und der Sowjetunion. Was für ein unglaublicher Beweis dafür, dass die Menschheit in die Zukunft blicken kann. Die beiden Symbole

---

[18] Nach Ansicht von Athanasius Kircher (1602–1680), einem bedeutenden deutschen Jesuiten, war Hermes Trismegistos identisch mit Moses.

stehen in Verbindung mit der Vergiftung des Planeten. Es gibt Prophezeiungen aus anderen Quellen, die besagen, dass Russland während des Dritten Weltkrieges in Europa Chemiewaffen einsetzen wird.

Die Edda

Bei der Edda handelt es sich um eine Sammlung alter Schriften der skandinavischen Völker, die von Snorri Sturlesson zusammengestellt wurden und die offenbar aus dem 5. Jahrhundert stammen, wenn sie auch erst im 10. bis 12. Jahrhundert bekannt wurden. Darin wird eine Erneuerung erwähnt und es heißt, dass es am Ende der Welt einen schrecklichen Winter gebe. Noch vor dem Ende herrsche drei Winter lang Krieg, mit anderen Worten, dieser Krieg dauere drei bis vier Jahre. Diese Zeitspanne stimmt mit anderen Prophezeiungen aus anderen Quellen überein:

»Wir werden drei Winter haben, einer nach dem anderen, ohne dass dazwischen ein Sommer käme. Aber dann werden noch einmal drei Winter kommen, und es wird riesige Schlachten auf der ganzen Welt geben. Und Brüder werden sich, angetrieben von ihrer Gier, gegenseitig umbringen ... dann wird der Wolf die Sonne verschlingen ... ein anderer Wolf wird den Mond verschlingen und auch das wird furchtbar sein. Die Sterne werden vom Himmel verschwinden. Es muss auch gesagt werden, dass die Erde und alle Berge so erzittern werden, dass die Bäume mitsamt den Wurzeln ausgerissen werden, die Hügel werden einbrechen und alle Ketten, alle Seile werden auseinandergerissen und zerfetzt werden. Die See wird gegen das Land branden ...« *»Die Welt stirbt, die Sonne verfinstert sich, das Land versinkt im Meer, die leuchtenden Sterne fallen vom Himmel; widerliche Dämpfe und alles verschlingende Feuer und ein dichter Rauch steigen zum Himmel. Das Land wird von den Fluten des Meeres verdunkelt. Dann, wenn alles verloren scheint, kommt wundersam eine neue Dämmerung. Die Sonne scheint wieder ... Ich sehe, wie das Land von neuem aus dem Meer aufsteigt, bedeckt mit Wäldern und grünen Weiden – ein schöner Anblick. Die Morgenluft ist er-*

füllt vom Geräusch abfließenden Wassers. In dieser neuen Welt hat das Böse ausgespielt genau wie alle schlechten Absichten ... die Angehörigen dieser neuen Rasse sind rein. Das Essen, das sie am zweiten Morgen miteinander teilen, ist wie Honigtau, und ihre Kinder werden sich über die Erde ausbreiten. Mit dem Tod der Zweige kommt Surtr aus dem Süden ... Surtr ist einer der drei Riesen, die das Ende der Welt bewirken. Auf den Feldern werden sie die wundervollen Goldtafeln finden, welche einst die alten Völker besessen hatten.«

Die Prophezeiung spricht davon, dass nach den katastrophalen Veränderungen goldene Tafeln gefunden werden, die von früheren Zivilisationen stammen. Sie erwähnt zwei Feinde, Hrym, der aus dem Osten kommt und Surtr aus dem Süden, die den »Tod der Zweige« mit sich bringen (chemische Waffen). Auch erwähnt diese Prophezeiung die Verfinsterung der Sonne und des Mondes. An anderer Stelle heißt es, dass der Krieg für die Gerechten verloren zu sein scheint, aber dann werde das Land während des Krieges im Wasser versinken und vom Ozean verschlungen werden.

Der Islam

Die Moslems glauben, dass Jesus wiederkehren wird und dass dann alle Religionen vereint werden. Es wird einen Krieg geben zwischen den Armeen des Tieres und den Armeen Christi, die dann mit den Moslems vereint wären. Die Armee des Tieres wird geschlagen, worauf ein 40-jähriger Frieden folge. Nach dieser Friedenszeit werde vom mittleren Osten ein Rauch ausgehen, der sich über die ganze Welt verbreite. Alle guten Menschen würden an diesem Rauch zugrundegehen, sobald sie ihn einatmeten. Dann werden die Moscheen zu Museen werden. Wenn dies geschieht, wird die Sonne an derselben Stelle aufgehen, an der sie zuvor untergegangen ist. Das heißt, auch in der moslemischen Überlieferung wird ein Polsprung beschrieben.

Im Koran finden sich einige Prophezeiungen über eine Naturkatastrophe, in denen Flutwellen, Erdbeben und eine Verfinsterung der Sonne erwähnt werden und die jenen der biblischen Offenbarung und der Aussagen Jesu ähneln:

»*Wenn die Sonne umschlungen wird und wenn die Sterne verstreut werden und wenn die Berge versetzt werden … und wenn die Meere zum Überfließen gebracht werden, wird eine (jede) Seele erfahren, was sie vorgebracht hat.*«
Sure 81, at-Takwir

»*Wenn der Himmel sich spaltet und wenn die Sterne zerstreut sind und wenn die Meere über die Ufer treten und wenn die Gräber ausgeräumt werden, dann wird jede Seele wissen, was sie getan und was sie unterlassen hat.*«
Sure 82, Al-Infitar

Aztekische Prophezeiungen

Die Prophezeiung von Quetzalcoatl aus dem Jahr 947 besagt: »*Das Gleichgewicht der Natur wird verloren gehen, wenn die Wellen des Ozeans die Strände nicht mehr achten.*« Eine in der aztekischen Stadt Tenochtitlan gefundene, aus dem 14. Jahrhundert stammende Prophezeiung lautet: »*Am Ende wird der Herr den Himmel verbrennen, die Meere aufwühlen, und die Posaunen des Gerichts werden die Toten aus den Gräbern holen, um seine Gefolgschaft zusammenzurufen aus vier Richtungen, aus neun Himmeln und aus dem Abgrund. Dann werden Huitzilopochtl und Tercatlipoca vor Quetzalcoatl schwinden. Später werden Liebe und Harmonie zurückkehren.*«

Ägyptische Prophezeiungen

Eine der am besten erhaltenen Kopien des Ägyptischen Totenbuches stammt aus dem Papyrus des Ani, der im Jahr 1240 vor Christus geschrieben wurde. Im 64. Kapitel finden wir eine Prophezeiung über die letzten Zeiten, die vom Auszug der Seele einer verstorbenen Person in Richtung des Lichts handelt. Dieses Kapitel wurde etwa 2.700 Jahre vor Christus auf einem Bronzeblock vor einer Statue des Gottes Thoth gefunden. Es handelt sich dabei um eine der ältesten bekannten Prophezeiungen überhaupt. Sie lautet: »*Wenn das Gemetzel aufhört, wird das Blut der Unreinen kalt werden, und die Erde wird sich, wieder in vollstem Überfluss, mit Blumen und neuen Früchten bedecken ... In der Zeit der Wiedergeburt wird eine wundervolle Harmonie sein.*«

Eine weitere ägyptische Prophezeiung, die in einem alten Papyrus gefunden wurde, zu dem ich keine Altersangabe finden konnte, außer dass er aus der Zeit vor Christus stammt, prophezeit einen Polsprung: »*Der Süden wird Norden, und die Erde steht auf dem Kopf.*«

Orientalische Prophezeiungen

Es wird vorausgesagt, dass »*Tibet durch gigantische Seebeben in den Fluten versinken wird, begleitet von Vulkanausbrüchen und Wirbelstürmen, dass alles zerstört wird, und dass der Kataklysmus jeden Erdteil erreichen wird, wenige werden überleben. Dann wird die Verkündigung der reinen Lehre am Ende wieder hergestellt, und eine neue Welt wird geboren werden, in der die Erleuchteten wie die Sterne am Himmel strahlen werden.*« Gemäß der hinduistischen Weltsicht befinden wir uns im letzten Zeitalter, dem Kali Yuga, der schlechtesten aller Zeiten, in einer Zeit der spirituellen Unwissenheit und der wilden Begierden, in einer Ära der Zerstörung und des Todes. Sobald dieses Zeitalter zu Ende geht, wird es nach hinduistischer Sicht das Ende aller Zeiten sein, an dem der Schöpfergott Vishnu in kriegerischer Erscheinung auf einem weißen Pferd reitend zurückkehren wird. Dann wird eine gewaltige Zerstörung durch Wasser und Feuer stattfinden. Der weiße Reiter bestimmt einige wenige Auserwählte, von denen die Bevölkerung des Goldenen Zeitalters hervorgeht, welches ein himmlisches Jahrtausend andauern wird.

Schöpfung und Zerstörung folgen nach hinduistischer Vorstellung in Zyklen aufeinander.

Das *Linga Purana* ist ein episches Gedicht aus dem Hinduismus, das etwa im 5. Jahrhundert vor Christus geschrieben wurde. Obwohl in einem Prophezeiungsbuch behauptet wurde, dass die folgende Prophezeiung aus dem *Linga Purana* stammt, halte ich sie für eine Fälschung, denn ich konnte sie im *Linga Purana* nicht finden. Ich möchte sie an dieser Stelle dennoch vorstellen und betonen, wie wichtig jeweils eine sorgfältige Quellenrecherche ist: »*Die Gleichgültigkeit, die Grausamkeit, der Hunger und die Angst werden sich verbreiten. Schwere Dürren werden auftreten. Verschiedene Länder der Welt werden gegeneinander in den Krieg ziehen. Die heiligen Texte werden nicht mehr respektiert. Die Menschheit wird keine Moral mehr kennen, wird reizbar sein und sektiererisch. Falsche Lehren und betrügerische Schriften werden verbreitet werden ... Föten werden im Mutterbauch getötet werden. Diebe werden zu Königen und Könige werden zu Dieben. Es wird viele Frauen geben, die sexuelle Beziehungen zu vielen Männern haben werden. Der Boden wird an manchen Orten viel hervorbringen, an anderen Orten nur sehr wenig ... Die guten Menschen werden keine aktive Rolle mehr spielen. Bereits gekochtes Essen wird verkauft werden. An jeder Ecke werden die heiligen Bücher verkauft werden. Der Wolkengott wird den Regen ungleich verteilen. Es wird viele Bettler geben und Leute ohne Arbeit. Man wird den Menschen nicht mehr trauen können. Der Verfall der Tugenden und die heuchlerische Zensur der Puritaner wird das Ende des Kali-Yuga kennzeichnen. Wohlstand und Ernte werden schwinden. Diebesbanden werden sich in den Städten und auf dem Land sammeln. Es wird an Wasser und Früchten fehlen. Viele Menschen werden heimtückisch, lüstern und böse. Ihre Haare werden zerzaust sein. Die Abenteurer werden erscheinen wie Mönche, mit kahlem Kopf und oranger Kleidung. Die Hungrigen und Furchtsamen werden in unterirdischen Verstecken Zuflucht suchen. Unfähige Leute werden zu Experten in Fragen der Moral und der Religion.*«

166

Vishu Purana

Einige Prophezeiungsbücher veröffentlichen auch falsche Prophezeiungen, die angeblich aus dem Vishu Purana stammen sollen. Aber man findet in dieser Schrift tatsächlich einige Vorhersagen. Das Vishu Purana berichtet von dem Tag, an dem Dvivida starb, als »*der Ozean über die Ufer trat und die Städte und Dörfer überflutete*«. Darüber hinaus erwähnt es einige Prophezeiungen für das letzte Zeitalter, das Kali Yuga, das Zeitalter der Dunkelheit und Zerstörung: »*Im Kali Yuga werden die Regeln der Varna und Ashrama, wie sie in den Veden festgelegt wurden, nicht mehr befolgt. Niemand wird zu den Göttern beten. Die Verhältnisse zwischen Lehrer (Guru) und Schüler (Shishya) werden aufhören. Die Macht wird zum Recht. Frauen werden sich den ganzen Tag um ihr Haar kümmern. Reichtum wird alles bedeuten. Anstatt Geld für ihr Dharma auszugeben, werden die Menschen Geld ausgeben, um Häuser zu bauen. Man wird das Geld für sich selbst ausgeben anstatt für Gäste. Die Menschen werden selbstsüchtig sein. Man wird mit bösen Mitteln Geld verdienen. Es wird Dürren geben. Die Leute werden vor dem Essen nicht mehr baden. Sowohl Männer als auch Frauen werden kleiner. Die Frauen werden ihren Männern nicht mehr gehorchen. Die Könige werden sich nicht um ihre Staatsbürger kümmern, sondern Steuern erlassen. Die Menschen werden bereits mit 12 Jahren alt werden, und niemand wird mehr als 20 Jahre leben. Das Böse wird gedeihen. Niemand wird zum Gott Vishnu beten. Alle Kasten werden wie die Shudras*« (unterste Kaste im indischen Kastenwesen).« Im Vishu Purana steht auch: »*Als die frühere Schöpfung zerstört wurde, war die Welt voller Wasser und Vishnu schlief auf dem Wasser.*« Erinnert das nicht an die biblische Schöpfungsgeschichte, in der es heißt, der Geist Gottes schwebte über dem Wasser?

Laut dem *Kalki Purana*, einem 5.000 Jahre alten Text, soll der Held Kalki erscheinen, um die falschen Religionen und Aberglauben zu bekämpfen und um die Zeit der Rückkehr der weisen Menschen einzuleiten.

Kalki, Vishnus letzte Verkörperung, erscheint auf einem weißen

Pferd mit einem Schwert. Vor ihm werden die Menschen das Licht erblicken, aber ohne jede Erkenntnis. Der kriegerische Priester Kalki taucht in mehreren hinduistischen Schriften unter dem Namen Smriti auf, besonders im *Bhavishya-Purana*. Er wird das Böse auslöschen und ein neues Goldenes Zeitalter begründen.

Die Sibyllinischen Bücher

Obwohl einige Bücher gefälschte Prophezeiungen veröffentlichen, die den sibyllinischen Büchern bzw. dem Orakel von Delphi zugeschrieben werden, fand ich in den Sybillinischen Orakeln, die im Jahr 1899 von Milton S. Terry aus dem Griechischen ins Englische übersetzt wurden, keinerlei eindeutige und authentische Vorhersagen, abgesehen von der folgenden Passage:

»*Wenn die Sterne vom Himmel ins Meer fallen werden
und alle Menschenseelen mit den Zähnen knirschen,
verbrannt von Schwefelstrom und Feuersbrunst,
verschwindet alles in gefräßiger Erde und Asche.*«

Spiritistische oder gechannelte Vorhersagen[19]

Sir Arthur Conan Doyle, der Verfasser von Sherlock Holmes, war
auch ein Spiritist, und er schrieb mehrere Bücher über sprituelle
Themen. Wie er in seinem 1930 verlegten Buch *The Edge of the Unknown* erläutert, genoss er das Privileg, die berühmtesten spiritistischen Medien der damaligen Zeit zu kennen. Nach sieben Jahren der Forschung darüber, was diese Medien für die Zukunft
vorhersagen, veröffentlichte er zu Beginn des 20. Jahrhunderts in
einer Londoner Zeitung eine Zusammenfassung zukünftiger Ereignisse, in der er ausführte, dass sich im dritten Jahr eines zukünftigen großen Weltkrieges eine riesige Naturkatastrophe ereignen
werde, die für mehrere Länder katastrophale Folgen haben würde,
durch riesige Flutwellen und die Zerstörung verschiedener Erdteile. Am Ende seiner spiritistischen Forschung kam er zu demselben
Ergebnis, zu dem auch ich nach fast 20 Jahren der Prophezeiungsforschung gekommen bin, in denen ich so viele Bücher aus allen
Kulturen und allen Religionen gelesen habe, wie ich nur konnte.
Zu Beginn des 20. Jahrhunderts versetzten sich Propheten und
moderne Seher in Trance und kommunizierten mit der geistigen
Welt, so beispielsweise auch der Mitte des 20. Jahrhunderts verstorbene Amerikaner Edgar Cayce. Sie verwendeten einen neuen
Ausdruck für den altmodischen Begriff »Ende der Welt«. Wenn sie
eine zukünftige globale Naturkatastrophe prophezeiten, bezeichneten sie diese als einen »Polsprung«, den sie irrtümlicherweise für
das Ende des 20. Jahrhunderts ankündigten, unabhängig davon,

---

[19] Möglicherweise kamen einige der alten griechischen Orakel durch den Kontakt mit Geistern zustande, die zu jener Zeit als Götter (daemon) betrachtet
wurden und die man mit der Zunahme des Christentums als Dämonen be-
zeichnete. Vielleicht trifft dies auf die älteren assyrischen Orakel ebenfalls zu,
die von S. Parpola in dem Buch *Assyrian Prophecies* basierend auf alten Tontafeln zusammengestellt wurden. In den alten assyrischen Orakeln gab es ein
Medium, das als Gott zum König sprach. Die assyrischen Prophezeiungen bestanden hauptsächlich aus dem Versprechen Gottes, den König gegenwärtig
und zukünftig zu unterstützen, und die Tontafeln berichten, dass viele dieser
Prophezeiungen sich nicht erfüllten, sodass es sich dabei wahrscheinlich um
eine Fälschung durch den sogenannten Propheten handelte.

aus welchem Land der Spiritualist jeweils stammte. Cayce sagte: »*Der größte Teil Japans wird im Meer versinken. Der obere Teil Europas wird schlagartig verändert. Land wird an der Ostküste Amerikas aufsteigen. In der Arktis und der Antarktis wird sich Land erheben, was Vulkanausbrüche in den heißen Zonen auslösen wird. Dann wird der Polsprung stattfinden, sodass dort, wo subtropisches oder kaltes Klima war, tropisches Klima sein wird, und das wird Moos und Farne wachsen lassen.*« (1934/3976-15)

Als der Spiritualist L. Helmut einen Geist, mit dem er in Kontakt stand, 1952 nach der Apokalypse fragte, anwortete dieser: »*Ja, die Apokalypse wurde Stück für Stück durch verrückte, korrupte und unqualifizierte Menschen aufgebaut. Daher wurde die große Flut beschlossen. Und die Besten werden verschont werden. Im ewigen Gesetz haben nur die Besten einen Platz. Es werden nicht die gewöhnlichen Leute sein, die gerettet werden, nur die Übermenschen. Und das neue Leben und das neue Verhältnis zwischen den Menschen wird durch diese überlegenen Geister geplant und erreicht werden ...*«

In Brasilien ist der Spiritismus weit verbreitet. Dort wurden in den 50er Jahren unter dem Pseudonym »Bruder X« (Brother X) spiritistische Prophezeiungen in einem Buch veröffentlicht. Die nachfolgende Prophezeiung stammt aus diesem Buch, das eine verlässliche Quelle darstellt: »*Das Polareis wird aufgrund der Verschiebung der Erdachse ruckartig verschoben und verursacht dadurch die Überschwemmung zahlreicher Gebiete. Die Fluten werden große Erdteile überschwemmen und die bewohnbaren Teile der Kontinente werden auf ein Drittel schrumpfen, die Meere werden sich ausdehnen und in demselben Maß wird das Land schrumpfen. Das wird wirklich eine weltweite Sintflut sein.*«

Die Vorhersagen stimmen nicht immer genau überein und prophezeien nicht immer dasselbe. Es ist interessant, auf die Unterschiede über das »Ende der Welt« in den Prophezeiungen der verschiedenen Religionen zu achten. Beispielsweise heißt es in den spiritistischen Botschaften von Ramatis, dass das Jüngste Gericht (der Polsprung) durch einen Stern ausgelöst wird, der zu einem anderen Sonnensystem gehört. Dieser Stern kommt laut Ramatis alle 6.666 Jahre in die Nähe unseres Planeten. Wenn dieser Planet auf uns zukommt, verändert sich die Erdachse, was einen Polsprung auslöst.

»*Am Ende dieses Jahrhunderts* (des 20.), *werden zwei Drittel der Weltbevölkerung sterben, und zwar durch seismische Erschütterungen, Flutwellen, Seebeben, Orkane, Erdbeben, Katastrophen, Hekatomben, Kriege und unbekannte Krankheiten. Der Krieg zwischen dem asiatischen und dem europäischen Kontinent ist zwischen den Menschen im Geist bereits erschaffen für die zweite Hälfte des Jahrhunderts.*« (Ramatis, *Mensagens do Astral*, erstmals 1948 oder 1949 veröffentlicht)

In demselben Buch fand ich die verblüffende Prophezeiung über eine globale Erwärmung:

»*Obwohl sich der Polsprung langsam ereignen wird, auf solch eine Weise, dass es die Wissenschaftsgemeinde anfangs nicht interessieren wird ... wird es einfach sein, die Bedeutung des Phänomens einzuschätzen ... Die magnetische Reibung, die langsam die globale Erwärmung eures Planeten verursacht, wird durch eine alltägliche Erscheinung ausgelöst, die der planetaren Masse innewohnt.*«

Und: »*Sie werden nicht an die Vorhersage eines eindringenden Himmelskörpers glauben ... Das wird auf einen Nahrungsmittelmangel für die Menschheit hinauslaufen ... und eine schmerzliche Dürre in manchen Erdteilen zur Folge haben ...*«

Und noch deutlicher: »*Die Wissenschaftler werden an viele Theorien glauben, mit denen sie die Wetterveränderungen erklären werden, wie eine globale Erwärmung, aber sie werden nicht die Idee eines langsamen Polsprungs akzeptieren, der vor der großen Katastrophe einsetzt.*«

Laut Aussage des bekannten, inzwischen verstorbenen brasilianischen Spiritisten Chico Xavier, wird die Wissenschaft schon bald jenen Planeten entdecken, der für die zukünftigen Erd- und Seebeben verantwortlich sein wird.

Auch wenn die Zeitangaben in spiritistischen Vorhersagen häufig ungenau sind, sollen in Europa laut den Prophezeiungen fünf

Länder verschwinden. Nach dem Polsprung nimmt die Sonne nicht mehr denselben Lauf wie zuvor und die Sterne stehen am Himmel an anderer Stelle. Das ist derselbe »neue Himmel«, den auch Jesus vorhergesagt hat. Nur ein Polsprung kann bewirken, dass wir danach einen »neuen Himmel« und »eine neue Erde« haben werden. Viele Wissenschaftler halten die Theorie so plötzlicher Erdveränderungen für absurd. Albert Einstein stand in engem Briefkontakt mit Charles Hapgood, einem amerikanischen Schriftsteller und Universitätsdozenten. Einstein schrieb für das Buch *The Path of the Pole* von Hapgood das Vorwort, und darin heißt es: *»Ich glaube, dass diese erstaunliche, ja, sogar faszinierende Idee die ernsthafte Aufmerksamkeit eines jeden verdient, der sich mit der Theorie der Erdentwicklung beschäftigt.«* Damit gab er zu verstehen, dass er die Theorie periodisch wiederkehrender Naturkatastrophen für logisch hielt und dass sie die bereits erwiesenen plötzlichen Klimaveränderungen in der Erdgeschichte erklären könnte. Einstein stellte in einem Brief vom Mai 1953 auch klar, dass er Hapgoods Theorie einer Verschiebung der Erdkruste sehr beindruckend fand und sie für korrekt hielt. In einem sehr seltenen Prophezeiungsbuch, dem *Magicon*, das im Jahr 1869 von einem Dr. Paulus in den USA veröffentlicht wurde, fand ich auf der letzten Seite, in roter Schrift, eine Katastrophenprophezeiung für die Vereinigten Staaten. Sie beschreibt ein neues Land, das aus dem Meer auftauchen oder wiederauftauchen soll und das anschließend von Amerikanern und Engländern bewohnt werde, darin heißt es in Übereinstimmung mit anderen Vorhersagen: *»Nach der Zerstörung der Stadt New York durch Erdbeben wird durch dieselben Erschütterungen aus den unbekannten Tiefen ›das neue Kalifornien‹ aufsteigen, ein Land aus Gold, für die natürliche Nutzung seiner treuen Anhänger. Diese neue Stadt wird ›das natürliche neue Jerusalem‹ genannt werden. Und Tausende von euch aufrichtigen, hehren Amerikanern werden dorthin strömen.«* Wird hier dasselbe neue Land prophezeit, von dem auch in der Apokalypse die Rede ist? Das Buch handelt davon, dass viele Küstenstädte in einer Zeit der Umwälzungen vom Meer verschlungen werden und New York wäre die erste.

Wilhelm Landig und die Forschungen der SS

Landig war ein ehemaliger SS-Offizier, der in Romanform drei Bücher schrieb, die auf den geheimen Forschungen, einschließlich der Antlantisforschung, der SS basierten. Eines dieser drei Bücher hieß *Rebellen für Thule: das Erbe von Atlantis* und wurde 1991 im Volkstum-Verlag veröffentlicht. Laut seiner Aussage kam die SS nach Jahren der Forschung zu dem Ergebnis, dass es in der Erdgeschichte schon viele Polsprünge gegeben habe und dass ein weiterer in naher Zukunft bevorstünde.

Die apokryphen Bücher Henoch

Bis zum 16. Jahrhundert glaubten die Gelehrten, dass das Buch Henoch verloren gegangen sei. Zwar wurde das Buch in einigen Schriften erwähnt, aber es blieb bis dahin unbekannt. Die erste englischsprachige Übersetzung des Buches erschien 1821. Eine antike, etwa 2.300 Jahre alte Version wurde im 20. Jahrhundert unter den Schriftrollen vom Toten Meer gefunden. Die äthiopische Version dieses Buches ist die bis heute einzige komplett erhaltene. Sie wurde von den ersten Anhängern Christi über einige Jahrhunderte hinweg häufig erwähnt, beispielsweise im Hebräerbrief, bei Judas und im zweiten Petrusbrief, aber sie fand trotzdem keine Aufnahme in die Bibel.

Kapitel 1 – Prophezeiungen über die Endzeit
5. Alles wird erschrecken und die Wächter sind bestürzt.
6. Große Furcht und Zittern ergreift sie bis zu den Enden der Erde. Die erhabenen Berge erbeben und die hohen Hügel werden erniedrigt und schmelzen wie Honigseim in dem Feuer. Die Erde wird überflutet werden und alles, was auf derselben ist, umkommen, wenn das Gericht kommt über alle, auch die Gerechten.
7. Aber ihnen wird er Frieden geben; er wird erhalten die Auserwählten und gegen sie gnädig sein.

Kapitel 91

14. *Und hierauf in der neunten Woche, in ihr wird das Gericht der Gerechtigkeit offenbart werden der ganzen Welt.*

15. *Und alle Werke der Gottlosen werden verschwinden von der ganzen Erde hinweg; und es wird bestimmt werden zur Zerstörung der Welt, und alle Menschen werden schauen nach dem Wege der Rechtschaffenheit.*

16. *Und nach diesem in der zehnten Woche, im siebten Teile, in demselben (ist) das Gericht, welches für die Ewigkeit und wird gehalten werden gegen die Wächter, und ein Himmel, welcher für die Ewigkeit, ein großer, welcher hervorsprosst aus der Mitte der Engel.*

17. *Und der frühere Himmel – er wird hinwegkommen und vergehen, und ein neuer Himmel wird sich zeigen, und alle himmlischen Mächte werden leuchten in Ewigkeit siebenfach. Und hierauf werden viele Wochen, deren keine Zahl in Ewigkeit, in Güte und in Gerechtigkeit sein.*

18. *Und Sünde wird von da an nicht erwähnt bis in Ewigkeit.*

Der Begriff »Abyssus« bzw. »Abgrund« wird oftmals mit der Hölle in Verbindung gebracht, aber in der Vergangenheit verstand man darunter große Wassermassen (2. Mose 15,5), den Meeresgrund (Jesaja 63,13) oder den Grundwasserspiegel (Hesekiel 31,4). Im 1. Buch Mose 7,11 lesen wir: »*da aufbrachen alle Brunnen der großen Tiefe, und taten sich auf die Fenster des Himmels*«. Also wurde die Flut auch durch Wassermassen verursacht, die aus dem Boden, aus Seen oder Flüssen aufstiegen, und nicht nur durch den Regen. Der Glaube an ein Tausendjähriges Reich (Millenarismus), das, wie in manchen Büchern geschrieben wird, die Zeitspanne zwischen zwei Weltgerichten umspannt, wäre dann der Zeitraum zwischen zwei Globalkatastrophen bzw. zwischen zwei Polsprüngen. Das zweite Gericht bzw. die zweite Katastrophe wurde im apokryphen Buch Henoch als weltumspannend bezeichnet, was darauf hindeutet, dass diese Katastrophe schwerwiegender wäre und ungefähr tausend Jahre nach der nächsten stattfinden würde, die sich bereits in der nächsten Zeit, vielleicht in 10 bis 30 Jahren, ereignen könnte.

10. Drei Tage Finsternis

Wenn die Sonne stirbt und die Welt untergeht

»Die Nacht wird den Tag belegen, der Mond und die Sterne werden verschwinden, das Land wird im Toben des Erdbebens erzittern, welches Städte zerstört und die Werke der Menschen, viele Inseln erheben sich aus der Tiefe des Meeres ...«
Cimerische Sybille – lebte laut der Legende in Italien vor etwa 2.500 Jahren.

»Das Klima hat sich geändert, es ist alles wärmer geworden, auch bei uns, und Südfrüchte wachsen wie in Italien.«
Alois Irlmaier, bekannter bayerischer Seher, über die Zeit nach dem Krieg.

»Nach dem Ende wird es einen neuen Anfang geben. Das Ende ist der Anfang ... alles wird sich erneuern.«
Aus der Apokalypse des Simon von Cyrene aus dem 8. Jahrhundert

»Wenn das Ende nahe ist, wird der Mensch durch den Kosmos reisen, und aus dem Kosmos wird er den Tag des Endes kennen. Und wenn der Mensch glaubt, den Kosmos zu besitzen, werden viele reiche und herrliche Städte das gleiche Ende wie Sodom und Gomorrha finden.«
Giordano Bruno zugeschriebene Prophezeiung, der durch die italienische Inquisition am 17. Februar 1600 verbrannt wurde.

Winter kommt, drei Tage Finsternis,
Blitz und Donner und der Erde Riss,
Bet' daheim, verlasse nicht das Haus!
Auch am Fenster schaue nicht den Graus!

Eine Kerze gibt die ganze Zeit allein,
Wofern sie brennen will, dir Schein,

Giftiger Odem dringt aus Staubesnacht,
Schwarze Seuche, schlimmste Menschenschlacht.

Gleiches allen Erdgebor'nen droht,
Doch die Guten sterben sel'gen Tod,
Viel Getreue bleiben wunderbar
Frei von Atemkrampf und Pestgefahr.
Lied der Linde (1850)

Im Islam gibt es eine bemerkenswerte Legende über das Ende der Welt. Gemäß dieser Legende wird nahe dem Ende der Welt, nach einem letzten Krieg aus dem Osten ein Rauch kommen, der sich langsam verbreiten und schließlich den ganzen Himmel bedecken wird. Dann würden alle Moslems sterben und die Moscheen würden zu Museen werden. Die Christen würden überleben.

Ein Polsprung, das Schmelzen des Polareises, eine neue Weltkarte infolge des Versinkens und Aufsteigens von Land, riesige Erdbeben und Flutwellen, drei finstere Tage, giftige Gase aus dem Erdinneren und von Vulkanausbrüchen, etwa zwei Millarden Tote, ein plötzlicher derartiger Klimawandel, dass es in kalten Gegenden wärmer wird und wärmere Regionen abkühlen. Das ist das Ende der Welt, zumindest wurde es in alten Prophezeiungen so genannt. Nennen Sie es, wie Sie wollen, Polsprung, Jüngstes Gericht oder Eiszeit, da gibt es keinen Unterschied. In den Jahren davor wird die Globaltemperatur sich von Jahr zu Jahr langsam verändern, und diesen Prozess »werden« die Wissenschaftler globale Erwärmung nennen, wie in einer bereits erfüllten Prophezeiung angekündigt wurde. Der erste Teil dieser Prophezeiung, der von einer langsamen Temperaturveränderung spricht, ist bereits wahr geworden. Die Rückkehr der Juden nach Israel, das vereinigte Europa, der warme Winter auf der Nordhalbkugel, die Wirtschaftskrise, die Bürgerkriege, alles erfüllt sich nach und nach.

176

In dieser Zeit der planetaren Umwälzungen wird die dreitägige Finsternis stattfinden. Die Mythen der Inkas nannten dies den Tod der Sonne. Sie glaubten, dass die Sonne eines Tages sterben würde. Aus diesem Grund hatten sie so große Angst vor Sonnenfinsternissen. Aber dies ist nicht einfach ein Mythos, dieser Tag wird kommen und dann wird die Wissenschaft von den religiösen Mythen lernen können. Ausgelöst wird die Verfinsterung durch Vulkanausbrüche, die große Mengen Asche freisetzen, und vielleicht zusätzlich durch eine zeitweilige Unterbrechung der Erdrotation. Den Prophezeiungen über die dreitägige Finsternis können wir entnehmen, dass dann eine hohe Konzentration Kohlendioxid in der Luft sein wird, welches durch starke Erdbeben aus dem Erdinnern freigesetzt wurde. Wie wir im vorangegangenen Kapitel gesehen haben, ist dies wissenschaftlich durchaus möglich, und es wurde prophezeit, auch wenn es sich zunächst seltsam anhören mag. Das Kohlendioxid wird viele Leben kosten. Offensichtlich wurden die Vorhersagen in der Absicht verbreitet, Menschenleben zu retten, und nicht um die Ereignisse im Detail zu erklären, wie wir es an dieser Stelle versuchen. In Prophezeiungen und Mythen werden Katastrophen, die Menschenleben kosten, üblicherweise als göttliche Strafe dargestellt. Nur geweihte Kerzen werden in den Häusern der Gerechten brennen, heißt es in den Vorhersagen. In den Häusern der Sünder werden sie nicht brennen. Natürlich kann es bei einem hohen Kohlendioxidgehalt keine Verbrennung geben. Wenn man also die Tür öffnet, oder das Haus nicht gut abgedichtet ist, sodass von außen Gas ins Innere strömt, dann wird man sterben, ob man ein Sünder ist oder nicht. Aber grundsätzlich werden große Sünder keine Bücher über Prophezeiungen wie dieses Buch oder die Bibel lesen. Daher wissen sie vermutlich nicht, was zu tun ist, und auf diese Weise erfüllt sich auch diese Prophezeiung. Auf die Katastrophe wird eine Hungersnot folgen.

Amos 5,20 (Bibel): »*Denn des Herrn Tag wird ja finster und nicht licht sein, dunkel und nicht hell.*«

Die Italienerin Elizabeth Calori Mora (oder Canoni) (1774–1825) hatte mehrere Visionen; in einer davon heißt es: »*Gott wird die Gottlosen, welche danach trachten, die Heilige Kirche Gottes zu zerstören, durch Dunkelheit in Grund und Boden ausrotten.*«

Der katholische Heilige Gaspare del Bufalo (1786–1837) sprach von »*der Vernichtung der reuelosen Kirchenverfolger während der dreitägigen Finsternis. Demjenigen, der die Dunkelheit und Angst dieser drei Tage überlebt, dem wird es vorkommen, als sei er allein auf der Welt, denn die Welt wird überall mit Leichen bedeckt sein.*«

Die katholische Heilige Anna Katharina Emmerick (1774–1824) sagte: »*Eine Finsternis umfängt die Erde, alles wird welk und dürr, die Wasser versiegen.*«

Die katholische Heilige Anna-Maria-Antonia-Jesuálda G. Taigi (1769–1837) prophezeite: »*Gott wird der Welt zwei Strafgerichte schicken: eines kommt vom Land her wie große Kriege, Revolutionen und andere Übel, in dem Tausende Menschen durch Eisen umkommen werden. Das andere kommt vom Himmel her als eine Dunkelheit, und richtet sich gegen die Unbußfertigen. Diese Strafe wird weit scheußlicher und schrecklicher, sie wird durch nichts gelindert, sie wird mit aller Gewalt auftreten und die gesamte Welt überkommen. Woraus diese Strafe jedoch besteht, hat Gott niemandem offenbart, nicht einmal seinen treuesten Gefolgsleuten. Eine sehr dichte Finsternis wird sich über die ganze Welt ausbreiten und wird die Erde drei Tage und drei Nächte lang bedecken. Während dieser Dunkelheit wird es kein künstliches Licht geben und es wird unmöglich sein, irgendwas zu unterscheiden. Die Luft wird von Dämonen verpestet sein, die in allen möglichen Formen erscheinen, in den am meisten verhassten; diese Seuche wird nicht ausschließlich, aber hauptsächlich die Feinde der Religion dahinraffen, sowohl heimliche wie bekannte, abgesehen von ein paar wenigen, die Gott später bekehren wird. Während der Dunkelheit wird es kein Licht geben, nur geweihte Kerzen werden brennen. Die geweihten Kerzen und Gebete werden vor dem Tod schützen. Jene, die aus Neugier die Fenster*

öffnen, um hinauszusehen oder nach draußen zu gehen, werden so-
fort tot umfallen. In diesen Tagen sollen wir zu Hause bleiben, um
zu beten und die Gnade Gottes zu erbitten. Die geweihten Kerzen wer-
den uns vor dem Tod bewahren, genau wie die Anrufung Marias und
der Engel.«

Marie-Julie Jahenny de la Fraudais (1850–1941) hatte folgende Vision:
»Es werden drei Tage andauernder Finsternis kommen: Während die-
sen drei Nächten und zwei Tagen wird es durchgehend finster sein. Nur
geweihte Kerzen werden während dieser schrecklichen Finsternis Licht
bringen. Eine Kerze wird ausreichen für drei Tage, aber in den Häusern
der Gottlosen werden sie nicht brennen. Während dieser drei Tage wer-
den Dämonen in fürchterlicher, abscheulicher Gestalt erscheinen. Man
wird in der Luft die schlimmsten Gotteslästerungen hören. Weder der
Wind noch der Sturm und auch nicht die Erdbeben können das Licht
der geweihten Kerzen auslöschen. Blutrote Wolken werden über den
Himmel ziehen; das Rollen des Donners wird die Erde erbeben lassen,
bedrohliche Strahlen werden die Wolken durchziehen. Die Erde wird in
Grund und Boden umgepflügt werden, auf dem Meer werden sich oh-
renbetäubende Wellen erheben, die den Kontinent überfluten. Das Blut
wird in solcher Fülle fließen, dass es den Menschen bis zur Taille steht.
Das Land wird zu einem riesigen Friedhof. Die Leichen der Gerechten
und der Gottlosen werden den Erdboden bedecken. Der Hunger, der da-
rauf folgen wird, wird groß sein. Schließlich wird alles umgewandelt und
drei Viertel der Menschheit werden umkommen.«
»Die Gottlosen und alle Mohammedaner werden die für drei Nächte
des Schreckens verfinsterte Erde durchmachen.«

Palma Maria Addolorata Matarelli d'Oria, Italien (1863):
»Es wird eine dreitägige Finsternis eintreten, während der die Atmo-
sphäre mit zahllosen Dämonen verseucht sein wird, welche den Tod ei-
ner großen Menge ungläubiger und böser Menschen verursachen werden.
Nur geweihte Kerzen werden Licht geben und die gläubigen Katholiken
vor dieser schrecklichen Geißel bewahren können. Wunderzeichen wer-
den am Himmel erscheinen. Es wird einen kurzen, aber wilden Krieg ge-

ben, in dem die Feinde der Religion und der Menschheit weltweit zerstört werden. Dann wird überall der weltweite Frieden kommen ... Oh Leute, bereitet euch auf das Gericht vor!«

Schwester Marie Baordi vom Gekreuzigten Jesus (1808–1846):
»Alle Nationen werden von Krieg und Bürgerkrieg erschüttert werden. Während einer dreitägigen Finsternis werden die der Grausamkeit ergebenen Leute sterben, sodass nur ein Viertel der Menschheit überlebt. Auch der Klerus wird in großer Zahl dezimiert werden, denn viele davon werden bei der Verteidigung des Glaubens ihrer Heimat sterben.«

In dem 1996 in Brasilien veröffentlichten Buch *The end of the millennium and the Apocalypse*, das von dem protestantischen Priester Jonas Resende verfasst wurde, erzählt der Autor von einem seltsamen Ereignis, das er in Istanbul erlebte, als er unter mysteriösen Umständen von einer alten christlichen Sekte ein Manuskript aus dem 8. Jahrhundert erhalten hat, das in einer silbernen Kiste aufbewahrt wurde. Laut dem Autor bestätigte eine C-14-Untersuchung, dass das in altgriechischer Sprache verfasste Manuskript aus dem 8. Jahrhundert stammt. Das Manuskript handelt von einer Vision, die Simon von Cyrene in dem Augenblick hatte, als Christus am Kreuz starb. Simon von Cyrene ist der Mann, der Jesus geholfen hat, sein Kreuz zu tragen. Der Bericht beginnt mit den Worten:
»Was der Herr Jesus Christus am Tag seiner Kreuzigung durch Visionen und Stimmen an Simon von Cyrene offenbart hat ... Während ich jede kleine Bewegung und den schweren Atem des Gekreuzigten sah, fühlte ich mich durch ein Tal von Schatten und Tod getrieben ... (jetzt beginnt die Vision) plötzlich sah ich aus einem dicken Nebel sieben alte Frauen von schrecklicher Erscheinung treten, die in Schwarz gekleidet waren ... und sie sagten: ›Es gibt keine Hoffnung für die Erde. Der Kelch des Frevels und Unrechts ist übergelaufen ... jene, die Wind säen, werden Sturm ernten. Das Schicksal ist besiegelt, alles was uns bleibt, ist zu weinen.‹ Die Häuser waren eines über dem anderen, aber

überraschenderweise wurden sie vom erstaunlichen Gewicht nicht zer-
stört. Die Lampen, welche jene hatten, die in den Häusern lebten,wa-
ren heller als die Strahlen, die in stürmischen Nächten den Himmel auf-
reißen ... Ich schaute nochmals und ich sah, dass sich das Meer gegen
das Land erhob, um es mit ungeheurem Toben und erstaunlichen Wel-
len zu bezwingen. Die Menschen waren zahlreicher als die Sandkörner
am Meer oder die Sterne des Himmels ... Hass und Angst stand in den
Augen aller ... und die Menschen verfluchten die Sonne, weil sie glaub-
ten, dass die von ihr ausgehenden Todesstrahlen Lepra verursachten ...
andererseits hat sich das Wissen in solcher Weise vervielfacht, dass die
Menschenkinder selbst schaffen und die Schöpfung verändern wollten,
als ob sie wahre Götter wären. (Gentechnik) Der bleierne Himmel wur-
de von Vögeln geteilt und von riesigen Lanzen (Raketen), die Mensch
und Tier das Fürchten lehrten. Explosionen größer als Vulkanausbrü-
che verdunkelten und durchpflügten die brennende Erde (Bomben).
Kleine und große Karren wurden von guten oder dämonischen Geistern
bewegt. Aus den Augen der Karren zogen Lichtbänder und die Men-
schenkinder lenkten sie mit metallenen Kreisen (Lenkräder), welche sie
in Händen hielten. Die Flüchtenden hatten keinen Platz, an den sie ge-
hen konnten, denn die Entfernungen wurden durch zerstörerische Ma-
schinen verkürzt. Die Welt erschien viel kleiner, denn alle konnten ei-
nander sehen und einander zuhören, aber sie konnten einander nicht
verstehen ... Ich sah, dass viele Männer und Frauen trockene Zungen
hatten und sie baten um Wasser, denn die Quellen wurden knapp und
vergiftet. Und die Gewalt entzweite die Nationen und die Völker, denn
die Menschen verstanden einander falsch aus allen und keinen Grün-
den. Die Jugend flüchtete in den Wahnsinn, um das Leben nicht anse-
hen zu müssen, das im Sumpf versunken war. Andere verehrten ihre ei-
gene körperliche Schönheit und sie waren dazu in der Lage, ihre Jugend
nahezu ewig zu behalten ... und falsche Propheten kamen und öffneten
den Mund, um die Leute zu belügen. Sie kamen als weise Menschen da-
her oder als geheimnisvolle Aristokraten, aber es waren Irreführer, die
einen Vorteil aus der Verzweiflung und Ungewissheit unser aller zogen
und viele täuschten ... Simon sagte: Ich bin kein Prophet, auch nicht der
Sohn eines Propheten. Ich bin Simon von Cyrene. Mein Leben hat kei-

*nen Ausdruck und keine Bedeutung. Ich bin ein armer Mann aus dem
Volk, der davon lebt, den Boden zu bebauen. Ich bin kein Prophet. Auch
geschah das wichtigste Ereignis meines Lebens nicht freiwillig ... Eine
alte Frau sagte: Prophet oder nicht, schreib auf, was du siehst, die Verwüstung von Babel, den Todeskampf der Pflanzen und aller lebenden
Wesen, das Toben des Meeres gegen das Land, die Kriege zwischen Brü-
dern, die das Schwert gegeneinander erheben, den Tod, der aus den
Wäldern kommt, die Jugend auf der Flucht in den Wahnsinn, und den
Tod, der von der Liebe kommt ... später sagte Gott: Simon von Cyrene,
ich habe dich gewählt als meinen Propheten in den Tagen, die da kommen werden ... Von Abraham bis heute ist ein Teil der Zeit der Erlösung vergangen (etwa 2.000 Jahre). Ein weiterer Zeitabschnitt von derselben Größe wird vergehen bis zur Zeit, in der die Dinge, die ich dir
zeige, geschehen werden. Simon sagt: Mein Herr, ich werde zugrunde
gehen, denn ich kann nicht verstehen, was ich sehe und was ich höre.
Befreie deinen Diener von dieser schweren Aufgabe. Am Schluss erscheint der Junge und sagt: Nach dem Ende wird es einen neuen Anfang geben. Das Ende ist der Anfang ... alles wird sich erneuern. Dann
fragt Simon den Jungen: Und was ist mit den Städten, die wie die Türme zu Babel gebaut sind? Und die Plagen? Und das zerstörerische Toben der Meere? Und die Flucht der Jugend? Die eisernen Vögel? Die
schrecklichen Lanzen? Die Zerstörung, die von der Sonne ausgeht, aus
den Wäldern und von der Liebe? Die Zungen ohne Wasser? Die tödlichen Kriege? Die Explosionen, welche die Sonne verdecken und das
Land mit Feuer umpflügen? Der Junge sagte: Alles wird erneuert. Simon fragte, wird Gott die Erde retten? Schreib, Simon, sagte der Junge.
Gott wird die Erde wirklich retten, die niemals verdammt ist, aber auch
die Menschen werden die Große Mutter schützen, die sie so schlecht be-
handelt haben. Sie sind die Gefährten Gottes und die Mitarbeiter an
der Erneuerung aller Dinge und der Gründung des neuen Jerusalems.
Vergiss nicht, Simon. Der Mensch kann grausam sein, aber er kann
auch das Gute schaffen.«*

Eine Pater Pio (20. Jahrhundert) zugeschriebene Prophezeiung
über die dreitägige Finsternis:

»Hurrikane des Feuers werden ausströmen aus den Wolken und sich über die ganze Erde verbreiten! Stürme, Unwetter, unaufhörlicher Regen und Erdbeben werden die Erde bedecken für drei Tage. Kurz darauf wird ein ununterbrochener Feuerregen zwei Tage lang niedergehen! Das ist der Beweis dafür, dass Gott über allem steht. Sagt den anderen, dass die Zeit nahe ist. Harrt aus im Gebet, sodass der Widersacher keine Macht über euch hat. Sagt meinen Leuten, dass sie vorbereitet sein sollen, denn mein Gericht wird plötzlich kommen, und niemand wird meinen Händen entgehen. Ich werde die Gerechten beschützen. Betrachte die Sonne, den Mond und die Sterne am Himmel und wenn sie ohne Grund durcheinander zu geraten scheinen, dann wisse, dass der Tag nicht weit ist. Vereint euch im Gebet und wartet, bis der Engel der Vernichtung an eurer Tür vorbeigezogen ist. Betet, dass diese Tage abgekürzt werden. Die Stunde ist nahe! Aber ich werde keine Gnade kennen. Es wird eine erschreckende Strafe. Meine Engel, die Scharfrichter dieses Ereignisses, stehen bereit mit ihren scharfen Schwertern! Sie werden besonders darauf besorgt sein, jene zu vernichten, die mich verhöhnt haben und meinen Offenbarungen keinen Glauben schenkten. Ich gebe euch diese Zeichen, sodass ihr bereit seid für diese Ereignisse: Die Nacht wird sehr kalt sein, der Wind wird tosen. Nach einiger Zeit wird der Donner erschallen. Dann verschließt gut alle Fenster und Türen, sprecht mit niemandem außerhalb des Hauses. Kniet vor dem Kruzifix, bereut eure Sünden und bittet um den Schutz meiner Mutter. Wenn die Erde bebt, schaut nicht nach draußen, denn der Zorn Gottes ist heilig. Ich will nicht, dass ihr den Zorn Gottes schaut, denn ihm soll mit Ehrfurcht begegnet werden. Wer diesem Rat nicht folgt, geht sofort verloren. Der Wind wird Gift aufnehmen und über die ganze Erde verbreiten. Jene, die unschuldig leiden und sterben, werden zu Märtyrern und werden mit mir in meinem Reich sein. Der Dämon wird in jenen Tagen triumphieren. Aber am dritten Tag werden Erdbeben und Feuer aufhören, und am folgenden Tag wird die Sonne wieder aufgehen. Engel werden vom Himmel herabsteigen und den Geist des Friedens über die Erde ausgießen. Unter den Überlebenden wird ein tiefes Gefühl der Dankbarkeit aufkommen. Das Strafgericht, das kommen wird, ist mit nichts zu vergleichen seit der Erschaffung der Welt. Ein Drittel der Menschheit wird umkommen.«

Auch in der Bibel finden sich Vorhersagen von Jesus Christus für dieses Ereignis:

Lukas 21,20: »*Wenn ihr aber sehen werdet Jerusalem belagert mit einem Heer, so merket, dass herbeigekommen ist seine Verwüstung. Alsdann, wer in Judäa ist, der fliehe auf das Gebirge, und wer drinnen ist, der weiche heraus, und wer auf dem Lande ist, der komme nicht hinein. Denn das sind die Tage der Rache, dass erfüllet werde alles, was geschrieben ist. Weh aber den Schwangeren und Säugerinnen in jenen Tagen! Denn es wird große Not auf Erden sein und ein Zorn über dies Volk, und sie werden fallen durch des Schwertes Schärfe und gefangen geführt werden unter alle Völker; und Jerusalem wird zertreten werden von den Heiden, bis dass der Heiden Zeit erfüllt wird. Und es werden Zeichen geschehen an Sonne und Mond und Sternen; und auf Erden wird den Leuten bange sein, und sie werden zagen, und das Meer und die Wassermengen werden brausen, und Menschen werden verschmachten vor Furcht und vor Warten der Dinge, die kommen sollen auf Erden; denn auch der Himmel Kräfte werden sich bewegen. Und alsdann werden sie sehen des Menschen Sohn kommen in der Wolke mit großer Kraft und Herrlichkeit.* (Spricht Christus hier vom vielfach prophezeiten Kreuz am Himmel, das zum Ende des Krieges erscheinen soll?) *Wenn aber dieses anfängt zu geschehen, so sehet auf und erhebet eure Häupter, darum dass sich eure Erlösung naht.*«

Der Sibylle vom Hellespont zugeschriebene Prophezeiung, angeblich mehr als 2.000 Jahre alt: »*Dunklen Weg nimmt die Sonne und es herrscht die Dunkelheit der Nacht. Die Sterne verlassen den Himmel ... Nacht und Tag werden eins, die Erde ist gehüllt in völlige Dunkelheit. Das Licht aller Sterne am Himmel verschwindet. Nicht ein Geräusch, weder von Mensch, Tier noch Vogel ist zu hören. Alle Wesen, die das Meer bewohnen, bangen und sterben. Und dort wird die Erde aufgerissen, befleckt vom mörderischen Blut des Krieges. Die Jahreszeiten kehren sich um, der Winter wird zum Sommer. Der Tag, an dem alle Elemente des Himmels und der Erde durcheinandergeraten, ist nicht fern. Die neuen Sterne, die erscheinen, werden wieder verschwinden.*«

184

Eine weitere Prophezeiung, die ich in dem französischen Buch *Liber Mirabilis* aus dem 16. Jahrhundert gefunden habe, spricht von einer großen Überflutung: »*Die hohe See wird sich über die Küste erheben, das heißt über die Küste Frankreichs, wie Berge über die Ebene, und wäre nicht ein Engel, würden alle wegen ihrer Sünden überflutet werden. Aber diese See wird sich über die Küste erheben in großer und schrecklicher Weise.*«

In einem seiner Briefe spricht Nostradamus von einer Verschiebung der Pole des Planeten im Monat Oktober (was nach der gregorianischen Kalenderumstellung nach dem Tod von Nostradamus nun in den November fallen könnte), in diesem Monat werde »*eine große Umwälzung stattfinden, sodass sie glauben werden, die Erde sei aus ihrer Bahn geworfen und in tiefe Finsternis versunken.*« Hierzu gibt es eine sehr ähnlich lautende Prophezeiung von dem chaldäischen Astronomen Berossos aus dem 2. Jahrhundert vor Christus, dieser sprach davon, dass »*alles Leben während einer Planetenkonstellation vom Feuer aufgezehrt werden würde*« und dass nach dem Feuer im Monat Oktober eine große Flut folgen würde, wenn dieselben Planeten im Steinbock in Konjunktion stehen. Der Prophet erwähnt also zwei globale Ereignisse, eins im Zusammenhang mit Feuer (Krieg) und ein anderes im Zusammenhang mit Wasser.

Die folgende Prophezeiung fand ich in dem 1855 veröffentlichten Buch *Dictionnaire des Prophéties et des Miracles* von Abbot Migne. Darin findet sich ein Manuskript, das den Titel trägt *Profecie dei pontefici cavate da un libro greco* (Prophezeiung der Päpste aus einem griechischen Buch): »*Der Winter wird zum Frühling, die Lilie wird blühen und die Bienen werden den süßen Honig auf ihre Blüten tragen. Das Goldene Zeitalter wird auf die Erde zurückkehren. Der Drache wird alle Nationen besänftigen und das Antlitz des Planeten verändern.*«

Der Amerikaner Edgar Cayce sagte, dass die wertvollsten Aufzeichnungen aus Atlantis in der »Halle der Aufzeichnungen« vergraben seien, unter den Pfoten der Sphinx. Edgar Cayce sagte außerdem, dass die Verlagerungsbewegungen der Erde langsam vonstatten gehen, und er erwähnte den Zeitraum 1958–1998. Heute wissen wir, dass Japan und Mexiko im Verhältnis zum Meeresspiegel jährlich einige Zentimeter absinken, und als man mit Satelliten Messungen unternommen hatte, stellte man fest, dass sich die Pole tatsächlich Jahr um Jahr langsam verschieben. Im Jahr 1961 kam es mitten im Atlantischen Ozean zu einem gigantischen Erdbeben, bei dem sich der Meeresboden plötzlich um etwa 1.000 Meter anhob. Derartiges war bis in die 60er Jahre hinein für unmöglich gehalten worden, obwohl es schon seit Jahrtausenden prophezeit worden ist. Ein weiteres altes Prophezeiungsmotiv wurde kürzlich wissenschaftlich bestätigt, nämlich dass aufgrund vulkanischer Aktivitäten neue Inseln im Ozean auftauchen können.

»Das Land wird im Westen Amerikas aufbrechen. Der Großteil Japans wird im Meer versinken. Der obere Teil Europas wird sich blitzartig verändern. An der Ostküste Amerikas wird Land auftauchen. In der Arktis und Antarktis wird Land aufsteigen, was in den warmen Gegenden zu vulkanischen Aktivitäten führen wird. Dann werden sich die Pole verschieben, sodass dort, wo zuvor subtropisches oder kaltes Klima geherrscht hat, nun tropisches Wetter sein wird, und Moos und Farn wird wachsen. Das wird in der Zeit zwischen 58 und 98 beginnen.« (1934/3976-15)

»Wenn die Veränderungen sich wiederholen müssen wie damals, als die Erdbewegungen kamen, die Atlantis zerstört haben, als sich die Pole verschoben ... 10.500 vor Christus.« (1932/5748-006)

»Die Veränderungen beginnen im Zeitraum 58 bis 98 ... wenn die erste Veränderung der Zustände im Südpazifik stattfindet und das Versinken oder Ansteigen des Landes, das fast genau gegenüberliegt, mit anderen Worten in der Gegend des Ätna und im Mittelmeer, dann wissen wir, dass es angefangen hat. Wenn der Vesuv größere Aktivitäten zeigt oder der Pelee, können die Südküste Kaliforniens und das Gebiet zwischen Salt Lake City und dem Süden Nevadas innerhalb von drei Monaten eine Flut und Erdbeben erwarten. Aber das wird sich mehr in der *südlichen Hemisphäre ereignen als im Norden.« (1932/311-10)*

»Das Land wird an mehreren Stellen aufbrechen. Es wird in der Geografie der amerikanischen Westküste eine Veränderung geben. Im Norden Grönlands wird es offene Gewässer geben. Neues Land wird in der Karibik auftauchen. Südamerika wird von oben bis unten durchgeschüttelt werden, und in der Antarktis, in Feuerland, wird Land auftauchen und eine Meerenge mit fließendem Wasser bilden.« (1934/5749-15)

»Teile der gegenwärtigen Ostküste New Yorks oder die Stadt New York selbst werden auf gewisse Weise verschwinden, während die südlichen Gebiete von Carolina und Georgia untergehen.« (1941/1152-11)
Cayce glaubte, dass dieser Polsprung im Jahr 2000 stattfinden würde.

Therese Neumann, die Seherin von Konnersreuth, sagte, die Flut werde jedes Sandkorn wegwaschen, das das Land bedeckt. Sie sah die Erde sich öffnen wie eine alte Wunde, das Land schien wie ein in der Luft aufgehängter Teppich, alles zitterte und bebte, sodass es schwierig war, das Gleichgewicht zu behalten. Sie sah, wie sich die Erde auftat um Häuser und Menschen zu verschlingen.

Alois Irlmaier, der Nostradamus von Freilassung, wie er von den Zeitungen genannt wurde, wiederholte mehrmals, dass er einen Dritten Weltkrieg kommen sehe. Im Jahr 1959 sagte er, nach dem dritten Krieg werde es keinen richtigen Winter mehr geben. Das Klima wäre wärmer und tropische Früchte würden bei uns wachsen wie in Italien.

Der Stamm der Hopi-Indianer lebt in den Vereinigten Staaten und sie sind ein friedliches Volk. Es gibt viele Prophezeiungen, die ihnen zugeschrieben werden. Eine davon lautet wie folgt:

»Die Prophezeiungen der Hopi kündigen an, dass eine Zeit der Zerstörung kommen wird ... Ungeachtet, wie die dritte große Reinigung kommen wird, sagen die Prophezeiungen, dass es mehrere Zeichen geben wird: Die Bäume werden überall anfangen abzusterben; in kalten Gegenden wird es warm und warme Gebiete werden kalt; Land ver-

sinkt im Ozean, das Meer überflutet die Küsten und ein blauer Stern erscheint.«

Wenn man die spiritistischen Vorhersagen mit katholischen Prophezeiungen und Offenbarungen aus anderen Quellen oder Religionen vergleicht, zeigt sich, dass alle von ähnlichen Dingen sprechen. Trotzdem werden häufig falsche Zeitangaben gemacht.

In dem spiritistischen Buch von Diamantino Coelho Fernandes, das angeblich vom Geist der Maria von Nazareth diktiert wurde und das 1968 in Brasilien erschienen ist, finden sich die folgenden Prophezeiungen:
»Schauen wir, was im Bezug auf Südamerika vorhergesagt wurde. In diesem blauen Gebiet würden sich Absenkungen ergeben ... Daher wäre es gut, wenn sich die in den Küstenstädten lebende Bevölkerung von dort weg ins Landesinnere begeben und sich an den höchstgelegenen Orten niederlassen würde. Das Phänomen des ansteigenden Meeresspiegels ist unvermeidbar, wie aus dem Schmelzen von Hunderttausenden Tonnen Eis an den beiden Erdpolen geschlossen werden kann.«

In einem anderen Buch von Diamantino Coelho Fernandes, in dem die Aussagen verschiedener Geister wiedergegeben werden, finden wir die folgende Prophezeiung über dieses zukünftige Ereignis:
»Die Meere werden nicht länger Meere sein, die Gebirge nicht länger Gebirge, und die Ebenen werden von Wasser bedeckt werden und so zu Meeren werden. Das bedeutet nichts anderes, als euch eine neue Flut anzukündigen.« »Die Evolution der irdischen Welt kommt näher, Brüder ... Gut beraten sind jene, die nicht warten, bis die Dinge sich ereignen, um ihre Entscheidung zu treffen. Trefft sie jetzt, falls ihr es noch nicht getan habt. Knie nieder auf den Boden, erhebe deine Gedanken zu Jesus, unserem großen Erlöser, und öffne dein Herz für ihn.«

Ruth Montgomery veröffentlichte in ihrem 1966 erschienenen Buch *Life Beyond the Grave* Vorhersagen, die vom Geist Arthur

Fords durchgegeben wurden, auch hier wieder mit falschen Zeitangaben:

»Die warmen Gegenden werden wärmer, die kalten Regionen kälter, bis zum letzten Jahrzehnt dieses Jahrhunderts, in dem eine große Verlagerung der Erdachsen stattfinden wird und sich das Wetter in so drastischer Weise verändert, dass es in manchen Erdteilen schwierig wird, die alte Vegetation wiederzuerkennen. Viele Menschen werden diese Veränderung nicht überleben, aber einige werden überleben, denn nach einer Zeit hohen Wellengangs und gewaltiger Stürme werden die Turbulenzen aufhören, und jene im Norden werden in tropischem Klima leben und umgekehrt. Das wird vor dem Jahr 2000 geschehen.« [20] *»Wegen der gigantischen Wellen wird während der Verlagerung der Erdachsen fast keine Region in der Nähe einer Küste sicher sein.« »Jene, die einen sicheren Ort erreichen, werden die Erdoberfläche beben sehen, und manche Orte werden zu einem Meer voll kochenden Wassers, wenn die Ozeane in das Land einfallen. Gleichzeitige Explosionen unter der Erdkruste werden neues Land an die Oberfläche bringen, während andere Gebiete vom Wasser verschlungen werden.«*

Einige Vorhersagen von Ruth Montgomery wurden inzwischen Realität, während andere unerfüllt blieben, so wie diese: *»Die Zeit wird sich kontinuierlich verändern, und in der Mitte der 90er Jahre wird es gewaltige Veränderungen im Muster der Zeit geben.«*

In dem 1926 erschienenen Buch *Coming World Changes* von Harriette und Homer Curtiss findet sich die folgende Prophezeiung aus einer spiritistischen Quelle: *»Aufgrund der vulkanischen Aktivität und der Verlagerung der Erdachse werden in relativ naher Zukunft mächtige und katastrophale Veränderungen stattfinden, welche für die Neubildung und neue Verteilung der Erdoberfläche des Globus verantwortlich sein werden.«*

---

[20] In vielen spiritistischen Prophezeiungen, auch bei Edgar Cayce, wird dem Polsprung eine Jahreszahl zugewiesen. Solche Zeitangaben sind nie richtig. Aber das bedeutet nicht, dass das Ereignis nicht doch eintreten wird. Wie man sieht, gibt es Prophezeiungen über dieses Ereignis aus allen Erdteilen, aus allen Zivilisationen und aus allen Zeiten.

Der Autor Lewis Spence schrieb in seinem 1930 erschienenen Buch *Will Europe Follow Atlantis* nach dem Studium zahlreicher Prophezeiungen: »*Es wird zu einem Kippen der Erdachse kommen, was ein Absinken des europäischen Kontinents bewirken wird.*« Doch dies wird nur einen Teil Europas betreffen.

In seinem 1927 erschienenen Buch *Cheiro's World Predictions* veröffentlichte der Autor Louis Hamon unter dem Pseudonym Cheiro einige Prophezeiungen, von denen manche tatsächlich eingetroffen sind, andere stehen noch aus. Sehr detailliert prophezeite er, dass London im Dritten Weltkrieg durch russische Flugzeuge teilweise zerstört werden würde. Aber er machte auch viele falsche Prophezeiungen, die normalerweise in Prophezeiungsbüchern nicht erwähnt werden. Beispielsweise sagte er: »*Während der nächsten 50 Jahre wird sich eine in nordöstlicher Richtung verlaufende Erdbebenzone entwickeln, ausgehend von der Pazifikküste Perus, über Panama, Mexiko, die Vereinigten Staaten und Canada bis in die Arktis. Die Städte im Osten Nordamerikas werden davon schwer betroffen und ein großer Teil New Yorks wird zerstört. In den nächsten 50 bis 100 Jahren werden die Azoren im Atlantischen Ozean als Folge verheerender Erdbeben emporgehoben, und dort wird man die Ruinen des verlorenen Atlantis entdecken und erforschen.*«

Die Amerikanerin Eileen Garett, die das Thema erforscht hat und in Trance selbst Vorahnungen hatte, machte in den 20er Jahren einige Prophezeiungen über Atlantis. In einer Sitzung, in der auch Sir Arthur Conan Doyle anwesend war, sagte sie: »*Dort sind riesige Monumente, Gräber werden sich öffnen, Naturkatastrophen werden sich ereignen, die all das vom Meeresboden wieder zurückbringen werden, und ich schwöre im Namen Gottes, dass das wahr ist.*«

In der katholischen Prophezeiung von Melanie aus La Salette in Frankreich (1846) heißt es:
»*Zittert, du Erde und ihr, die ihr Gelübde zum Dienste Jesu Christi abgelegt habt und die ihr innerlich euch selbst anbetet, zittert! ... Die*

Jahreszeiten werden sich verändern. Die Erde wird nur schlechte Früchte hervorbringen, die Sterne werden ihre regelmäßigen Bahnen verlassen. Der Mond wird nur ein schwaches rötliches Licht wiedergeben. Das Wasser und das Feuer werden der Erde furchtbare Erdbeben und krampfhafte Bewegungen mitteilen, welche Berge und Städte versinken lassen. Erdbeben werden auch ganze Länder verschlingen. Am Ende wird sich die Sonne verfinstern und allein der Glaube wird Licht geben.«

11. Die Legende vom Antichrist

Nur eine Legende?

Antichristus est venturus
In Babilonia nascentur
Dan de tribu erit ortus
Permitente domino
Conceptus de diabolo
Ex ebreorum populo
Gedicht aus dem 9. Jahrhundert, in dem es heißt, der Antichrist
sei Jude und ein Abkömmling aus dem Stamm Dan.

Die Prophezeiungen über den Antichrist wurden nach der Entstehung des Christentums aufgezeichnet und es scheint, als ob sie von den ersten Anhängern Christi stammten, ausgehend von deren Interpretation mancher Bibelstellen, etwa im Buch Daniel oder in der Offenbarung. Für viele Historiker ist der Antichrist nichts weiter als eine Legende. Ich habe alles überprüft, was über den Antichrist in den ersten drei Jahrhunderten geschrieben wurde, und außer der Offenbarung scheint es sich dabei nur um Interpretationen früherer Schriften zu handeln, es gibt aus dieser Zeit keine echten Prophezeiungen über den Antichrist, die bis heute erhalten sind. Der Autor Richard Kenneth Emmerson schreibt im Buch *Antichrist in the Middle Ages*, das eine Studie der mittelalterlichen Eschatologie in Kunst und Literatur darstellt: »*Der Antichrist, der große Verfolger der Kirche und der Anführer der Kräfte des Bösen in den letzten Tagen, war in der mittelalterlichen Apokalyptik eine zentrale Figur. Im Mittelalter spiegelte sich die Gewissheit seines Kommens in der theologischen Lehre, in der künstlerischen Darstellung apokalyptischer Szenen und in zahllosen Gedichten, Schauspielen, Romanzen, Geschichten und Predigten wider.*«

Die Legende von Simon Magus oder Simon, dem Zauberer, der ein Zeitgenosse des Kirchengründers Petrus war, ist im Zusammenhang mit den ähnlich lautenden Prophezeiungen vom Antichrist besonders interessant.

Im achten Kapitel der biblischen Apostelgeschichte wird Simon der Zauberer erwähnt. Laut den apokryphen Petrusakten war Simon imstande, durch Magie falsche Wunder zu wirken und so die Leute zu täuschen, ähnlich wie es die Legende vom Antichrist berichtet. Dann sei es zu einer entscheidenden Auseinandersetzung zwischen Petrus und Simon gekommen, so wie sie zwischen Jesus Christus oder dem Erzengel Michael und dem Antichrist erwartet wird. Dabei erhob sich Simon in die Luft und schwebte einige Meter über dem Boden, woraufhin Petrus anfing zu beten, sodass Simon zu Boden stürzte und sich das Bein brach. In Simons Begleitung, der sich selbst als Gott ausgab, war stets die Prostituierte Helena, von der er behauptete, sie sei sein erster Schöpfungsgedanke gewesen, sie sei die Mutter aller lebenden Menschen, einschließlich ihm selbst. Auch dies ähnelt der Prophezeiung vom Antichrist, in der es heißt, dieser werde von einer Hure geboren. Simon gab vor, der Glaube an ihn sei die Voraussetzung zur Erlösung, auch prophezeite er, dass diese Welt zerstört werden würde, aber seine Anhänger würden gerettet. Im antiken Rom wurde ihm zu Ehren eine Statue errichtet. Ist es möglich, dass Simon Magus der Ursprung aller Legenden über den Antichrist ist, mit denen die frühen Christen seine wachsende Gefolgschaft zu bekämpfen versuchten? Tatsächlich scheint es, als ob es um das Jahr 300 herum mehr Simonianer gegeben hat als Christen. Ich halte diese Theorie für möglich, viele »Prophezeiungen« scheinen auf ihr zu basieren.

Das 13. Kapitel der Offenbarung des Johannes war vermutlich die hauptsächliche Quelle für viele Schriften, die vom Antichrist handeln, und daher stammt auch die Vorstellung von der Zahl 666. Manche Gelehrte gehen davon aus, dass sich diese Passage auf frühere römische Kaiser bezieht.

Die nachfolgende Version der Offenbarung, Kapitel 13, wurde gewählt, weil darin die Verse 9 und 10 anders als sonst übersetzt sind und sie die völlige Vorherbestimmung betonen.

Offenbarung 13: »1. *Und ich sah: Ein Tier stieg aus dem Meer, mit zehn Hörnern und sieben Köpfen. Auf seinen Hörnern trug es zehn Diademe und auf seinen Köpfen Namen, die eine Gotteslästerung waren. 2. Das Tier, das ich sah, glich einem Panther; seine Füße waren wie die Tatzen eines Bären und sein Maul wie das Maul eines Löwen. Und der Drache hatte ihm seine Gewalt übergeben, seinen Thron und seine große Macht. 3. Einer seiner Köpfe sah aus wie tödlich verwundet; aber die tödliche Wunde wurde geheilt. Und die ganze Erde sah dem Tier staunend nach. 4. Die Menschen warfen sich vor dem Drachen nieder, weil er seine Macht dem Tier gegeben hatte; und sie beteten das Tier an und sagten: Wer ist dem Tier gleich und wer kann den Kampf mit ihm aufnehmen? 5. Und es wurde ermächtigt, mit seinem Maul anmaßende Worte und Lästerungen auszusprechen; es wurde ihm Macht gegeben, dies zweiundvierzig Monate zu tun. 6. Das Tier öffnete sein Maul, um Gott und seinen Namen zu lästern, seine Wohnung und alle, die im Himmel wohnen. 7. Und es wurde ihm erlaubt, mit den Heiligen zu kämpfen und sie zu besiegen. Es wurde ihm auch Macht gegeben über alle Stämme, Völker, Sprachen und Nationen. 8. Alle Bewohner der Erde fallen nieder vor ihm: alle, deren Name nicht seit der Erschaffung der Welt eingetragen ist ins Lebensbuch des Lammes, das geschlachtet wurde. 9. Wenn einer Ohren hat, so höre er. 10. Wer zur Gefangenschaft bestimmt ist, geht in die Gefangenschaft. Wer mit dem Schwert getötet werden soll, wird mit dem Schwert getötet. Hier muss sich die Standhaftigkeit und die Glaubenstreue der Heiligen bewähren. 11. Und ich sah: Ein anderes Tier stieg aus der Erde herauf. Es hatte zwei Hörner wie ein Lamm, aber es redete wie ein Drache. 12. Die ganze Macht des ersten Tieres übte es vor dessen Augen aus. Es brachte die Erde und ihre Bewohner dazu, das erste Tier anzubeten, dessen tödliche Wunde geheilt war. 13. Es tat große Zeichen; sogar Feuer ließ es vor den Augen der Menschen vom Himmel auf die Erde fallen. 14. Es verwirrte die Bewohner der Erde durch die Wunderzeichen, die es im Auftrag des Tieres tat; es befahl den Bewohnern der Erde, ein Standbild zu errichten zu Ehren des Tieres, das mit dem Schwert erschlagen worden war und doch wieder zum Leben kam. 15. Es wurde ihm Macht gegeben, dem Standbild des Tieres Lebensgeist zu verleihen, sodass es auch sprechen konnte und bewirkte, dass alle getötet wurden, die das Standbild des Tieres nicht anbeteten. 16. Die Kleinen und die Großen, die Reichen und die Armen, die Freien und die Sklaven, alle zwang es, auf ihrer rechten Hand oder ihrer Stirn ein Kennzeichen anzubringen. 17. Kaufen oder verkaufen konnte nur, wer das Kennzeichen trug: den Namen des Tieres oder die Zahl seines Namens. 18. Hier braucht man Kenntnis. Wer Verstand hat, berechne den Zahlenwert des Tieres. Denn es ist die Zahl eines Menschennamens; seine Zahl ist sechshundertsechsundsechzig.«*

Wie Pater Ruchedé, der Autor eines Buches über den Antichrist aus dem 19. Jahrhundert, schreibt, behaupteten die ersten Anhänger Christi, die sogenannten Kirchenväter, dass sie die Aposteln selbst oder deren Gefolgschaft direkt über den Antichrist reden gehört hätten. Manche alten Prophezeiungen berichten, dass der Antichrist jüdischen Ursprungs sei und dass er zusammen mit den mächtigsten Staaten der Welt die Erde beherrschen würde. Ob es sich dabei nur um eine Legende handelt oder nicht, der Antichrist ist dennoch ein wichtiges Motiv der Prophezeiungen, das nicht unbeachtet bleiben darf. Die meisten Vorhersagen über den Antichrist sind christlichen Ursprungs, abgesehen von einigen islamischen Quellen, die möglicherweise vom Christentum beeinflusst wurden. Der apokryphe Text *Testament der zwölf Patriarchen*, der teilweise in vorchristlicher Zeit verfasst wurde, berichtet, dass der Antichrist ein Jude sei und von den Juden als ihr erwarteter Messias anerkannt würde, in einer Zeit nach der Rückkehr in ihr Land Israel. Obwohl dieses apokryphe Buch, wie Untersuchungen ergeben haben, jüdischen Ursprungs ist und wahrscheinlich in der Zeit 135 bis 63 v. Chr. verfasst wurde, wurde es später unter christlichem Einfluss überarbeitet und erweitert, möglicherweise wurde dabei auch die Passage über den Antichrist hinzugefügt.

Darüber hinaus wird der Antichrist auch in den Sibyllinischen Orakeln, die in der Zeit 200 v. Chr. bis 600 n. Chr. aufgezeichnet wurden, erwähnt, aber auch hier stammen alle Vorhersagen, die vom Antichrist handeln, aus christlicher Zeit oder wurden älteren Büchern wie dem Orakel II, III, IV, V und VII hinzugefügt.

Früher wurde der Antichrist auch auf den Papst bezogen. Dies begann vermutlich, als der römische Kaiser Konstantin der Große sich selbst zum »Vikar Christi« ernannte. Der Begriff »Vikar« kommt vom lateinischen »vicarius«, was auf Griechisch »anti« bedeutet. Versteht man den Begriff also griechisch anstatt lateinisch, dann können Konstantin und alle Päpste als der Antichrist verstanden werden. Luther nahm Bezug auf diese Interpretation in seinen Tischreden und er glaubte, nur er könne die Welt vor dem Untergang bewahren, welchen er angeblich noch vor dem Jahr 1600 erwartete.

Die *Himmelfahrt des Propheten Jesaja* ist ein weiterer apokrypher Text, in dem vom Antichrist die Rede ist, aber auch hier dürften im zweiten Jahrhundert christlicher Zeit Textstellen hinzugefügt worden sein. Letztlich scheint es, als ob es keine zuverlässige Quelle für den Antichrist aus vorchristlicher Zeit gebe, obwohl es durchaus Prophezeiungen aus vorchristlicher Zeit gibt, die den Großen Monarchen und den erwarteten engelgleichen Papst ankündigen. Die letzte Schlacht zwischen Licht und Dunkelheit würde vom Großen Monarchen gegen einen Anführer geschlagen werden, den man als Antichrist identifizieren könnte.

Bevor die *Himmelfahrt des Propheten Jesaja* auf den Antichrist zu sprechen kommt, beschreibt sie eine Zeit, die wie das Ende des zweiten und der Beginn des dritten Jahrtausends wirkt. In Kapitel 3, Vers 21–31, heißt es: »*21. Und danach, wenn er nahe ist, werden seine Jünger die Lehre der zwölf Apostel und den Glauben, ihre Liebe und ihre Reinheit verlassen, 22. und es wird viel Streit entstehen über seine erste Ankunft und seine Wiederkunft. 23. Und in jenen Tagen wird es viele geben, die nach Ämtern streben, ohne die dafür nötige Weisheit zu besitzen, 24. und viele Älteste werden ungerechte und raubgierige Hirten, die ihre Schafe unterdrücken, die heiligen Hirten werden ihre heiligsten Pflichten vernachlässigen. 25. Und viele werden die Herrlichkeit des Kleides der Heiligen mit dem Kleid der Habgierigen vertauschen ... 26. Und es wird viel Verleumdung und Verleumder geben, die mit dem Nahen des Herrn unglücklich sind, und viele werden ohne das Licht des Heiligen Geistes sein. 27. In jenen Tagen wird es nur wenige Propheten geben, die an verschiedenen Orten die großen Wahrheiten verkünden werden, 28. wegen der falschen Geister und der Hurerei, des schändlichen Verhaltens und der Habgier, die jene beseelt, die sagen: ›Werdet zu Sklaven des Goldes und derer, die es besitzen!‹ 29. Und es wird unter den Hirten und Ältesten eine große Zwietracht entstehen. 30. Und Gier wird von den Herzen Besitz ergreifen und jeder wird nur von den Objekten seiner Leidenschaft sprechen. 31. Und sie werden die Weissagungen der Propheten, die vor mir waren, vergessen und sich auch um diese meine Gesichte nicht kümmern, und die Leute werden sich dem Schwall ihrer Herzen hingeben.«*

Mit Bezug auf den Antichrist heißt es weiter in Kapitel 4, Vers 1–19:

1. Die Zeit, die kommen wird, wird so sein, oh Hiskia und Jasub, mein Sohn. 2. Und nachdem es mit der Welt zu Ende gekommen ist, wird Belial (das Tier, der Antichrist)*, der große Fürst* (des Bösen)*, der Fürst dieser Welt seit ihrer Schöpfung, herabsteigen aus dem Firmament in der Gestalt eines Menschen, eines ungerechten Königs, eines Muttermörders, als ein König dieser Welt. 3. Und er wird die Pflanzung ausreißen, welche die zwölf Apostel gepflanzt haben* (er wird die Kirche zerstören)*, und sie wird in seine Hand fallen. 4. Und dieser Herrscher Belial, der gottlose König, wird mit allen Mächten dieser Welt kommen, die ihm alle gehorchen, was er will. 5. Auf sein Wort wird inmitten der Dunkelheit der Nacht die Sonne leuchten, und er wird bewirken, dass der Mond in der elften Stunde erscheint. 6. Und in dieser Welt wird er alles bekommen, was er will, und wird den geliebten Sohn von Gott im Himmel beleidigen und wird sagen: ›Ich bin Gott und vor mir hat es keinen gegeben.‹ 7. Und alle Menschen in der Welt werden an ihn glauben. 8. Sie werden ihm opfern und ihm in einen Verehrungskult folgen, indem sie sagen: ›Er ist der einzige Gott, und es gibt keinen anderen.‹ 9. Und die*

197

meisten derer, die zusammenkamen, um den Sohn von Gott im Himmel zu empfangen, werden sich Belial zuwenden, 10. dessen Macht durch Wunder in den Städten und auf den Feldern gezeigt wird. 12. Überall wird ihm ein Tisch bereitet. Und seine Herrschaft wird drei Jahre, sieben Monate und siebenundzwanzig Tage dauern. 13. Und wenn die Gläubigen und Heiligen, noch immer in großer Zahl, den sehen, auf den sie warten und der gekreuzigt wurde, Jesus Christus, unseren Herrn, wie ich, Jesaja, ihn sehe nach seiner Kreuzigung, nach seiner Auferstehung, dann wird ihm nur eine kleine Anzahl jener, die an ihn glauben, treu bleiben, und seine Diener werden von Wüste zu Wüste fliehen und seine Ankunft erwarten. 14. Und nach dreihundertzweiunddreißig Tagen wird der Herr mit seinen Engeln und den heiligen Heerscharen aus dem siebenten Himmel kommen; er wird kommen mit der Herrlichkeit des Himmels und wird Belial samt seinem Gefolge in das Feuer der Hölle werfen. 15. Und er wird jenen, die er auf Erden am Leben findet, Frieden und Ruhe bringen, den eifrigen Dienern Gottes, denen, die Belial verabscheut haben und treu zu Jesus und seinem Reich und all seinen Heiligen gestanden sind, und die Sonne wird sich rot verfärben. 16. Seine Heiligen werden mit dem Herrn kommen, mit den Gewändern, die sie im siebenten Himmel tragen; sie werden auf diese Welt herabsteigen und der Herr wird jene, die im Fleische sind und die in seinem Dienst wachsam waren, mit dem Gewand der Heiligkeit und Unschuld bestärken. 17. Wenig später werden sie ihre Körper verlassen und sie werden mit ihren himmlischen Flügeln bedeckt. 18. Dann wird die Stimme von Gottes Geliebtem (Jesus Christus) diesen Himmel und diese Erde mit Macht verwerfen, die Berge und die Hügel, die Bäume und die Wüsten, den Norden und die Sonne und den Mond und alle Dinge dieser Welt, die Zeugnis der Macht und der Manifestation Belials waren. Und alle Menschen werden in jenen Tagen auferstehen und werden gerichtet werden. Und der Geliebte wird ein Feuer entfachen, das alle Bösen verzehrt, so als ob es sie niemals gegeben hätte. Und die Fortsetzung dieser Vision wird in der Vision über Babylon berichtet.«

Tertullian und seine Schrift *Adversus Marcionem* aus dem dritten Jahrhundert:

»Wer ist der Mann der Sünde, der Sohn der Verdammnis, der vor der Ankuft des Herrn erscheinen muss? ... Für uns ist dies ohne Zweifel der Antichrist, wie die alten und neuen Prophezeiungen lehren ...«

Der heilige Irenäus aus dem zweiten Jahrhundert:

»Unter den Ereignissen, die sich zur Zeit des Antichristen zutragen werden, zeigt sich, dass er, der ein Abtrünniger und ein Dieb ist, sich danach sehnt, wie Gott verehrt zu werden ... und er wird danach streben zum König gekrönt zu werden.«

Der heilige Hippolytus aus dem dritten Jahrhundert:

»Der Antichrist wird am Ende des sechsten Jahrtausends erscheinen.«

Der heilige Cyprian aus dem dritten Jahrhundert:

»Lasst nicht zu, dass einer von euch, geliebte Brüder, sich vor der zukünftigen Verfolgung oder der drohenden Ankunft des Antichrist fürchtet, und vergesst nicht, euch mit den Ermahnungen und den evangelischen Lehren und himmlischen Warnungen zu schützen. Der Antichrist kommt, aber auch Christus kommt über ihm.«

Der heilige Efräm der Syrer aus dem vierten Jahrhundert:

»Wenn die Macht des Antichristen zunimmt, werden die Juden zweifeln, or er wirklich der Messias ist. Dann wird er die Juden beseitigen und viele von ihnen schlimmer behandeln als die Christen. Der Antichrist wird materielle Güter als Köder verwenden. Er wird vielen Christen Geld und Eigentum geben, auf dass sie getäuscht werden. Er wird ihnen Land geben, Wohlstand, Ehre und Macht. Der Satan wird ihm dabei helfen, die verborgenen Schätze der Welt zu finden, sogar jene in den Tiefen der Meere. Mit diesen Schätzen wird ihm der größte Erfolg aller Zeiten für das Königreich Satans gelingen. Das Wasser wird unter seinen Füßen hart wie Felsen sein und offen ersichtlich werden die Flüsse und Ströme auf sein Kommando hin ihre Richtung verändern, sodass das Wasser aufsteigt, anstatt abzufließen.«

Der heilige Hilarion (291–371):

»Bevor die christlichen Kirchen erneuert und vereint werden, wird Gott den Adler senden, der nach Rom reisen und viel Freude und Glück bringen wird. Der Heilige wird Frieden zwischen dem Klerus und dem Adler bringen und seine Herrschaft wird vier Jahre dauern. Nach seinem Tod wird dann Gott drei Männer schicken, die reich sind an Weisheit und Tugend. Diese Männer werden die Gesetze des Heiligen verwalten und das Christentum überall verbreiten. Dann wird in aller Welt eine Herde, ein Glaube, ein Gesetz, und ein Leben sein ... Der Antichrist wird lehren, dass Christus ein Hochstapler gewesen sei und nicht der Sohn Gottes.«

Der heilige Methodios von Olympos aus dem vierten Jahrhundert:

»Das Römische Reich wird zu Beginn des siebten Jahrtausends zu Ende gehen und dies wird die letzte Verfolgung durch den Antichristen sein.«

Der Mönch Adso aus der französischen Abtei Mountier-en-Der verfasste neben anderen theologischen Schriften und Heiligen-Biografien auch ein *Traktat über den Antichrist*. Dieses war an die Königin Gerberga adressiert, die Frau des französischen Königs Ludwig IV. Die Schrift wurde zwischen 949 und 954 verfasst, und sie stellt eine der besten Zusammenfassungen über den Antichrist aus dem ersten Jahrtausend dar, zumindest ist sie mein Favorit. Ihr voller Titel lautet *Epistola Adsonis ad Gerbergam Reginam de Ortu et Tempore Antichristi*. Sie fasst, wie es scheint, alle damaligen Überlieferungen zusammen. Schon bald wurde sie zu einer der wichtigsten eschatologischen Schriften Europas. Das Manuskript wurde oft kopiert, häufig leicht verändert, was damals durchaus üblich war, ohne die Widmung an die Königin und ohne die Erwähnung des Autors oder mit der Angabe eines falschen Autors, so wurde sie beispielsweise dem heiligen Augustinus oder Rabanus Maurus zugeschrieben. In diesem Dokument finden sich auf der Basis älterer Quellen viele Informationen über den Antichrist, und es spiegelt den Glauben der Kirchenväter wider, die wirklich Zugang zu

Wissen hatten. Adso war zu seiner Zeit eine sehr aktive Persönlichkeit, er nahm an einer Klosterreform teil, die in mehreren französischen Abteien durchgeführt wurde, und stand mit bedeutenden Intellektuellen seiner Zeit im Kontakt. Daher beauftragte ihn die Königin mit der Studie über den Antichrist. Adso verstarb während einer Pilgerreise nach Jerusalem im Jahr 992. Die Schrift *De Antechristo*, die häufig dem heiligen Augustinus oder von manchen Prophezeiungsforschern auch Abbot Lecanu zugeschrieben wird, könnte auch von Adso verfasst worden sein. Acht verschiedene Manuskripte mit dem originalen, von Adso verfassten Text sind bis heute erhalten geblieben. Die nachfolgende Prophezeiung wurde von Ernst Sackur in seinem 1898 erschienenen Buch *Sibyllinische Texte und Forschungen* aus dem Lateinischen übersetzt. Einige Passagen fehlen in dieser Übersetzung.

»Große Königin, die Ihr euch stets mit frommer Hingabe dem Studium der Heiligen Schrift widmet und es liebt, über euren Erlöser zu sprechen. Ihr wollt über den Antichrist belehrt werden und wissen, wie weit sein Frevel reichen wird und wie grausam die Verfolgung sein wird, die dieser gegen die Kirche heraufbeschwört. Ihr wollt auch über seine Geburt und seine Macht Kenntnis erlangen. Ich werde nun die Dinge aufschreiben, welche von jetzt aus über den Antichrist richtig erscheinen. Zunächst möchtet Ihr wissen, warum er Antichrist genannt wird. Es ist, weil er gegen Christus gerichtet ist und gegen Christus handeln wird. Christus war demütig, er wird stolz sein. Christus kam um die Demütigen zu erheben, um die Sünder zu erniedrigen; er wird gegen die Demütigen sein und wird die Sünder erheben und die Gottlosen verherrlichen. Er wird stets Laster anstelle von Tugenden loben und langsam das Gesetz des Evangeliums auflösen. Er wird die Kultur der Dämonen in der Welt wiederbeleben, er wird seinen eigenen Ruhm fordern und sich selbst den allmächtigen Gott nennen. Der Antichrist hat viele Diener des Bösen, viele haben schon existiert, wie Antiochus, Nero und Domitian. Selbst heute in unserer Zeit wissen wir, dass es viele Antichristen gibt. Jedermann, ob Laie, Priester oder Mönch, der gegen das Gesetz lebt und die Regel seines Lebenswandels angreift und das Gute lästert, ist ein An-

tichrist, ist ein Diener Satans. Was ich sage, schaffe ich nicht und sage ich nicht aus mir heraus. Ich fand dies in Büchern, die ich sorgfältig studiert habe. Unsere Gelehrten sagen, dass der Antichrist aus dem jüdischen Volk kommen werde, aus dem Stamme Dan, gemäß der folgenden Prophezeiung: ›Dan wird eine Schlange werden auf dem Wege und eine Otter auf dem Steige.‹ Lass ihn eine Schlange am Wegesrand sein und lass ihn auf dem Pfad liegen, um jene zu verwunden, die auf dem Pfad der Gerechtigkeit wandeln, und töte sie mit dem Gift seiner Bosheit. Er wird aus der Kopulation von Mutter und Vater geboren werden wie jeder Mensch, nicht, wie manche behaupten von einer Jungfrau allein. Er wird völlig der Sünde ergeben sein, erzeugt in der Sünde und wird sündhaft zur Welt kommen. Am Beginn seiner Empfängnis wird der Teufel in den Leib seiner Mutter einfahren. Die Macht des Teufels wird ihn im Leib seiner Mutter hegen und schützen und die Macht des Bösen wird stets mit ihm sein. Wie der Heilige Geist in die Mutter unseres Herrn Jesus Christus kam und sie mit seiner Macht überschattete und sie mit Göttlichkeit anfüllte, sodass sie durch den Heiligen Geist empfing und was aus ihr geboren wurde, göttlich und heilig war, so wird der Teufel in die Mutter des Antichrist herabsteigen, sie völlig ausfüllen, sie umgeben, sie beherrschen, sie von innen und außen besitzen, sodass sie mit der Hilfe des Teufels von einem Mann empfangen wird, und was von ihr geboren wird, das wird vollkommen ungerecht, vollkommen böse, vollkommen verloren sein. Das ist der Grund, warum dieser Mann Sohn der Verdammnis genannt wird, denn er wird die Menschheit so weit er kann zerstören. Ihr habt gehört, wie seine Geburt sein wird. Wisset nun den Ort, an dem er geboren wird. Wie unser Herr und Erlöser Bethlehem als den Ort wählte, wo er einen menschlichen Körper annahm und wo er für uns geboren wurde, so wird der Teufel auf dieselbe Weise einen Ort für diesen verlorenen Menschen wählen, den man den Antichrist nennt, einen Ort, von dem die Wurzel allen Übels stammt, nämlich die Stadt Babylon. Diese Stadt war in der Vergangenheit ein gefeiertes und ruhmreiches heidnisches Zentrum in der Hauptstadt des persischen Reichs, dort ist es, wo der Antichrist geboren wird. Man sagt, dass er in Bethsaida und Corozain aufgezogen wird, in jenen Städten, welche von unserem Herrn im Evangelium getadelt wurden, als er sagte, ›Wehe dir,

Bethsaida, wehe dir, Corozain!‹ Der Antichrist wird Magier, Zauberer, Wahrsager und Hexenmeister haben, die ihn inspiriert vom Teufel großziehen und ihn jeden Frevel, jede Falschheit und jede böse Kunst lehren. Böse Geister werden seine Führer, seine ständigen Begleiter und untrennbaren Gefährten. Er wird nach Jerusalem gehen und alle Christen abschlachten, die er unter Folter nicht zu seiner Sache konvertieren kann. Er wird auf dem Thron des Heiligen Tempels sitzen, welcher zerstört worden war, erbaut in der Vergangenheit von Salomon. Er wird sich beschneiden und vorgeben, der Sohn des allmächtigen Gottes zu sein. Zuerst wird er Könige und Prinzen zu sich konvertieren und durch sie ihre Völker. Er wird die Orte zerstören, wo Christus der Herr wandelte, und die Orte, die der Herr berühmt machte. Dann wird er Gesandte und Prediger in alle Welt aussenden. Sein Reden und seine Macht werden von Ozean zu Ozean reichen, von Osten bis Westen, von Süden bis Norden. Er wird auch viele Wunder tun, große und unerhörte Zeichen. Er wird Feuer vom Himmel auf die Erde hernieder kommen lassen, auf beängstigende Weise, Bäume plötzlich blühen und welken lassen, die Meere werden stürmisch und unerwartet ruhig, die Elemente der Natur verändern sich auf verschiedene Art, er verändert die Richtung und den Fluss des Wassers, er wühlt die Luft auf mit Wind und allen Arten von Unruhen und zeigt zahllose und verblüffende andere Taten, er erweckt die Toten im Angesicht der Leute, um sie in die Irre zu führen, wenn möglich sogar die Auserwählten. Sobald sie so große Zeichen sehen, werden sie zweifeln, selbst jene, die vollkommen sind und die Auserwählten Gottes, ob er Christus ist, der kommen soll am Ende der Welt, wie es in den Schriften steht, oder nicht. Überall wird es Verfolgungen gegen die Christen und die Auserwählten geben. Er wird drei Heimtücken gegen die Gläubigen anwenden, und dies sind Angst, Geld und Wunder. Er wird jenen, die an ihn glauben, viel Gold und Silber geben. Jene, die er mit Geld nicht bestechen kann, wird er mit Angst gefügig machen, jene, die er mit Angst nicht bezwingen kann, wird er versuchen mit Zeichen und Wundern zu verführen. Jene, die er mit Wundern nicht vermag zu verführen, wird er vor allen foltern und elendig umbringen. Dann wird eine große Drangsal kommen, wie es sie noch nie auf Erden gegeben hat, seit die Nationen existierten. Dann werden jene, die in der Ebene leben, in die Berge fliehen, und jene, die auf dem Dach sind, werden nicht in ihre Häuser gehen, um irgendetwas herauszuholen.[21] *Dann werden alle treuen Christen, die gefunden werden, Gott verleugnen oder, wenn sie treu bleiben, zugrunde gehen durch das Schwert, durch ein Feuer oder Schlangen oder Tiere oder andere Arten von Folter. Diese schreckliche und furchterregende Drangsal wird in der ganzen Welt dreieinhalb Jahre dauern. Die Tage werden zum Heil der Auserwählten verkürzt, denn hätte der Herr jene Tage nicht verkürzt, wäre die Menschheit nicht gerettet worden ... Manche unserer gelehrten Männer sagen, dass am Ende der Zeiten einer der Frankenkönige über das Römische Reich herrschen und der größte und letzte aller Könige sein wird. Nachdem er erfolgreich herrschte, wird er schließlich nach Jerusalem kommen, um sein Zepter und seine Krone am Ölberg niederzulegen. Dies wird das Ende und die Vollendung des Römischen und des christlichen Reiches sein. Wie der Apostel Paulus lehrte, wird die Ankunft des Antichrist nach dem Ende* (des Römischen Reiches) *nahe sein. Und dann wird der Mann der Sünde offenbart, der Antichrist, der, obwohl er ein Mensch ist, dennoch die Quelle aller Sünden und der Sohn der Verdammnis ist, das heißt, der Sohn des Teufels, nicht von Natur aus, sondern durch Nachahmung, denn er wird in allem handeln, wie der Teufel wünscht, und weil die Fülle an diabolischer Macht und der gesamte Charakter des Bösen in ihm wohnen wird in körperlicher Art, wo alle Werte der Bosheit und des Frevels verborgen sein werden.*

Wir sprachen von seiner Entstehung; lasst uns nun erklären, welches Ende er finden wird. Dieser Antichrist, der Sohn des Teufels und der schlimmste Meister des Bösen, wird die ganze Welt dreieinhalb Jahre mit großer Verfolgung heimsuchen und das ganze Volk Gottes mit verschiedenen Qualen foltern. Nachdem er Elias und Henoch ermordet hat und die anderen, welche treu geblieben sind, durch das Märtyrium gekrönt hat, wird das Gericht Gottes letztlich über ihn kommen, wie der heilige

---

[21] »*Tunc qui in agro sunt, fugient ad montes et qui supra tectum, non descendet in domum suam, ut tollat aliquid de ea*«. Dies scheint die Vorhersage einer großen Flut oder einer Flutwelle zu sein. Ich kann mir keinen mächtigen Antichrist vorstellen, der die Welt beherrscht, wie manche Propheten sagen, ohne einen Helikopter, der nicht in der Lage ist, einen Christen zu finden, der sich auf dem Dach seines Hauses versteckt.

Paulus schrieb: ›Der Herr Jesus wird ihn mit dem Atem aus seinem Mund töten.‹ Ob der Herr Jesus oder der Erzengel Michael ihn mit der Macht Jesu töten wird, er wird getötet werden durch die Macht unseres Herrn Jesus Christus und nicht durch die Macht irgendeines Engels oder Erzengels. Die Gelehrten sagen, dass der Antichrist auf seinem Thron auf dem Ölberg getötet wird, gegenüber dem Ort, wo der Herr zum Himmel aufgestiegen ist. Ihr sollt wissen, dass das Jüngste Gericht nicht sofort kommen wird, wenn der Antichrist getötet wurde, auch wird der Herr nicht kommen, um zu richten; aber wie wir aus dem Buch Daniel wissen, wird Gott den Auserwählten vierzig Tage der Buße gewähren, denn sie wurden vom Antichrist verführt. Wie viel Zeit vergehen wird, bis sie diese Reue vollendet haben, bis der Herr kommt, um zu richten, weiß niemand, sondern es bleibt in der Vorsehung Gottes, der die Welt in dem Moment richten wird, den er vorherbestimmt hat.«

Die heilige Margherita von Cortona (1249–1297):

»Wisse, dass auf Drängen der Hauptdämonen, die ihre Anweisungen direkt von Luzifer erhalten, eine große Drangsal über diese Welt kommen wird. Er wird den Weg für den Antichristen bereiten.«

»Der Antichrist wird Verrat und Mord über die Welt bringen, und eine Gruppe von Dämonen gegen die anderen versammeln. Er wird viele Gefahren für die heilige Kirche schaffen, sodass sie von ihren Anhängern abgewertet und getadelt wird in ihrer himmlischen Aussage und Bestimmung, sodass mein Wort nicht offen gepredigt werden kann.«

Der heilige Anselm, Bischof von Sounion, 13. Jahrhundert:

»Die Apostel Christi werden Leid und Entbehrungen erleiden, wenn sie das heilige Evangelium predigen, während die Apostel des Antichristen nichts erleiden werden; sie werden die Schätze der Welt im Überfluss haben, um jene zu belohnen, die ihre Lehren annehmen … Während der Antichrist herrscht, wird das heilige Opfer der Messe unter Todesstrafe nicht erlaubt sein. Die Messe wird wieder in Wäldern und an geheimen Orten abgehalten werden, wie in den ersten Tagen des Christentums … Die Juden werden hoffen, dass der Messias Jerusalem wieder zu größter Blüte bringen wird. Der Anti-

christ wird befehlen, Jerusalem prunkvoll wieder aufzubauen und
dort den Tempel zu errichten.«

Die Offenbarung von Earling (1677):
    »Der Vater des Antichrist wird ein abtrünniger Bischof sein, und sei-
ne Mutter ist Schwester einer Sekte ... der Antichrist wird in Bethsaida
geboren werden.«
    In dieser Offenbarung kommen biblische Interpretationen und
zeitgenössische Vorstellungen klar zum Ausdruck.

Clarissa di Fougères (1701–1738):
    »Der Antichrist wird seine höchste Macht entfalten, wenn er dreißig
Jahre alt ist.«
    Auch hier wieder der Vergleich zum Alter Christi von 30 Jahren
am Beginn seines Wirkens.

Nonne von Bellay, aufgezeichnet zwischen 1810 und 1830:
    »Wenn das Königreich des Antichrist kommt, wird eine falsche Leh-
re aufkommen, welche die Einheit Gottes leugnet und im Gegensatz zur
Kirche steht. Irrtümer werden Zerstörungen verursachen, wie sie nie zu-
vor gesehen wurden.«

Dritter Teil:

Das Tausendjährige Friedensreich?

12. Das Ende des Kapitalismus und der

Beginn eines neuen Systems

Nach dem Krieg und der großen Katastrophe wird die Welt völlig verändert sein. Möglicherweise ist mehr als die Hälfte der Weltbevölkerung umgekommen. Die reichen Länder werden schwer getroffen, und wahrscheinlich wird ihre politische Struktur und Organisation zusammenbrechen. Zwar wird die ganze Welt von den Ereignissen betroffen sein, aber die Prophezeiungen deuten an, dass die reichen Länder mehr verlieren werden, nicht nur durch den Krieg, sondern auch durch die Naturkatastrophen. Unmittelbar nach dem Krieg wird die Welt sich in einem armen und chaotischen Zustand befinden. Was die Gesellschaftsstruktur angeht, scheint es, als ob die Menschen wieder von den Städten aufs Land zurückkehren werden, und dass somit ein umgekehrter Prozess einsetzt wie während der Industrialisierung vor etwa 200 Jahren. Der Kapitalismus wird zu einem bestimmten Zeitpunkt untergehen. Prophezeiungen aus spiritistischen Quellen berichten, dass die Menschheit zukünftig eine bessere Lebensweise finden wird. Es wird Fortschritte in der Medizin geben, aber die größte Veränderung findet auf wirtschaftlichem Gebiet statt. Wenn die spiritistischen Quellen recht behalten, wird in Deutschland um das Jahr 2050 herum eine neue Lebensweise eingeführt werden, welche von vielen Nationen übernommen wird, bis sie sich langsam weltweit etabliert. Dieses neue System wird keine Anhäufung von Vermögen zulassen. Das Leben wird in jeder Hinsicht besser sein. Während Francis Fukuyama gegen Ende des 20. Jahrhunderts einen Artikel und anschließend ein Buch mit dem Titel *The End of History* schrieb und damit auf den Sieg des Kapitalismus über den Kommunismus anspielte, wird auch der Kapitalismus ein Ende finden und einem neuen Gesellschaftssystem weichen müssen. Wenn es so etwas wie ein »Ende der Geschichte« gibt, dann wird es das Ende des Kapitalismus sein. Ähnlich wie der legendäre Phönix, von dem es heißt, er verbrenne sich immer wieder selbst und erstehe jedesmal neu aus der Asche, so wird auch das neue System auferstehen, aber es wird kein atheistisches System sein und es wird keinerlei Ähnlichkeiten mit dem Kommunismus oder Sozialismus früherer Zeiten haben. Es scheint, als sei Gott die höchste Instanz. Die folgenden spiritistischen Prophezeiungen berichten darüber:

H. Kolder, 1946: »*Zuerst wird der Marxismus fallen, und das Krachen seines Sturzes wird bis zum Mond gehört werden. Dann wird der Kapitalismus fallen, und der Lärm seines Sturzes wird bis zur Sonne zu hören sein. Wo die beiden Tiere fallen, bleibt nur Asche übrig, denn ihre Lehren waren nur Asche.*«

Frosinone, 1952: »*Der Mensch wird ein paar Stunden täglich arbeiten. Die Straßen der Erde werden ihren Zweck nicht mehr erfüllen. Es wird eine Welt der Weisheit sein, und man wird in der Lage sein zu kommunizieren, ohne die Lippen zu bewegen, ohne zu schreiben oder sich zu bewegen ...*«

Das norwegische Medium W. L. Prenck sagte 1973: »*Man wird es als Dummheit erachten, Geld anzuhäufen ... Es wird zwar Geld geben, aber seine Anhäufung wird als undenkbar erachtet werden ... Und eine grundlegende Wahrheit wird herausgefunden werden, nämlich dass jede Krankheit von der Seele kommt. Wenn die Seele des Menschen in Frieden ist, gibt es keine Krankheit. Wenn der Körper krank ist, dann muss man die Seele heilen, nicht den Körper.*«

T. F. Sullivan sagte 1972: »*Unmittelbar nach dem Dritten Weltkrieg werden Chaos und Verzweiflung herrschen. Dann wird das Leben den Sieg davontragen. Aber es wird Zeit brauchen, bis der Frieden wieder einkehrt. Alle Völker der Erde werden die Führung durch überlegene Geister annehmen müssen.*«

Ludwig Kranz sagte zwischen 1965 und 1975: »*Im Jahr 2050 wird Europa im Mittelpunkt des Weltinteresses stehen. Der Glanz einer früheren Zeit wird wieder erscheinen.*«

L. Slidavic aus Kroatien sagte 1968: »*Das neue politische System, das Russland in der Zukunft beleben wird, ist jenes, um das in der Vergangenheit gekämpft wurde. Es wird in feierlicher Weise angenommen werden. Das Modell dazu wird Deutschland sein. Aber ein neues Deutschland.*«

C. Kethel aus Österreich prophezeite 1972: »*In der Zukunft der Menschheit ist nur noch Platz für die Liebe*« ... *Wenn ein Licht aus dem Himmel auf Moskau fallen wird, dann ist die Zeit reif, das neue Gesetz anzunehmen.*«

Antoine Degarte, 1971: »*Die europäische Gemeinschaft wird zugrunde gehen. Aus ihrer Asche wird das Reich der Gerechtigkeit auferstehen. Aber dies wird eine Gerechtigkeit sein, die ihr nicht kennt. Es wird neue Gesetze geben, mit neuem Wortlaut. Und es wird neue Flaggen geben.*«

J. Hermat aus Österreich sagte 1974: »*Berlin wird wieder die Hauptstadt Deutschlands. Später wird es die Hauptstadt Europas ... Berlin wird ein neues Gesetz entdecken, welches die Überwindung der Profitgier und des Klassenkampfes besiegeln wird.*«

I. Friedmant, 1952: »*Erinnert ihr euch an die Krise von 1929? Ein Jahrhundert später wird es wieder so kommen. Und es wird viel schlimmer, denn es wird nicht nur eine Wirtschaftskrise sein. Kurz vor dem Dritten Weltkrieg wird es schreckliche Politiker geben. An den höchsten Stellen werden sich nur Riesen der Korruption befinden.*«

Von Strummer, 1962: »*Es wird für mehr als 50 Jahre lang Frieden in Deutschland sein. Die Geschichte Deutschlands wird von der Donau aus geschrieben werden. Ihre Farben werden die Farben Deutschlands sein. Wenn die Donausache auf ganz Deutschland ausgeweitet wird und dann auf die ganze Welt, bedeutet das, dass die Geschichte eine andere Wendung nehmen wird. Und diesmal werden die Mächtigen vernichtet. Das große Rad belohnt und reinigt.*«

Über diese »Donausache« gibt es auch eine Prophezeiung von Alois Irlmaier, dem Seher aus Freilassing (1959): »*Die Donaumonarchie werden wir bekommen. Ganz von vorne wird es wieder angehen, und die Menschen werden wieder in Ehrfurcht und Gottvertrauen leben, so wie es sein soll.*« ... »*Nach diesen Ereignissen kommt eine lange, glückliche Zeit. Wer es erlebt, darf sich glücklich preisen.*«

Wahrscheinlich sprechen Irlmaier und von Strummer von demselben politischen Wechsel, der in der Donauregion seinen Anfang nehmen soll. Wie genau dieses System beschaffen sein wird, ist anhand der Quellen schwer vorauszusagen, denn die Prophezeiungen aus spiritistischen und aus christlichen Quellen verwenden dafür verschiedene Begriffe. Zweifellos wird dieser globale politische Umbruch auf christlichen Werten aufbauen, sodass es sich dabei vermutlich um dasselbe System handelt.

Federico Liussi sagte in den 1960er Jahren: »*Die Verfassungen aller europäischen Staaten sind unvollständig. Sie verkünden nicht das Recht auf Glück. Es reicht nicht, das Recht auf Leben und Arbeit anzuerkennen. Dies wird geschehen, nachdem das Licht ausgeschaltet wurde und nach einer langen Nacht, wenn die neue Sonne aufgeht.*«

Chet Snow veröffentlichte 1989 in seinem Buch *Mass Dreams of the Future* die Ergebnisse seiner Forschungen, die er zusammen mit der Psychotherapeutin Dr. Helen Wambach durchgeführt hatte. Dazu hatte er Tausende von Freiwilligen befragt, nachdem sie zuvor von Dr. Wambach mit einer Form der Progressionshypnose in Trance versetzt worden waren. In diesem Zustand wurden sie in die Zukunft geschickt und sollten Auskunft darüber geben, wie das Leben in 150 bis 300 Jahren aussehen würde. Laut Chet Snow stammten die Ergebnisse dieser Arbeit mit *den »wenig bekannten historischen Prophezeiungen der eingeborenen Völker der Erde«* überein.

Im Jahr 1982 analysierte Kenneth Ring die Aussagen von Leuten, denen es im Rahmen eines Nahtoderlebnisses gestattet worden war, die Zukunft der Erde zu erblicken. Bei dieser Studie identifizierte Ring fünf wesentliche Elemente der Zukunft, nämlich geophysikalische Veränderungen, meteorologische Veränderungen, den Zusammenbruch der Wirtschaft und der Versorgung, einen Atomkrieg und ein neues Zeitalter der Liebe und des Weltfriedens. Etwas ganz Ähnliches berichtet auch Margot Grey in ihrem 1985 erschienenen Buch *Return from Death: An Exploration of the Near-Death Experience*. Sie schreibt: »*Diese Visionen globaler Ereignisse beinhalten eine Anzahl sehr spezifischer Zwischenfälle, zu denen geophysikalische Veränderungen, Klimaveränderungen, der Zusammenbruch des Wirtschaftssystems, die Unterbrechung der lebenswichtigen Versorgung, soziale Unruhen und Aufstände und schließlich eine atomare Katastrophe und ein bakteriologischer Krieg zählen.*«

In vielen Prophezeiungsbüchern heißt es, dass im Jahr 2012 der Mayakalender zu Ende gehe, was das Jahr des Weltuntergangs oder einer großen Katastrophe anzeige. Doch die Übertragung dieses Datums vom Kalender der Mayas auf unser heutiges Kalendersystem wurde nicht richtig berechnet, denn man ging bei der Übertragung dieses 5.125-jährigen Kalenders davon aus, dass jedes Jahr unseres Kalenders 365 oder 366 Tage umfasst. Bevor aber der julianische Kalender um das Jahr 45 v. Chr. eingeführt wurde, hatten die Jahre noch eine unterschiedliche Anzahl von Tagen. Beispielsweise scheint es, dass zwischen unserem und dem prä-julianischen Kalender im Jahr 190 v. Chr. eine viermonatige Differenz bestand. Das ist nicht viel, aber über die Differenz in den Jahren 1000 v. Chr., 2000 v. Chr. oder 3000 v. Chr. gibt es keinerlei Aufzeichnungen. Es sollte sich also niemand zu der Schlussfolgerung hinreißen lassen, dass der Mayakalender im Jahr 2012 zu Ende gehe, aber er endet zweifelsfrei irgendwann um dieses Jahr herum. Unglücklicherweise ist es nicht möglich, das genaue Datum herauszufinden.

13. Unterstützende Theorien

Unter einer Theorie versteht man ein Konstrukt, das dabei helfen soll, etwas zu erklären oder vorauszusagen, was beobachtet wird. Es gibt Vorhersagestrategien in den Wirtschaftswissenschaften, der Mathematik, den Politikwissenschaften und wahrscheinlich auch in anderen Wissenschaften, die zumindest einige Elemente der in diesem Buch prophezeiten Strategien unterstützen.

Die Chaostheorie ist ein interessantes mathematisches Konzept, das das Verhalten bestimmter Systeme beschreibt, und sie belegt, dass viele Systeme, die auf den ersten Blick zufallsgesteuert erscheinen, in Wahrheit determiniert sind. Dies dürfte auf unsere Lebensweise und den Kapitalismus zutreffen, der von dem Ökonomen Joseph Schumpeter als »schöpferische Zerstörung« bezeichnet wurde, ein Ausdruck, der sich erstmals in Werner Sombarts Buch *Krieg und Kapitalismus* findet. Die Weltgeschichte scheint unvorhersehbar.

Die langzyklische Theorie von George Modelski ist eine weitere derartige Theorie, die einen Eindruck davon verschafft, wie die Welt in der Zukunft aussehen könnte. Laut den Anhängern dieser Theorie haben seit dem Jahr 1500 vier Staaten eine dominierende Rolle in der Welt gespielt, und jeder entspricht einem Zyklus. Für Portugal ist dies das 16. Jahrhundert, die Niederlande dominierten das 17. Jahrhundert, Großbritannien das 18., das 19. und den Beginn des 20. Jahrhunderts, die USA dominieren die Welt seit 1945. Während die Reiche in der Antike für ungefähr 500 Jahre dominant blieben wie in Persien, Griechenland, Rom und Indien, verkürzte sich diese Zeitspanne in den letzten 500 Jahren auf etwa 80 Jahre, abgesehen von Großbritannien, das längere Zeit einflussreich blieb. Wenn man aber berücksichtigt, dass sich Großbritannien die Macht im 18. Jahrhundert mit Frankreich und am Beginn des 20. Jahrhunderts mit den USA teilen musste, bleibt eine alleinige Dominanz Großbritanniens von etwa 80 bis 100 Jahren.

Eine weitere solche Theorie kommt aus dem Realismus. Paul Viotti und Mark Kauppi schrieben in ihrem 2007 erschienenen Buch *International Relations and World Politics*, die »*als Realismus bekannte politische Denkweise hat die internationale Politik über die Jahrtausende bestimmt*«. Die Realisten sehen die Welt als Konfliktherd an. Ihrer Ansicht nach erzeugt die Existenz von Grenzen zwischen den Nationalstaaten eine globale Umgebung, die zu einem gewaltsamen Überlebenskampf führt, und daher betrachten sie Kriege als unvermeidlich.

Die von A. Organski stammende Theorie der Macht-Transition ist eine weitere solche Theorie, die erstmals 1958 in dem Buch *World Politics* vorgestellt wurde. Dieses Konzept ist in der Lage, die Wahrscheinlichkeit von Kriegen und Bündnisgründungen vorherzusagen. Ihr Verfasser behauptet, dass der Frieden am besten erhalten wird, wenn die Macht ungleichmäßig verteilt ist.

Wirtschaftswissenschaftler und Soziologen interessieren sich mehr und mehr für Zyklen. Der Kondratieff-Zyklus oder die K-Welle ist eine jener drei Wellen, die in der westlichen Welt von Joseph Schumpeter bekannt gemacht wurden. Obwohl ein Kondratieff-Zyklus normalerweise etwa 50 bis 60 Jahre dauert, kann er auch etwas länger anhalten. Im Jahr 2001 erlebte die Welt genau wie in den Jahren 2008/2009 eine Krise, die an den weltweiten Aktien- und Immobilienmärkten Billionen von Dollars vernichtet hat. Ähnlich wie andere Wirtschaftszyklen ist auch der Kondratieff-Zyklus in vier Phasen aufgeteilt: Sommer, Herbst, Winter und Frühling. Betrachtet man die Geschichte, dann lag die Weltwirtschaftskrise der 1930er Jahre in einem Kondratieff-Winter, und der letzte Zyklus begann zwischen 1946 und 1949. Manche Ökonomen gehen davon aus, dass wir einen weiteren Kondratieff-Winter durchmachen, und in dieser Phase werden die Leute nervös und neigen als Konsequenz dazu, in den Nationalismus zu verfallen, während die Staaten dazu neigen, protektionistische Maßnahmen zu ergreifen. Das Risiko eines lokalen Krieges nimmt zu, und weil die Nationen durch Bündnisse verpflichtet sind, steigt auch das Risiko eines Weltkrieges. Fachleute behaupten, dass solche Variablen wie Krieg, Investitionen, Preise, Produktion und Gehälter im Verlauf eines derartigen Zyklus alle miteinander zusammenhängen. Der Kondratieff-Theorie wurde auch die NATO Conference on Kondratieff Waves and Warfare im portugiesischen Covilha im Februar 2005 gewidmet. Sie kam zu dem Resultat, dass die Gefahr eines Krieges bis zum Jahr 2020 besteht, und dies ist exakt dasselbe Ergebnis, zu dem auch ich in diesem Buch gekommen bin, obwohl ich einen völlig anderen Ansatz verfolgt habe.

Nachwort: Geschichte, Prophezeiung und Zeit

»Erkenne dich selbst!«
Alte Inschrift im Orakel von Delphi

Es muss schon seit der Zeit, als der Mensch anfing zu denken, Leute gegeben haben, die das Unbekannte erforschen wollten. Die wichtigsten Religionen der Welt wie das Christentum, der Buddhismus und der Islam sind entstanden, weil ein Mann eine bessere Welt oder ein besseres Leben prophezeite, selbst wenn sich dies nur auf die geistige Welt beschränkte. Heute geht die Wissenschaft davon aus, dass der Ackerbau vor etwa 10.000 Jahren entstanden ist, nachdem sich mit dem Wandel des Klimas nach dem Ende der letzten Eiszeit günstige Umweltbedingungen ergeben haben. Seit dieser Zeit, seit der Steinzeit vor etwa 10.000 Jahren, wollte der Mensch etwas über die Zukunft erfahren. So war beispielsweise die etwa 70 km vor Tunesien gelegene Insel Pantelleria noch vor den Phöniziern von einem anderen Volk, den Sesi, bewohnt, die dort Grabmonumente errichtet hatten, welche laut den Experten auch dazu dienten, durch Orakel die Zukunft zu erfahren. Es ist heute schwer, Näheres über dieses Volk in Erfahrung zu bringen, denn es lebte dort am Ende der letzten Eiszeit. Die ältesten orientalischen Religionen kennen 5.000 Jahre alte Prophezeiungen über unsere Zeit. Es gibt mehrere 4.000 Jahre alte ägyptische Prophezeiungen an den Wänden der Pyramiden, auf den Sarkophagen und auf alten Papyri. Laut Dr. Bob Brier, dem Autor von *Ancient Egyptian Magic,* galten den Ägyptern alle Träume als Prophetie, aber nur wenige seien in der Lage, sie richtig zu interpretieren. Laut alten Überlieferungen glaubten die Ägypter (die Kopten) in vorchristlicher Zeit, dass die Pyramiden selbst Propheten seien, welche die Zukunft verkündeten. Das etwa 5.000 Jahre alte I-Ging ist das älteste bekannte Manuskript überhaupt und wurde wahrscheinlich mithilfe einer hellseherischen Technik erstellt, die etwa 7.000 Jahre alt ist. In den 70er Jahren fanden Archäologen in China Orakelknochen aus der Xia-Dynastie, der ersten kaiserlichen Dynastie Chinas. Bis vor wenigen

Jahren waren über diese Dynastie nur Legenden bekannt, und erst kürzlich wurde ihre Existenz archäologisch bestätigt. Diese Orakelknochen wurden von den Chinesen in prophetischen Zeremonien vor etwa 4.000 oder 5.000 Jahren verwendet, um die Zukunft zu ergründen, und es ist bekannt, dass manche Könige keine Entscheidungen trafen, ohne zuvor das Knochenorakel befragt zu haben. Auf diesen Knochen wurden Schriftzeichen gefunden, die erst gegen Ende des 20. Jahrhunderts entschlüsselt wurden und welche die ältesten chinesischen Schriftzeichen darstellen, die jemals gefunden wurden. In Mesopotamien gefundene Keilschrifttafeln offenbaren, dass auch babylonische Könige vor wichtigen Entscheidungen die Astrologen zu rate zogen. Auch die Assyrer praktizierten die Astrologie und besonders die Chaldäer versuchten die Zukunft der Menschen aus dem Lauf der Sterne abzulesen. In dem Buch *Mesopotamia-Invention of the City* schreibt die Expertin Gwendolyn Leick, dass »*im dritten Jahrtausend v. Chr. verschiedene Orakelarten verwendet wurden, um die Zukunft zu erfahren und positive oder negative Antworten auf konkrete Fragen zu erhalten ... Die Verfahren für die Erkundung des Schicksals wurden in den Tagen Esarhadons zu einer wahren Wissenschaft. Die epistemologische Basis für die Weissagung war die Vorstellung, dass die Götter ihre Absichten und Vorlieben durch vielfältige okkulte Hinweise mitteilen, die von Fachleuten gelesen und verstanden werden können. Vom Planeten selbst bis zu den Kriechtieren auf der Erde könne das ganze Universum als kodierte Botschaft bezüglich der Zukunft betrachtet werden ... Die Muster, die von Öl im Wasser oder von verbranntem Weihrauch gebildet werden, könnten daher gewissenhaft untersucht werden, um Antworten zu erhalten. Jedoch war in Mesopotamien die Untersuchung der Eingeweide von Tieren die beliebteste Methode, besonders die Leber von Lämmern wurde zu diesem Zweck herangezogen ... der Brauch zu Weissagen etablierte sich spätestens zu Beginn des zweiten Jahrtausends v. Chr., wie die Briefe von Mari beweisen. Bei der Prophezeiung ... wurden üblicherweise Frauen zum Sprachrohr Gottes. Ihre Botschaften im Zustand der Trance waren häufig an den König gerichtet.*« Zu jener Zeit wurden in Mesopotamien Tempel für die Weissagung erbaut.

Das Alte Testament überliefert, dass solche Personen, die die Zukunft kannten, ausgewählt wurden, um wichtige Positionen im
Königreich zu bekleiden. Der Pharao gab Josef genausoviel Macht
wie er selbst hatte, und nur er allein herrschte über ihm, denn Josef kannte seine prophetischen Träume und konnte sie deuten,
was sonst kein Magier des Königreichs konnte. Josef sah den Mangel an Lebensmitteln und die siebenjährige Hungersnot nach sieben guten Jahren voraus, und so war der Pharao dazu in der Lage,
die Zukunft »zu verändern«, indem er entsprechende Vorbereitun-
gen traf, mit denen er den Hunger für sein Volk abwenden konnte. Der Kanal (*Bahr Yusef*), den Josef ungefähr 1800 v. Chr. bauen
ließ, um damit Wasser für Ägypten zu sammeln, existiert heute
noch, und er wird von den Ägyptern noch immer verwendet.

Das Alte Testament berichtet außerdem, dass etwas Ähnliches
auch Daniel geschehen ist, der zum wichtigsten Helfer des babylonischen Königs Nebukadnezzar wurde, nachdem Daniel dessen
prophetische Träume richtig interpretieren konnte, was sonst niemandem gelang.

Im alten Ägypten begannen die Orakel, wie die Legende überliefert, etwa 2500 v. Chr. Man weiß heute, dass das Orakel des
Amun im Jahr 1490 v. Chr. bereits existiert hat. Mit seiner Hilfe
konnte das Volk für einen Staatsstreich überzeugt werden. Wie
man weiß, wurde Pharao Tutmosis III. aufgrund eines ägyptischen
Orakels auserwählt, wahrscheinlich um dem Willen einiger Priester zu entsprechen. Jahre später legitimierte auch Hatschepsut seinen Anspruch auf den Thron durch das Amun-Orakel. Nur die
Reichsten und Mächtigsten hatten Zugang zum Orakel, und die
Amunpriester verfügten über den größten Landbesitz Ägyptens.
Zu jener Zeit gestalteten die Priester die Geschichte ganz nach ihrem Willen. Laut dem Autor Philipp Vandenberg in seinem Buch
The Mystery of the Oracles bestand das ägyptische Orakelsystem aus
einer Mischung aus Schwindel und Naivität. Pharaonen und Könige
wurden durch Orakel bestimmt. Die Phönizier brachten die Orakel auch zu den Griechen und den Siwa nach Libyen, indem sie,
wie die Legende berichtet, je eine ägyptische Priesterin an die Grie-

chen und nach Libyen verkauften. Cicero behauptet in seiner Schrift *De Divinatione*, dass im alten Griechenland vor etwa 2.000 Jahren weder ein Krieg begonnen oder beendet noch eine griechische Kolonie gegründet wurde, ohne dass zuvor die Sibyllinischen Orakel befragt wurden, beispielsweise in Dodona (das älteste der griechischen Orakel) oder in Delphi (das bekannteste). Die Tempel des Orakels von Delphi waren ein bedeutendes Zentrum für die Nationen der damaligen Zeit, nicht nur für die Griechen, denn wie Pausanias schrieb, kamen »*barmherzige Männer aus allen Ländern*« dorthin. Wie die delphische Pythia den Zustand der Extase erreichte, um weissagen zu können, ist bis heute ein Rätsel. Laut der Legende war Codros der letzte König der athenischen Region.

Als Athen im Krieg von Feinden eingeschlossen war, befragte König Codros ein Orakel, um zu erfahren, wer den Sieg davontragen werde. Das Orakel antwortete, jene Seite würde den Sieg erringen, deren König vom Feind getötet würde. Als er dies hörte, kleidete sich der König wie ein Soldat und zog in den Krieg, um zu sterben. Genau wie das Orakel es vorausgesagt hatte, gewann Athen den Krieg und verlor den König. Vom Opfergang des Königs gerührt beschlossen die Athener, die Monarchie abzuschaffen. Das geschah im 8. Jahrhundert v. Chr., woraufhin der große Gesetzgeber Solon, einer der sieben weisen Männer des antiken Griechenlands, der im Jahr 594 v. Chr. an die Macht gelangte, um die Streitigkeiten zwischen der Aristokratie und dem Volk zu schlichten, die »Polis« einführte und damit die Basis der griechischen Demokratie schuf, doch er erließ diese Gesetze nicht aus eigener Inspiration, sondern die Quellen berichten, dass sie ihm vom Orakel in Delphi diktiert wurden.

Laut der Legende kam die delphische Pythia auf einem Dreibein sitzend in Trance und so in Kontakt zu den Göttern oder Geistern, aber wahrscheinlich atmete sie dabei halluzinogene Dämpfe ein, die aus einer Felsspalte aufstiegen, über welcher der Tempel errichtet worden war. Laut dem heiligen Johannes Chrysostomos fing es an den Geschlechtsteilen an: »*Die Hellseherin ließ sich mit geöff-*

neten Schenkeln auf dem Dreibein Apollos nieder, und ein böser Hauch stieg vom Boden auf, der in ihre Geschlechtsteile eindrang und die Frau in Extase versetzte.«

Wie es scheint, praktizierten Aristoteles, Platon und Hippokrates die Kunst des Handlesens, um die Zukunft zu erfahren. Die Hellseherei spielte auch im Leben von Alexander dem Großen (356–323 v. Chr.) eine wichtige Rolle. In alten Schriften heißt es, seine Eltern hätten vor seiner Geburt prophetische Träume gehabt. Alexander glaubte an die Orakel und er besuchte das wichtigste der damaligen Zeit, das Orakel von Siwa in Libyen, wofür er einen sechswöchigen Ritt durch die Wüste in Kauf nahm. Dort wurde ihm gesagt, er sei der Sohn Gottes. Dadurch veränderte er sich vollständig. Ein Jahr vor seinem Tod erließ er das Dekret, er sei der Sohn Gottes. Er besuchte auch die Orakel von Dodona und Delphi, wo ihm der Hellseher antwortete, er sei unbesiegbar. Alexander eroberte auch Gordion, die Metropole des Phrygerreiches, die von Gordios, dem Vater des legendären König Midas, gegründet worden war, der alles in Gold verwandelte, was er berührte. Gordios war ein Bauer, der dank einem Orakel zum König geworden war. Als Alexander in Gordion ankam, fand er dort den gordischen Knoten, von dem es hieß, wer diesen Knoten lösen könnte, der würde einst Kleinasien beherrschen. Er zog sein Schwert und zerschnitt den Knoten. In der folgenden Nacht gab es ein schweres Gewitter, das ihn und seine Männer davon überzeugte, dass er dazu bestimmt war, über Asien zu herrschen.

Die spartanischen Könige hatten stets einen Augur als Berater. Und auch die Athener konsultierten in allen öffentlichen Belangen hellsichtige Priester, die sogenannten *Manteas*.

Die Legenden berichten vom Orakel der Toten, bei dem die Geister der Toten den Hades verlassen um in die Zukunft zu schauen, nachdem man ihnen Opfergaben dargeboten hatte. Der mythologische Hades existierte, wie neuere archäologische Entdeckungen belegen. Dabei handelte es sich um eine unterirdische Höhle, die etwa einen Meter hoch mit dem Blut von Opfern gefüllt war, die über Jahrhunderte dargeboten wurden. Herodot, der heute als der Vater der Geschichtsschreibung gilt, bestätigt, dass das Orakel der Toten in Epyhra damals hohes Ansehen genoss und von den bedeutendsten Männern seiner Zeit zu rate gezogen wurde (5,92). Krösus, Themistokles und Alexander der Große trafen ihre Entscheidungen auf der Basis dieses Orakels. Wie die meisten der griechischen Orakel wurde der Hades im 20. Jahrhundert entdeckt.

Die Etrusker, die in der Zeit vor Christus den Großteil Italiens bewohnten und die in der römischen Zivilisation aufgegangen sind, waren ein sehr abergläubisches und religiöses Volk. Für sie galt jedes Ereignis in der Natur als ein Zeichen für den Willen Gottes. Der römische Geschichtsschreiber Titus Livius nennt sie »das Volk, das den religiösen Lehren am meisten zugetan ist«. Arnobius nennt Etrurien die »Mutter des Aberglaubens«. Bei den Etruskern war es üblich, Naturphänomene wie etwa den Vogelflug zu deuten oder aus den Eingeweiden von Tieren zu lesen, beides Praktiken, die später von den Römern übernommen wurden.

Auch bei den Skythen, einem Volk, das bis zum 2. Jahrhundert vor Christus in der Gegend des Schwarzen Meeres ansässig war, spielte die Weissagung eine wichtige Rolle. In Skythien gab es viele Wahrsager, die am Hof des Königs in hohem Ansehen standen und sehr gut bezahlt wurden, wenn sie mit ihren Voraussagen recht behielten. Wenn jedoch ein Wahrsager in den Verdacht der Lüge geriet, wurde er verbrannt. Gab der König den Befehl zur Hinrichtung, dann wurden nicht einmal die Kinder des Propheten verschont. In der Antike spielten Wahrsager stets eine bedeutende Rolle für das Volk und den König. Die Phönizier, die Griechen und die Etrusker hatten Haruspexe, und sogar Romulus, der legendäre Gründer Roms, galt selbst als großer Augur. Auch nach ihm nahmen die römischen Kaiser häufig die Dienste der Auguren in Anspruch. Die Zukunft vorauszuwissen war den Römern stets sehr wichtig. Dazu wurden hauptsächlich drei verschiedene Techniken angewandt. Erstens war dies die Konsultation der sibyllinischen Bücher, die aus dem Besitz des letzten etruskischen Königs aus dem 6. Jahrhundert vor Christus stammten. Diese sybillinischen

Bücher waren in Versform verfasst und wurden nur in Ausnahmefällen von einem zehnköpfigen Rat für den Senat gedeutet. Zweitens gab es die Deutung von Omen, wie etwa die Deutung des Vogelflugs, und drittens die Leberschau, d.h. die Deutung der Eingeweide von Opfertieren.

Zu Beginn des ersten Jahrhunderts vor Christus kam die orientalische Prophetie nach Rom, und sie etablierte sich im Verlauf der Kaiserzeit zusehends. Dabei wurden aus Syrien stammende, zumeist weibliche Wahrsager befragt, die oft mit den Soldaten ins Feldlager zogen, um dort den besten Zeitpunkt für einen Angriff zu bestimmen. Bis dahin waren westliche Seher bevorzugt worden. Laut der offiziellen Geschichtsschreibung befragten die Römer das griechische Orakel von Delphi sieben Mal, jedoch behauptet sogar Cicero, dass das Orakel unzählige Male befragt worden sei. In Cumae, dem größten Orakelzentrum Italiens, wurde auf einem Felsen ein ähnlicher Tempel wie in Delphi erbaut. Archäologen fanden den Ort der cumaeischen Sibylle 1932 in einer Grotte. Ähnlich wie in Delphi stieg auch dort aus einem Loch im Boden Dampf auf. Wie antike Historiker überliefern, ignorierte Julius Cäsar die Vorhersagen des Haruspex Titus Vestricius Spurinna und den prophetischen Traum seiner Frau ebenso wie eine Prophezeiung, die auf einer Bronzeplatte im Grab von Capys gefunden worden war, die alle vor seiner Ermordung warnten, und so wurde er schließlich ermordet. Im Zeitraum zwischen 65 v. Chr. und 45 v. Chr. wurden in Rom Münzen geprägt, die auf einer Seite das Gesicht einer Sibylle zeigen. Plinius berichtet, dass drei der vier ältesten Statuen auf dem römischen Forum Sibyllen darstellen, während die vierte den Augur Attus Navus zeigt. Vergil widmete das vierte Buch der Aeneis der cumaeischen Sibylle.

Die Praxis der sibyllinischen Weissagung erinnert an die Besessenheit eines Körpers durch einen Geist, wie sie in afrikanischen Voodooritualen und im Spiritismus praktiziert wird: »*Die Farbe ihres Gesichts wechselt, ihr Haar gerät durcheinander und ihre Stimme verändert sich, denn ein Gott (Geist) spricht*« (Aeneis, III, 433), und später erlangt sie wieder geistige Klarheit. In dem Buch »*La Cité Antique*«, das eine Studie des Kults, des Gesetzes und der Institutionen in Griechenland und Rom darstellt, schreibt der Historiker Fustel de Coulanges im 19. Jahrhundert, dass »*eine römische Armee von Auguren begleitet wurde, jede griechische Armee war von einem Wahrsager begleitet. Stellen wir uns eine römische Armee vor, die sich auf die Schlacht vorbereitet: Der Konsul wird befehlen, dass ein Opfer gebracht wird, und es fällt mit dem Schlag einer Axt: Seine Eingeweide sollen den Willen der Götter anzeigen. Ein Haruspex untersucht es, und der Konsul gibt das Zeichen zum Angriff, wenn die Zeichen günstig stehen. Andernfalls werden auch die beste Aufstellung und die besten Umstände nicht helfen ... Betrachten wir uns nun eine griechische Armee, und nehmen wir uns die Schlacht bei Platäa als Beispiel: Die Spartaner sind aufgestellt, jeder in der Kampflinie, jeder hat eine Krone auf seinem Kopf und die Flötenspieler spielen religiöse Hymnen. Der König steht kurz hinter seiner Truppe und schlachtet das Opfer. Aber die Eingeweide zeigen nicht das gewünschte Zeichen, und das Opfer muss wiederholt werden. Zwei, drei, vier Opfer werden nacheinander geopfert. Inzwischen kommt die persische Kavallerie immer näher, sie schießen Pfeile und töten viele Spartaner. Die Spartaner bleiben unbeweglich mit den Schilden zu ihren Füßen und verteidigen sich noch nicht einmal gegen die feindlichen Schläge. Sie warten auf das Zeichen der Götter, bis schließlich die Opfer günstige Zeichen zeigen, dann erheben die Spartaner ihre Schilde, ergreifen ihre Schwerter, kämpfen und siegen.*«

Bis zum Erscheinen Christi wurde versucht, die Zukunft sowohl durch hellseherische Methoden vorsätzlich zu erfahren als auch durch die unwillkürlich auftretenden Inspirationen der Propheten, die den Armeen in Germanien und Gallien folgten. Bei den Juden gab es Prophezeiungen über einen zukünftigen König, der kommen und die Welt vereinen und vor dem Bösen retten werde. Für manche ist dieser erwartete König bereits erschienen, während die Juden noch heute auf ihn warten. Was inzwischen zur größten Religion der Erde wurde, das Christentum, nahm seinen Anfang, als die alten messianischen Prophezeiungen sich erfüllten.

Ohne diese alten Prophezeiungen würde es das Christentum heute nicht geben. Die ersten Christen wie Hippolyt (170–236) und Lactantius (250–330) verbreiteten den Glauben, dass Christus bald zurückkehren werde, und dies half sicherlich dabei, das Christentum zu verbreiten.

Im persischen Reich gab es einen König und sieben Prinzen, welche die Kunst der Weissagung studierten. Daher wurden sie Magi oder Magier genannt. Cicero schrieb in seiner ersten Schrift *De Divinatione* (90–91), dass »*die Magier bei den Persern Omen und Prophezeiungen deuten. Sie treffen sich regelmäßig an einem heiligen Ort, um über diese Kunst zu beraten und Gedanken auszutauschen ... Tatsächlich wird bei den Persern niemand König, ohne zuvor die Wissenschaft und die Praxis der Magie zu erlernen.*«

Laut dem Evangelium des Matthäus wussten nur die drei Könige aus dem Morgenland, dass Christus auf die Welt kommen würde, vielleicht weil sie bestimmte Prophezeiungen kannten und damit vertraut waren. Trotzdem glauben zahlreiche Historiker, dass der Besuch der Könige eine Erfindung sei, denn keine weiteren Quellen würden einen solchen Besuch bestätigen.

Mit der Zeit spaltete sich die Welt unter den verschiedenen religiösen Strömungen auf, die mittlerweile zu den großen Weltreligionen wurden. Und aufgrund dieser Aufspaltung gibt es auch heute noch Konflikte und Kriege. Sicherlich entstehen diese Konflikte nicht aufgrund der religiösen Lehren, die zu Güte und Nächstenliebe aufrufen und die sich in allen Religionen ähneln, oder aufgrund der verschiedenen Rituale, welche die Religionen voneinander unterscheiden. Was ist also der Grund für diese Konflikte? Kann es sein, dass der wahre Grund die Prophezeiungen sind, die sich hinter den religiösen Lehren verbergen? Während die Christen glauben, dass Jesus der Sohn Gottes ist und eines Tages zurückkehren wird, wenn alle Menschen Christen sind, verleugnen ihn die Juden, und sie erwarten die Erfüllung ihrer messianischen Prophezeiungen. Für die Protestanen kann es außerhalb der Bibel keine Prophezeiungen geben. Und für die Moslems ist Jesus nicht mehr als ein Prophet, und der erste zentrale Glaubenssatz oder die erste »Säule des Islam« ist die Anerkennung, dass es keinen Gott außer Allah gibt, und Mohammed ist sein Prophet.

Manche Quellen berichten, dass Kate Zahl, ein Prophet der Tolteken in Mexiko, im 1. Jahrhundert die Zukunft der florierenden und heiligen toltekischen Stadt Thula voraussagte, nämlich dass es dort ein starkes Erdbeben geben würde und dass kurz danach ein noch mächtigerer Indianerstamm kommen würde. Später würden aus dem Osten bärtige Männer mit einer Haut so weiß wie Salz kommen, die Gewänder trügen, die wie die Sonne strahlten (metallisch). Diese weißen Männer hätten Feuerknüppel, mit denen sie ihre Feinde aus großer Entfernung töten könnten. Sie würden als Freunde kommen, im Frieden, aber die Indianer sollten ihrem friedlichen Erscheinen nicht trauen, denn später würden sie sie verfolgen und ihnen ihre heiligen Dinge und ihren Wohlstand stehlen. Thula würde zerstört werden und die Tolteken würden zerstreut und ins Exil geschickt, bis sie vergessen wären. In der Zukunft würden die Weißen untereinander streiten, bis sie sich schließlich mit ihren tödlichen Waffen selbst zerstören würden. Die ersten beiden Teile dieser Prophezeiung haben sich bereits erfüllt.

Laut der Schrift *De dictis factisque memorabilibus* von Valerius Maximus hatte der karthagische General Hannibal (etwa 247– 183) einen Traum vom Sieg seiner Armeen, während er die Alpen mit 35.000 Mann überquerte und Schlachten gegen die Römer gewann. Wie Herodot, der in seinen Büchern häufig die griechischen Sibyllen erwähnt, berichtet, wurden auch Xerxes und Artabanos im Traum vor einem Krieg gegen die Griechen gewarnt, was unter Beweis stellt, welch wichtige Rolle die Prophetie damals spielte. Im Jahr 1095 rief Papst Urban II. in der Absicht zum ersten Kreuzzug auf, *»das Christentum in diesen letzten Zeiten zu stärken, denn wenn der Antichrist seine Herrschaft beginnt, was er bald tun wird, wird er Christen vorfinden, die ihn bekämpfen.«* Garcilaso Vega, der verleugnete Sohn eines spanischen Hauptmanns und der Neffe des letzten Inkaherrschers Huyana Capac, schrieb in seinem im 16. Jahrhundert verfassten Buch *Comentarios reales de los Incas (Wahre Aussagen der Inkas)*, »*dass der königliche Großvater von Huyana Capac in hohem Alter prophezeite, dass nach der Herrschaft der Inkas ein zuvor nie gesehenes Volk kommen würde, das die Religion und das Reich der Inkas zerstören würde ... Er befahl, dass diese Lehre den echten Prinzen überliefert werde, aber nicht dem Volk, denn es sei nicht richtig zu entweihen, was durch göttliche Offenbarung bekannt wurde, und weil es nicht weise sei zu enthüllen, dass die Inkas ihre Religion und ihr Reich verlieren würden, dann wurde diese Prophezeiung nicht mehr erwähnt bis zu dem Zeitpunkt, als Huyana Capac kurz vor seinem Tod darüber sprach.*« Garcilaso berichtet auch von weiteren Prophezeiungen. Manche Historiker sind sogar der Ansicht, dass eine präkolumbianische Zivilisation wie die Inkas nur aus dem Grund kapituliert hatte, weil alte Prophezeiungen dazu rieten, keinen Widerstand zu leisten. Bevor die Azteken von den Spaniern überfallen und dezimiert wurden, gab es andere Prophezeiungen, die vor der Ankunft der Fremden warnten. Zu Beginn des 16. Jahrhunderts, kurz vor ihrer Ankunft, kannte der letzte Aztekenherrscher Montezuma II. die Prophezeiungen seines Hellsehers Nezahualpilli, und er wusste nach der Studie anderer Prophezeiungen, dass ihre Städte innerhalb weniger Jahre zerstört und ihre Kinder ermordet werden würden. In den Prophezeiungen hieß es, dass daran nichts zu ändern sei, egal wie viel Widerstand Montezuma leisten würde. Hernán Cortés erreichte Mexiko nur wenige Jahre später.

Im Mittelalter spielten die Prophetie und die Apokalyptik eine sehr wichtige Rolle in Europa. Die meisten Kirchenreformen der Jahre 1000 bis 1500 und sogar Kreuzzüge waren von der Vorstellung von einem baldigen Ende der Welt geprägt.

So bedeutende Persönlichkeiten wie Christoph Columbus, Isaac Newton, Jules Verne, Paracelsus, Leonardo da Vinci, Roger Bacon, Rasputin und Staatsmänner wie Napoleon, Bismarck oder Hitler hatten selbst Vorahnungen oder waren sehr an dem Thema interessiert. Einige, wie etwa Newton, Columbus, Bacon und da Vinci, verbrachten sogar sehr viel Zeit damit, das Thema zu studieren und darüber zu schreiben. Beispielsweise finden sich in Da Vincis Büchern viele Prophezeiungen, eine davon ähnelt dem heutigen Internet oder einer Weiterentwicklung davon, die es heute noch nicht gibt: »*Die Menschen werden zueinander sprechen, werden sich berühren und sich umarmen, während sie sich in verschiedenen Erdteilen aufhalten, und sie werden die Sprache des anderen verstehen.*« Newton, dessen physikalische Gesetze und dessen Weltbild die Wissenschaften Europas über 200 Jahre lang beeinflusst haben, schrieb sich an der Universität von Cambridge ein, um dort Mathematik zu studieren, weil er damit »*die Astrologie überprüfen könne, welche das Schicksal von Menschen und Nationen vorhersieht*«. Würden wir heute die grundlegenden physikalischen Gesetze kennen ohne Newtons Neugier, im Voraus etwas über das Schicksal zu erfahren? Sein 1733 wenige Jahre nach seinem Tod erschienenes Buch *Observations upon the Prophecies of Daniel, and the Apocalypse of St. John* beschäftigt sich eingehend mit den biblischen Prophezeiungen des Propheten Daniel und der Offenbarung. Und was Columbus angeht, der auch ein Buch über Prophezeiungen aus verschiedenen Quellen verfasst hat, kann es sein, dass sein Vertrauen auf das nahe Ende der Welt von der Entdeckung Amerikas beeinflusst war, wie der Historiker Eugen Weber behauptet?

Ein weiterer Prophet war Roger Bacon. Der 1202 geborene Sohn einer reichen englischen Familie lehrte in Paris sieben Jahre lang Philosophie. Im Jahr 1257 trat er den Franziskanern bei, die für ihre Studien der Astronomie, Mathematik und Physik bekannt waren. Er sah Jahrhunderte vor ihrer Erfindung Aufzüge, Flugmaschinen, Autos und Motorboote voraus, außerdem Mikroskope und Teleskope. Bacon studierte alte Prophezeiungen und schrieb, dass das »*Gesetz des Mondes*« (der Islam) ein Vorzeichen für das Gesetz des Antichrist sei, wie viele religiöse Menschen in der Vergangenheit glaubten. Bacon schrieb 1267, dass es viele Prophezeiungen gab, die einen heiligen Papst ankündigten, der die ganze Kirche reformieren und andere Völker zum Katholizismus bekehren würde. Er schrieb, dass die katholische Kirche nach diesem Papst bis zu ihrem Ende schwächer werden würde, aber Bacon ging irrtüm-

228

licherweise davon aus, dass dieser Papst noch zu seiner Zeit erscheinen werde. Schließlich geriet er in den Verdacht, »gefährliche Erfindungen« voranzutreiben, und wurde 1278 verhaftet. Nach seinem Tod im Jahr 1292 blieb ihm der Ruf eines Zauberers und Scharlatans, und ihm wurden die nachfolgenden Worte zugeschrieben: »*Es werden Kutschen gemacht werden, die mit unermesslicher Geschwindigkeit fahren, ohne dass ein Tier angespannt ist. Boote werden in einer Weise gebaut werden, dass die größten Schiffe von nur einem einzigen Mann schneller navigiert werden können, als mit einer kompletten Besatzung. Aus den Wänden wird die allerschönste Musik ertönen.*«

Es scheint, als ob Bacon sein halbes Leben damit verbacht hat, einen geheimen Code in der Bibel zu finden, einen Code, von dem manche Autoren heute behaupten, ihn mithilfe von Computern gefunden zu haben und mit dem man die wichtigsten Ereignisse des Planeten vorhersagen könne.

Obwohl die Päpste versucht hatten, den Menschen den Glauben an die Sterne und an die Möglichkeit, die Zukunft zu erfahren, auszutreiben, nutzte Papst Julius II. (1445–1513) die Astrologie für die Errichtung von Statuen oder den Baubeginn von Burgen. Auch Papst Paul III. war im 16. Jahrhundert ein Anhänger der Astrologie, und er hat seine Entscheidungen wahrscheinlich auf der Basis astrologischer Konstellationen getroffen. Der Mathematiker John Napier (1550–1617) legte großen Wert auf die Verwendung des Logarithmus, denn damit ließe sich seiner Ansicht nach die biblische Zahl des Tieres schneller berechnen.

Der türkische Admiral Piri Reis, der im 16. Jahrhundert die bereits in einem früheren Kapitel erwähnte mysteriöse Landkarte gezeichnet hat, berichtete, dass Columbus seine Entdeckungsreise nach Amerika erst unternahm, nachdem er die Übersetzung eines bestimmten Buches aus der Zeit Alexanders des Großen gelesen hatte, das von der Existenz von Land im Westen sprach. Es ist sehr wahrscheinlich, dass Columbus die alten Landkarten des portugiesischen Königs studiert hat, zu denen er Zugang hatte, nachdem er an der portugiesischen Küste gestrandet war. Columbus suchte nach Unterstützung für seine Reise in Portugal, Spanien und England, stieß dort jedoch stets auf Ablehnung. Als er schon fast aufgegeben hatte, bot ihm Spanien ein einziges Schiff mit 40 Mann Besatzung an. Die anderen beiden Schiffe gehörten Händlern, die das Abenteuer wagen wollten. Sein Buch *Libro de las Profecías,* das er in den Jahren 1501 und 1502 zusammen mit einer weiteren Person verfasst hat, war eine tiefgründige Studie über Prophezeiungen. Darin heißt es, das Buch sei eine *»Sammlung der Autoritäten, welche Aussagen und Prophezeiungen über die Befreiung der Heiligen Stadt und des Hügels Gottes machten«,* d.h., das Buch handelt von einem Ereignis, das mit dem Dritten Weltkrieg im Zusammenhang steht, denn Jerusalem, die Heilige Stadt, soll von den Moslems eingenommen und von den Europäern zurückgewonnen werden, angeführt vom Großen Monarchen. In Übereinstimmung mit dem heiligen Augustinus und anderen Quellen erklärt er, dass *»das Ende der Welt im siebten Jahrtausend nach ihrer Erschaffung stattfinden wird«.* Jedoch berechnete Columbus das Ende fälschlicherweise für das Jahr 1656. In dem Buch finden sich biblische Prophezeiungen ebenso wieder wie Prophezeiungen der Kirchenväter und außerbiblische Quellen wie Nicolas de Lira, Pseudo-Methodius, Joachim von Fiore und Pierre Ailly. Er spekulierte außerdem über das Ende des Islam und der Sekte des Antichristen nach diesem Ereignis. Luther sagte: *»Ich glaube wahrlich, dass der jüngste Tag des Gerichts volle dreihundert Jahre lang nicht stattfinden wird ...«* Einige Jahre zuvor hatte er noch gesagt: *»Ich glaube, dass wir in der Zeit der letzten Posaune sind, die ertönt, bevor Christus wiederkehrt.«* (Wiener, Peter: »Martin Luther: Hitler's spiritual ancestor«, 1985)

Über Nostradamus wurde mehr geschrieben als über irgendeine andere Person des 16. Jahrhunderts. Nostradamus gab die Medizin auf und wurde mit seinen Orakeln weltweit bekannt. Sogar die französische Königin konsultierte ihn, und sein Ruhm überschritt noch zu seinen Lebzeiten die Grenzen Frankreichs.

Einige Quellen berichten, dass Napoleon I. seine Feldzüge nach den Prophezeiungen von Nostradamus und mithilfe eines alten ägyptischen Manuskripts mit dem Titel *Das Orakel* verwirklichte, welches während einer Expedition nach Ägypten im Jahr 1801 in einer Grabkammer gefunden wurde. In jenen Jahren kannte nur Napoleon die Übersetzung dieses anonymen Manuskripts. Darüber hinaus erwähnen mehrere Autoren, dass Napoleon von dem Buch der Prophezeiungen von Philippe-Dieudonné Olivarius aus dem Jahr 1542 gehört hatte und nach einer Ausgabe verlangte. Nachdem er Josephine dieses Buch gezeigt hatte, ging es verloren. Napoleon praktizierte außerdem das Kartenlegen. Es gibt mehrere Prophezeiungen, die Napoleon zugeschrieben werden. Der Begründer der analytischen Psychologie Carl Gustav Jung (1875–1961) war der Überzeugung, dass es möglich sei, von einem zukünftigen Ereignis im Voraus zu träumen. Abraham Lincoln (1809–1865) hatte einen solchen Traum von seiner Ermordung. Im Verlauf der Jahre erwiesen sich nur wenige Prophezeiungen als so genau wie etwa die folgende, die der heiligen Ottilie (660–720) zugeschrieben wird: »*Es wird die Zeit kommen, wo Germania die kriegerischste Nation der Welt genannt wird. Es wird die Epoche kommen, wo aus ihrer Mitte der schreckliche Krieger hervorgeht, der der Welt den Krieg erklärt und den die Völker in Waffen den Antichrist nennen. Er wird von den Müttern Tausender verflucht werden, die wie Rachel* (eine biblische Mutter, die ihre Kinder verlor, ein Hinweis auf die Juden) *über das Schicksal ihrer Kinder klagen und nicht getröstet werden, denn ihre Kinder werden bereits tot sein, und in ihren Häusern wird alles zerstört werden. Der Eroberer wird von den Ufern der Donau ausgehen.* (Hitler wurde nicht weit davon entfernt in Braunau am Inn geboren) *Er wird ein berühmter Führer unter den Menschen. Der Krieg, den er unternehmen wird, wird der schrecklichste sein, den die Menschen je erduldet haben. Es wird unmöglich sein, die Zahl der Grausamkeiten zu zählen. Er wird Siege auf der Erde, auf dem Meer und selbst in der Luft davontragen, denn es wird geflügelte Krieger geben, die riesige Brände in gigantischen Angriffen auslösen werden. Die Nationen werden sich in der tiefsten Furcht befinden. ›Von wo kommt diese Macht?‹, ›Wie kann er so einen Krieg führen?‹ Die zukünftigen Generationen werden erstaunt sein, wie viele und mächtige Feinde nicht fähig waren, die Reihe seiner Siege zu brechen, und der Krieg wird lange dauern.*« Auch

Adolf Hitler selbst zeigte großes Interesse an Prophezeiungen. Dieses Interesse wurde wahrscheinlich durch einen Wahrtraum ausgelöst, bei dem er während des Ersten Weltkrieges die Explosion einer Bombe im Voraus träumte, was ihm anschließend das Leben rettete. Wenn er diesem Traum nicht geglaubt hätte, wäre die Geschichte dann anders verlaufen? Nach seiner Machtergreifung gab Hitler die größte Prophezeiungsforschung aller Zeiten in Auftrag. Während des Zweiten Weltkriegs befahl er sogar, über Frankreich Flugblätter mit gefälschten Nostradamus-Prophezeiungen abzuwerfen, um damit bei den Franzosen im Vorfeld des deutschen Angriffs Verwirrung auszulösen, und er erleichterte damit die Einnahme französischer Städte. Wie es scheint, war Hitler ein großer Anhänger der Prophetie. Er schickte deutsche Soldaten nach Ägypten, um unter den Pyramiden eine geheime Kammer zu finden, in der laut der Legende das okkulte Wissen von Atlantis aufbewahrt sei, welches die Welt verändern werde. Dieses Thema beeinflusste auch Hitlers Verfolgung der Juden. Vielleicht war Hitler von Martin Luther beeinflusst, der im Jahr 1543 ein Pamphlet mit dem Titel *Von den Juden und ihren Lügen* verfasst hatte, in dem er schrieb, dass jüdische Synagogen und Häuser niedergebrannt, jüdische Gebetsbücher zerstört, das Geld und der Besitz von Juden beschlagnahmt und sie zur Arbeit gezwungen oder vertrieben werden sollten. Vielleicht dachte Hitler, dass der Antichrist ein Jude sein werde, oder vielleicht kannte er Prophezeiungen, die besagen, dass der zukünftige Führer Europas aus dem Hause Davids stamme, und vielleicht wollte er die Erfüllung dieser Vorhersage verhindern. Hitlers eigenen Worten in *Mein Kampf* zufolge (zweiter Band, Kapitel 5) wollte er tatsächlich eine alte Prophezeiung verhüten: »*Die Entwicklung, die wir zur Zeit durchmachen, würde aber, ungehemmt weitergeführt, eines Tages bei der alljüdischen Prophezeiung landen – der Jude fräße tatsächlich die Völker der Erde, würde ihr Herr.*« Hat Hitler also versucht, die Erfüllung einer alten Prophezeiung zu verhindern?

Roger Bacon behauptet in seinem Buch *Essays*, dass es zur Zeit des römischen Kaisers Vespasian eine orientalische Prophezeiung gegeben habe, dass jene, die aus Judäa stammen, einst die Welt beherrschen werden. In Kenntnis der Tatsache, dass die ersten Christen zuvor Juden waren, prophezeite diese Vorhersage vielleicht die Bekehrung der ganzen Welt zum Christentum. Die Juden erwarten noch immer ihren König, der während eines Krieges erscheinen wird, um sie vor den Feinden zu retten. Der Zweite Weltkrieg führte zur Erfüllung einer weiteren Prophezeiung, nämlich zur Rückkehr der Juden ins Heilige Land, was unter den ersten Christen als ein Vorzeichen des nahen Endes der Welt galt.

Seit dem Beginn der 1930er Jahre gab es in Deutschland den weitverbreiteten Glauben, dass Hitler bei seinen Unternehmungen aufgrund astrologischen Beistands so großen Erfolg hatte. Das Tagebuch des Holocaust-Überlebenden Victor Klemperer gibt davon Zeugnis. Ein Schweizer Astrologe namens Karl Ernst Krafft, der durch einige richtige Vorhersagen bekannt wurde, sah den Sturz des Dritten Reichs und den Angriff auf Hitler voraus. Später wurde Krafft verhaftet und gefoltert, weil er sich weigerte, den Anweisungen des Führers Folge zu leisten. Hitler hatte sich mit den Vorhersagen des Astrologen in einem Institut für Geopolitik beschäftigt, in dem Geschichte, Geographie, Militärstrategie und Astrologie kombiniert wurden.

Zu guter Letzt geht auch die Devise des Tausendjährigen Reichs der Nazis auf eine alte deutsche Prophezeiung aus dem 15. Jahrhundert zurück, die von einer Studie ausging, die der italienische Mönch Gioacchino di Fiori im 12. Jahrhundert auf der Basis alter Überlieferungen über das tausendjährige Friedensreich, der biblischen Offenbarung, des apokryphen Buchs Henoch und anderer alter Schriften aus jüdischen Quellen angefertig hatte. Es mag seltsam und absurd erscheinen, aber die Devise der Nazis war ursprünglich die christliche Interpretation eines alten apokryphen jüdischen Buchs und keine Erfindung der Nazis.

Inzwischen sind Jahrhunderte vergangen und das Dritte Jahrtausend ist angebrochen. Wir leben im Zeitalter des Internets, im Informationszeitalter. Heutzutage treffen die Menschen keine Entscheidungen mehr auf der Basis von Prophezeiungen oder Visionen, nicht wahr? Nun, in seinem Buch *City of Djinns* schreibt William Dalrymple, dass »*Indien auch weiterhin eines der abergläubischsten Länder der Welt ist. Sowohl promovierte Geschäftsleute als auch ungebildete Bauern nehmen die Beratung von Astrologen in Anspruch.*« Und in *Un Indovino mi disse* schreibt Tiziano Terzani, dass »*in China, Indien oder Indonesien das, was wir Aberglaube nennen, zum Alltag gehört. Sowohl die Astrologie als auch die Chiromantie oder die Kunst, die Zukunft im Gesicht einer Person oder an den Fußsohlen lesen zu können oder im Bodensatz einer Teetasse, spielt in vielen Gegenden eine wichtige Rolle im Leben der Menschen und der Allgemeinheit ... in Asien sind die Namensgebung eines Sohnes, der Kauf von Land, der Verkauf von Aktien, die Reparatur eines Daches, der Zeitpunkt einer Reise oder eine Kriegserklärung Entscheidungen, die von Kriterien abhängen, die mit unserer Logik nichts gemein haben. Noch immer werden Millionen von Ehen auf diese Weise arrangiert; Tausende Gebäude werden so errichtet, ganze Städte werden geplant und gebaut. Ein großer Teil der kleinen und großen politischen Entscheidungen, die das ganze Volk betreffen, werden noch immer auf der Basis von Religion getroffen oder aufgrund des Rates eines Experten.*« Und er fährt fort, »*Jahrhundertelang haben die Prinzipien des Feng Shui das Wesen der Chinesen geprägt. All die alten Gebäude des himmlischen Reiches wurden gemäß den Lehren des Feng Shui errichtet, und auf dieselbe Weise wurden alle kaiserlichen Grabkammern angelegt ... die Kunst des Feng Shui stammt aus China, aber heute wird sie in weiten Teilen Asiens praktiziert. Wenn etwas nicht funktioniert, eine Ehe, ein Geschäft oder eine Firma, ist der erste Gedanke eines Asiaten, dass etwas mit dem Feng Shui nicht stimmen kann.*«

Laut dem Prophezeiungsforscher Leo DeGard vertraute sogar das KGB von Zeit zu Zeit auf Seher und Medien: »*Wie beispielsweise der russische Überläufer Ken Alibek berichtet, bediente sich das KGB gegen Ende der Achtzigerjahre eines Mediums, um einen flüchtigen Experten für Biowaffen ausfindig zu machen – erfolgreich.*«

Wollen wir jetzt vom Westen reden, von den Vereinigten Staaten von Amerika. Wenige Jahre nach dem Ende des Golfkrieges von 1990 wurde bekannt, dass die USA während der Operation

Wüstensturm sogenannte Remote Viewer einsetzten, um mit der Kraft des Geistes versteckte Geiseln zu finden, Anlagen und Gebäude ausfindig zu machen, die mit Satelliten nicht zu entdecken waren usw. Einige Polizeistationen in den USA verwenden ähnliche Methoden für die Aufklärung von Morden und in Fällen, in denen sie sonst keinerlei Anhaltspunkte haben. Ein bekanntes Beispiel hierfür ist Etta Smith, die schon seit ihrer Jugend Vorahnungen hatte und die auf diese Weise herausfand, wo sich die Leiche der verschwundenen Melanie befand. Weil die Polizei keine weiteren Verdächtigen hatte, wurde Etta als Hauptverdächtige verhaftet, denn sie lag verblüffend korrekt und berichtete genaue Details über die Leiche nur mit der Kraft des Geistes. Sie wurde später wieder freigelassen und verklagte die Polizei. Der US-Präsident Lincoln glaubte an das Schicksal und hatte mehrere Wahrträume, einmal träumte er von einem Begräbnis. Als er im Traum den Wächter fragte, wer gestorben sei, antwortete dieser, der Präsident sei ermordet worden. Er ging auf den toten Körper zu und sah sich selbst. In diesem Moment erwachte er. Einen Tag später wurde er ermordet. Es gibt zwei Aufzeichnungen darüber, und die Historiker können diese Tatsache nicht bestreiten. Die Menschheit hat schon immer versucht, die Zukunft zu erfahren. Dieses Buch ist ein weiterer Versuch in dieser Richtung. Vielleicht ist es nur eine Sammlung von Puzzlestücken mit vielen fehlenden Teilen. Manche Leute werden es für einen Haufen dummer Behauptungen halten. Im Grunde ist es jedoch eine Studie der Zukunft, darüber, was auf der Basis unseres Glaubens sein könnte.

»Das Ende kommt immer zum Schluss, und der Anfang wird immer der Anfang sein, aber es wird kein Ende für Prophezeiungen geben.«
Chinesische Prophezeiung aus dem 7. Jahrhundert

»Lest, Kinder, über die Zukunft und kennt die Geheimnisse der Vergangenheit, die so weit von euch entfernt ist, während die Wahrheit so nah ist ... am Ende werden alle vergangenen Zeiten offenbart.«
Papyrus Anana, 1320 v. Chr.

»Sie kannten das Rätsel der Zukunft nicht und haben auch die Dinge der Vergangenheit nicht verstanden. Sie wissen nicht, was ihnen widerfahren wird, noch retten sie ihre Seele vor dem Rätsel der Zukunft ... All jene, die der Sünde verhaftet sind, werden aufhören zu existieren, und das Wissen wird die Welt erfüllen. Diese Worte werden Realität werden, diese Prophezeiung ist wahr.«
Buch der Mysterien oder *Triumph der Rechtschaffenheit* (1Q27), 2.000 Jahre altes Manuskript vom Toten Meer, gefunden im 20. Jahrhundert

Besuchen Sie meine Internetseite: **www.prophezeiung.net**

Anhang A: Die Da-Vinci-Prophezeiungen

Der 1452 in einem kleinen Dorf namens Vinci bei Florenz geborene Leonardo galt schon immer als besonders intelligent. Er war nicht nur Urheber des bekanntesten Gemäldes der Welt, der Mona Lisa, sondern zeichnete auch zukünftige Maschinen, die eine unglaubliche Vorstellungskraft und Intelligenz offenbaren. Die Zeichnungen technischer Geräte der Zukunft sind so verblüffend, dass der Verdacht naheliegt, dass mehr als nur bloße Intelligenz dahinter steckte, nämlich vielleicht die Fähigkeit, die Zukunft vorherzusehen. Tatsächlich finden sich unter Da Vincis Aufzeichnungen verstreut einige Prophezeiungen, die erstmals im Jahr 1899 in dem italienischen Buch *Frammenti letterari e filosofici* von Edmondo Solmi zusammengefasst wurden. Das von Solmi zusammengestellte Buch basiert vermutlich auf der Schrift *The Literary Works of Leonardo da Vinci* von Jean Paul Richter aus dem Jahr 1883 und auf einer französischen Faksimile-Ausgabe des Leonardo Codex von 1881. Die folgenden Prophezeiungen stammen aus einer Neuauflage des Solmi-Buchs, das 1925 herausgegeben wurde.

236

Prophezeiungen über seltsame Tiere (Gentechnik oder Panzer und Flugzeuge?)

Vom Land werden in Dunkelheit gekleidete Tiere hervorkommen, die in wundersamen Angriffen die menschliche Generation anfallen und sie mit schrecklichem Beißen und Blutvergießen verschlingen werden.

Durch die Luft werden die fliegenden Wesen kommen, welche Mensch und Tier angreifen werden, von denen sie gierig fressen werden: ihre Eingeweide werden voller rotem Blut.

Viele Menschen werden in Tieren gesehen werden, die sich sehr schnell auf das Ende ihres Lebens zubewegen und auf einen sehr schnellen Tod. Durch die Luft (Flugzeuge) *und über das Land* (Panzer) *werden Tiere in vielen Farben gesehen werden, welche die Menschen grimmig zur Vernichtung ihres Lebens tragen werden.*

Riesige Körper ohne Leben wird man sehen, die viele Menschen grimmig zur Zerstörung ihres Lebens tragen.

Prophezeiungen über den Dritten Weltkrieg

Eine so schreckliche Krankheit wird über die Menschheit kommen, dass sie sich mit ihren eigenen Nägeln zerfleischen wird.

Man wird die Pflanzen ohne Blätter sehen und die Flüsse, wie sie ihren Lauf anhalten.

Die Menschen werden ihre eigene Nahrung wegwerfen.

Viele Menschen werden mit gebrochenem Schädel sterben, und ihre Augen treten aus dem Kopf wegen furchterregenden Tieren, die aus der Dunkelheit kommen. Viele Leute werden sich mit ihren Familien und Lebensmitteln in dunklen Höhlen verstecken, und dort, an den finsteren Orten, werden sie mit ihren Familien über viele Monate hin essen ohne jedes natürliche oder künstliche Licht.

Prophezeiungen über den Polsprung (das Ende der Welt)
Das Meerwasser wird sich über die Gipfel der Hügel zum Himmel er-
heben und über die Häuser der Menschen hereinbrechen.

Und viele Tiere vom Land und vom Meer werden zu den Sternen hoch-
gehoben.

Dunkelheit wird aus dem Osten kommen, so finster, dass sie den
Himmel über Italien bedecken wird.

Alle Menschen werden sich in Afrika verstecken.

Das Land, das unten ist, wird wieder oben sein und auf der anderen
Hemisphäre ...

Der Himmel über einem großen Teil von Afrika wird sich verändern,
und dieser Himmel wird nach Europa kommen, und der europäische
Himmel wird nach Afrika gehen, der Himmel über den Provinzen wird
in einer großen Revolution durcheinandergeraten.

Am Ende wird das Land rot werden aufgrund der Erwärmung vieler
Tage, und die Steine werden zu Asche.

Die Meerestiere werden in dem kochenden Wasser sterben.

Der Schlamm wird so tief sein, dass die Menschen auf ihrem Land
über die Bäume gehen werden.

Es wird einen starken Wind geben und dadurch werden die Dinge des
Ostens zum Westen ...

Alle Elemente wird man sehen durcheinandergeraten in einer gro-
ßen Revolution, die einmal zum Zentrum der Welt kommt, ein ande-
res Mal zum Himmel, und wenn die südlichen Teile vehement gegen
die nördliche Kälte rücken, dann wird der Osten in den Westen ge-

hen, und diese Erdhalbkugel wird an die Stelle der anderen Erdhalbkugel kommen.

Alle Menschen werden sofort die Erdhalbkugel wechseln.

Alle Tiere werden von Ost nach West gehen, und jene vom Süden werden in den Norden gehen.

Prophezeiungen über ein zukünftiges (oder gegenwärtiges) **Kommunikationssystem in der Welt**
Die Menschen werden sich bewegen ohne zu laufen, sie werden mit Leuten sprechen, die nicht anwesend sind, sie werden jemandem zuhören, der nicht da ist.

Die Menschen werden zueinander in weit entfernten Ländern sprechen, und sie werden einander antworten.

Die Menschen werden miteinander sprechen und sich berühren, obwohl sie weit entfernt sind, jeder in seiner eigenen Erdhalbkugel, und sie werden die Sprache des anderen verstehen.

Anhang B: Weitere Mythen über die Schöpfung

und die Sintflut

Laut der Bibel und anderer alter Schriften war die Sintflut nicht einfach eine Aufeinanderfolge regnerischer Tage, sondern sie wurde durch Wassermassen ausgelöst, die sowohl vom Himmel als auch von unten kamen. Die gegenwärtige Vorstellung, dass diese Mythen nur Legenden seien, erinnert mich an jene, die jeden Tag die runde Sonne sehen und den runden Mond am Nachthimmel bewundern konnten, die auch den runden Schatten des Mondes sahen und bei diesem Anblick über Jahre hinweg die Berichte der alten Griechen über eine runde Erde ignorierten und über diese Möglichkeit lachten in der Meinung, die Erde sei flach. In einem Buch über die Mythen und Legenden der brasilianischen Amazonasindianer fand ich die folgenden beiden interessanten Sintflutmythen. Entscheiden Sie selbst, ob Ihnen diese Geschichten inzwischen bekannt vorkommen. »Es wird erzählt, dass in der Zeit unserer Vorfahren, wenige Tage vor der großen Flutkatastrophe, Gott selbst zu den Menschen auf die Erde herabgestiegen ist, um sie anzukündigen. Gott nahm die Gestalt eines alten Mannes an, und er ging durch den Wald und predigte, aber viele beleidigten ihn und fragten: ›Was denkt der alte Mann, dass er sei, so zu reden?‹, so sagte das Volk der Supais. Sogar die Frauen verhöhnten ihn. Schließlich fand der alte Mann einen Runa, der sein Leben Gott verschrieben hatte: ›Sohn, lebst du mit Gott?‹ fragte Gott Yaya. ›Ja‹, antwortete der Mann und er bat den alten Mann herein und gab ihm zu essen. Dann warnte ihn der alte Mann, dass das Ende der Welt nahe sei und er fügte hinzu, dass er gerettet würde, wenn er stets gottesfürchtig lebe. Und der Mann fragte, wann das geschehen werde. Gott antwortete: ›Jener Tag wird so schön sein wie ein Sommertag, aber dann wird die Erde anfangen zu beben. Hab keine Angst, bete zu Gott. In der Ferne wirst du die Bösen hören, wie sie feiern, trinken, aber komme nicht in ihre Nähe, und wenn sie zu dir kommen, öffne ihnen nicht die Tür deines Hauses. Halte dich drinnen mit deiner Familie auf. Wenn Gott will, dann werden dein Haus und deine Felder beschützt. Jetzt muss ich gehen ...‹ An einem sehr heißen Tag am Mittag hörte man ein lautes Geräusch wie einen Donner. Die ganze Erde bebte. Da erinnerte sich der Runa an das Wort Gottes. Die Bösen feierten und als sie feststellten, dass sie sterben würden, bekamen sie sehr große Angst. Alles versank in den Fluten. Sie schwammen zum Haus des Mannes und baten um Hilfe. Aber der Mann erinnerte sich, dass auch er sterben würde, wenn er die Tür öffnete. Nach dem Gericht gab es keinen Wald mehr, und alles war ein riesiger Sumpf von grauer Farbe. Aber die Erde trocknete langsam. Während der Flut hatten einige Affen überlebt, die sich in den Wipfeln der Bäume gehalten und Früchte gefressen hatten. Zwei Menschen, die überlebt hatten, wanderten ohne

Ziel umher, bis sie ein Geräusch hörten ... jemand hackte Feuerholz. Da sagte der kleine Mann, sehr überrascht, dass er Menschen gefunden hatte: ›Dann seid ihr beide also am Leben.‹ ›Ja, Gott sei Dank‹, antworteten ihm die anderen glücklich. Die drei fanden dann andere überlebende Menschen, die auf verschiedene Arten entkommen waren ... Jahre später wurde von Gott ein zweites Gericht durch Wasser angekündigt. Gott kam hernieder auf die Erde und erzählte den Menschen: ›Wartet zwanzig Jahre und dann werdet ihr ein sehr lautes Geräusch hören, das die Erde zum Erzittern bringt. Baut von jetzt an Flöße, auf welchen ihr Mais, Kartoffeln, Samen und andere Nahrung sammeln werdet.‹ Als die Zeit kam, begannen jene, die keine Boote hatten, zu schwimmen, aber sie starben. Die Flöße trieben richtungslos dahin, bis das Wasser verschwand und die Erde trocknete. Die Menschen waren an einem unbekannten Ort und ohne Nahrung, aber sie verließen ihre Boote und fingen an Nahrung zu suchen. Am oberen Rio Napo gab es vier Hügel, und während der Großen Flut erhoben sich zwei Hügel mit dem steigenden Wasser zum Himmel, während die anderen beiden untergingen und verschwanden. Antesana überstieg Sumuurku und wurde größer und größer, bis er den Himmel erreichte. Als sie mir die Geschichte erzählte, bestand meine Großmutter darauf, dass ich keine Kleinigkeit vergesse ...«

Die Übereinstimmungen dieses Mythos mit den Prophezeiungen über die dreitägige Finsternis lauten:

- Das Geräusch des Donners, das die Katastrophe ankündigt
- Die Warnung, die Türen geschlossen zu halten, um zu überleben
- Die Warnung, zu Gott zu beten
- Das Erdbeben

Derselbe Indianerstamm erinnert sich auch an eine Zeit, in der »*der Tag verfinstert war, während die Erde bebte, und sie wollten sich verstecken; Feuerflammen wie kleine rote Vögel breiteten sich über den Himmel aus und verschwanden kurz danach. Ein Jahr lang herrschte totale Finsternis. Nach einem Jahr erlaubte Gott, dass das Licht wieder schien.*«

Das erinnert mich an das Herabfallen der Sterne und an die Mythen über den Einsturz des Himmels. Gibt es einen Zusammenhang zwischen all diesen Mythen und Legenden und den Prophezeiungen vom Ende der Welt?

Sintfluten der Vergangenheit

In vielen Gegenden der Welt stammt alles, was wir über die Vergangenheit wissen, aus Mythen und Legenden. Über Generationen hinweg wurden Lieder und Geschichten überliefert, die vom »Einsturz des Himmels« berichten, von einer gigantischen Katastrophe, in der Sonne und Mond zeitweilig verschwanden, die Sterne herabstürzten und riesige Flutwellen über die Ufer traten. Dies ist ein weit verbreitetes Motiv. Einige Sintflutmythen erwähnen eine Veränderung des Himmels, andere alten Texte berichten, dass sich die Stelle des Sonnenaufgangs verändert habe – dieselben Motive finden sich in den Prophezeiungen über das Ende der Welt. Stets sprechen diese Mythen und Legenden auch von einer Neuschöpfung der Welt. So heißt es beispielsweise in einigen Schriften der Hindus, die Welt werde in Zyklen immer wieder zerstört durch Feuer oder Wasser.

Wenn von der Sintflut die Rede ist, sprechen die Überlieferungen von einer unterschiedlichen Anzahl Überlebender:

· 8 in der biblischen und der islamischen Sintflut
  (Noah und seine Familie)
· 2 in der deukalischen Flut aus der griechischen Mythologie
· 4 oder 5 in der griechischen Ogyges-Flut, die noch älter ist als
  die Deukalion-Legende
· 2.901 in der Flut aus der persischen Mythologie
· 2 bis 6 in der assyrisch-babylonischen Flut, je nach Version
· 10 bis 100 in der chaldäischen Flut
· 1 in der Sintflut von Mana aus dem Shatapatha-Brahmana
· 8 in der Sintflut von Mana aus dem Mahabharata
· 8 in der indischen Satyavrata-Flut
· 2 in der Flut der belgischen Kelten

- 2 in der skandinavischen Edda
- 2 in der Flut der Litauer
- 2 in der Flut der Kanari-Indianer aus Ecuador
- 50 bis 100 in der Flut der Bochica-Indianer aus Kolumbien
- 2 in der Flut der Coxcox-Indianer aus Mexiko
- 2 in der Flut der Tupi-Indianer aus Mexiko
- 1 in der Flut der Pamari-Indianer aus Brasilien

Der nachfolgende Text stammt aus einem angeblich 4.000 Jahre alten chaldäischen Manuskript, das den Quellen zufolge in einem buddhistischen Tempel in Lhasa gefunden wurde und von der Ra-Um-Prophezeiung handelt. Ich weiß nicht, ob diese Prophezeiung authentisch ist; obwohl es dieses Manuskript tatsächlich zu geben scheint, könnte eventuell die Übersetzung falsch sein.

Die Ra-Um-Prophezeiung:

»Als der Stern von Baal nach rechts stürzte, wo nichts als Himmel und Meer ist, erzitterten die sieben Städte und sorgten sich mit ihren goldenen Türmen und durchsichtigen Tempeln (Glas) *wie die Blätter der Bäume im Sturm. Ein Sturzbach aus Feuer ging über dem Palast nieder. Die Schreie der Sterbenden und das Stöhnen der Menge erfüllte die Luft. Die Leute liefen umher, um in den Tempeln und Schlössern ein Versteck zu finden. So erhebt sich der weise Mu, der große Priester von Ra-Mu, und spricht: ›Habe ich nicht vorhergesagt, dass all dies kommen würde?‹ Die Männer und Frauen in ihren kostbaren, mit teuren Steinen besetzten Gewändern flehten: ›Mu, rette uns!‹ Mu antwortete: ›Ihr werdet sterben, mit euren Sklaven und euren Schätzen. Aus eurer Asche werden neue Völker hervorgehen. Wenn diese Völker vergessen sollten, dass sie materielle Dinge nicht nur beherrschen sollten, um sich weiterzuentwickeln, sondern auch, um nicht zu verderben, dann wird sie dasselbe Schicksal überraschen.‹ Flammen und Rauch erstickten die Worte des weisen Mannes. Das Land und seine Bewohner wurden vernichtet und in der Tiefe* (der Meere) *verschluckt.«*

Mythen über das Aufsteigen und Versinken von Land

Der Mythos vom Ende der letzten Welt und dem Erscheinen der Mapuche-Indianer (Mapu = Erde und che = Volk, Mensch), die hauptsächlich in Chile ansässig waren, enthält auch eine Sintflutgeschichte:

»In der Tiefe des Meeres lebte eine Schlange namens Cai Cai. Das Meer gehorchte den Befehlen der großen Schlange und eines Tages begannen es, das Land zu überfluten. Es gab eine weitere Schlange, die in den Bergen lebte. Die Schlange Ten gab den Indianern den Rat, auf die Hügel zu klettern, wenn das Wasser beginne zu steigen. Viele Indianer konnten nicht klettern und starben, sie verwandelten sich in Fische. Das Wasser stieg und stieg, aber der Hügel erbebte und stieg ebenfalls. Die Indianer bekleideten sich, um sich vor dem Regen und der Sonne zu schützen, und sie sangen Cai Cai und antworteten Ten Ten. Jene, die überlebten, stiegen vom Berg herab. Auf diese Weise wurden die ersten Mapuche geboren und sie bevölkerten das Land.«

Die Quellen der jüdischen Rabbiner ergänzen, dass die Erde erbebte, die Sonne sich verfinsterte und die Fundamente des Kosmos verschoben wurden (Polsprung). Der ganze Planet zeigte vulkanische Aktivität unter Blitz und Donner. Auch berichtet die rabbinische Literatur von großen Wellen. Die Schriften berichten außerdem, dass man mit mehreren Archen versuchte zu entkommen, aber nur eine entging der Gewalt der Fluten. Laut der jüdischen Überlieferung veränderte die Katastrophe die Natur des Planeten, die Tiere und die Menschen. Die Erde hatte sich verändert und der Himmel war nicht mehr derselbe. *»Vor der Geburt Noahs trat das Meer* (das Mittelmeer) *zweimal täglich über seine Ufer am Morgen und am Nachmittag* (es war ein offenes Meer). *Danach wurde es in seinen Ufern eingeschlossen.«* In manchen Gebirgsregionen der Welt gibt es Mythen, die berichten, dass die Berge früher Dämonen hervorgebracht hätten, und die Welt sei voll von ihnen gewesen; dann strafte Gott die Welt mit einer Naturkatastrophe, bei der die Berge ihre Höhe verloren und zu flachem Land wurden. In Ferdinand Ossendowskis Buch *Tiere, Menschen und Götter* heißt es, Prinz

Chutun Bayli habe gesagt: »*Wisse, dass es vor langer Zeit zwei Kon-tinente in den beiden großen Ozeanen im Osten und Westen gegeben hat. Sie versanken in den Fluten, aber das Volk, das dort lebte, ging in das unterirdische Reich.*«

Es ist allein den Schriften Platons zu verdanken, dass nach mehr Informationen über Atlantis gesucht wurde. Er erwähnte diese ver-lorene Stadt als Erster. Wie er schrieb, wurde Atlantis etwa um das Jahr 9500 v. Chr. zerstört. Die Wissenschaft fand erst kürzlich heraus, dass sich vor etwa 12.000 Jahren eine gewalte Naturkatastrophe er-eignet hat, einschließlich einer Sintflut, die den Wechsel von der Eis-zeit zur gegenwärtigen Warmzeit markiert. In seiner Schrift Timaios berichtet Platon, dass die Bewohner von Atlantis heftig gegen die Eu-ropäer gekämpft und viele Länder erobert hätten, einschließlich Nordafrika und Libyen. Der Bericht hält fest, dass während des Krie-ges sowohl Atlantis als auch Athen im Meer versanken.

»*Solon war nicht nur der weiseste Mann, sondern auch der edelste Po-et ... und er hatte die Sage vollendet, welche er aus Ägypten mitbrachte ... Und wovon handelt diese Sage, fragte Kritias Amynander. Von der größ-ten Tat, welche die Athener je vollbracht haben ... im ägyptischen Delta, wo der Fluss Nil sich an der Mündung teilt, gibt es ein bestimmtes Gebiet, welches das Gebiet von Sais genannt wird, und die größte Stadt in diesem Gebiet heißt auch Sais, und es ist die Stadt, aus der König Amasis kam. Die Bürger dort haben eine Gottheit als Gründerin, sie wird in der ägyp-tischen Sprache Neith genannt, und sie versichern, dass es dieselbe ist, wel-che die Hellenen Athena nennen; sie sind große Freunde der Athener und sie behaupten, mit diesen in gewisser Weise verwandt zu sein. In diese Stadt kam Solon und er wurde mit allen Ehren empfangen; er fragte die Priester, welche in diesen Dingen die gebildetsten sind, über das Altertum und er stellte fest, dass weder er noch ein anderer Hellene etwas Erwäh-nenswertes über die alten Zeiten wusste. Bei einer Gelegenheit, als er sie dazu bringen wollte, etwas über das Altertum zu erzählen, begann er von der ältesten Sache in unserem Teil der Welt zu reden, von Phoroneus, wel-cher der erste Mensch genannt wird, und über Niobe und vom Überleben Deucalions und Pyrrhas nach der Flut, und er verfolgte den Stammbaum ihrer Nachfahren, und indem er diese Daten zusammenzählte, versuchte* er zu errechnen, vor wie vielen Jahren die Ereignisse stattgefunden hatten, von denen er sprach. Daraufhin sagte einer der Priester, der ein hohes Alter hatte: Oh Solon, Solon, ihr Hellenen seid nichts als Kinder, und es gibt nicht einen alten Mann unter euch. Solon wiederum fragte, was er damit meinte. Ich meine, antwortete er, dass ihr im Geiste alle jung seid; es gibt bei euch kein altes Wissen, das durch alte Überlieferungen weitergegeben wurde, auch keine Wissenschaft, die grau vom Alter ist. Und ich werde dir sagen, warum. Es hat viele Vernichtungen der Menschheit gegeben, die aus vielerei Gründen zustande gekommen sind, und es wird sie wieder geben, die größten sind durch die Elemente Feuer und Wasser gekommen, und andere kleine durch zahllose andere Ursachen. Es gibt eine Geschichte, die sogar ihr bewahrt habt, dass einst Phaethon, der Sohn von Helios, die Rösser an den Wagen seines Vaters gespannt hat und er damit alles, was auf Erden war, verbrannt hat, denn er war nicht in der Lage, sie auf der Bahn seines Vaters zu lenken, und er selbst wurde vom Blitz erschlagen. Jetzt hat dies die Gestalt eines Mythos, aber in Wahrheit bedeutet es eine Verschiebung der Körper, welche am Himmel um die Erde kreisen, und eine große Feuersbrunst der Dinge auf Erden, welche nach langen Intervallen wiederkehrt; in solchen Zeiten haben jene, die auf den Bergen und in trockenen, erhöhten Orten leben, eine größere Zerstörung zu erwarten als jene, die an Flüssen oder an der Küste leben. Und vor dieser Katastrophe bewahrt und beschützt uns der Nil, unser nie versagender Retter. Wenn die Götter andererseits die Erde mit einer Sintflut reinigen, sind die Überlebenden in deinem Land Hirten und Schäfer, die in den Bergen leben, aber jene, die wie du in den Städten leben, werden von den Flüssen ins Meer gespült.« »Aber hinterher gab es gewaltige Erdbeben und Fluten; und an einem einzigen katastrophalen Tag und in einer Nacht versanken alle eure kriegerischen Männer in der Erde, und die Insel Atlantis verschwand auf ähnliche Weise in den Tiefen des Meeres.«

In seiner Schrift *Bibliotheca*, der Geschichte der Welt in vierzig Büchern aus dem Jahr 30 n. Chr., beschreibt der griechische Historiker Diodorus Siculus den Kampf zwischen den Amazonen und den Atlantern, »*welche in einem reichen Land lebten und große Städte bewohnten*«. Die Theosophin Helena P. Blavatsky (1831–1891) veröffentlichte mehrere Prophezeiungen über Atlantis und Lemuria, die sie angeblich von tibetischen Meistern erfahren hat: »*Es wird gezeigt werden, dass das periodische Versinken und Auftauchen mächtiger Kontinente, die jetzt von modernen Autoren Atlantis und Lemurien genannt werden, keine Fiktion ist. Erst im 20. Jahrhundert werden Teile des gegenwärtigen Werks, wenn nicht sogar das ganze Werk, bestätigt werden. Eine weltweite Zerstörung, wie sie vor 11.000 Jahren mit Atlantis geschehen ist ... anstelle von Atlantis wird ganz England und ein Teil der nordwestlichen europäischen Küsten im Meer versinken, im Gegensatz dazu werden die versunkenen Gebiete der Azoren, die Insel Poseidonis, wieder aus dem Meer aufsteigen.*«

Das Medium Anthony Neate, der Begründer einer englischen Atlantis-Forschungsgruppe, durch den in Trance das Geistwesen Helio-Arcanophus sprach, sagte 1957: »*Die Ereignisse werden Schritt für Schritt einsetzen. Es wird Erdbeben geben, wo sie normalerweise nicht auftreten; es werden Vulkane aktiv werden, die seit Jahrhunderten erloschen waren. Es werden ungewöhnliche Wetterbedingungen vorherrschen, die mit der Zeit immer schlimmer werden. Die Jahreszeiten werden scheinbar keine Bedeutung mehr haben, denn es wird warme Tage in Wintermonaten und kalte Tage in normalerweise warmen Jahreszeiten geben. Aus dem Himmel wird eine Substanz herabfallen, die allgemein als ›Schwarzer Regen‹ bekannt ist, und es wird erhebliches Chaos herrschen. Wenn diese Ereignisse zu einem Crescendo angeschwollen sind, wird die Erde abkippen. Viele Länder werden im aufgewühlten Meer verschwinden und manche werden aus ihrem nassen Ruheort aufsteigen. Zu den letzteren gehört der Kontinent Atlantis, ein Land, das nie seine Entwicklung abgeschlossen hat und bald wieder zurückkehren wird, um sie fortzusetzen ... viele eurer Kinder werden in Atlantis leben.*«

Er sagte, dies werde »*während der Generation der gegenwärtigen Bewohner*« stattfinden, »*denn ihre Kinder würden über Atlantis herrschen.*« Aufgrund dieser und weiterer Prophezeiungen über Atlantis kann man davon ausgehen, dass Atlantis von Englisch sprechenden Menschen bewohnt wird. Wenn die Information über »viele eurer Kinder ...« korrekt ist, wird sich die Katastrophe schätzungsweise nicht nach dem Jahr 2040 ereignen, denn später würden die erwähnten Kinder schon zu alt sein.

Der US-Amerikaner Edgar Cayce sagte zu Beginn des 20. Jahrhunderts in Trance: »*Die Gebiete am nördlichen Rand waren damals im Süden, bzw. die Polargebiete nahmen den Großteil der tropischen und subtropischen Gegenden ein. Dann – es wäre schwer, die Veränderung zu beschreiben ... Der Nil mündete in den Atlantik. Was jetzt die Sahara ist, war ein bewohntes, sehr fruchtbares Land. Was jetzt der zentrale Teil des Landes ist oder das Mississipibecken, lag damals alles im Ozean ... Die Pazifikküste Südamerikas war damals die Westküste Lemurias ... Wie man sieht, kamen mit den Veränderungen, als der Aufruhr des atlantischen Landes und die südliche Verlagerung bei der Drehung der Erdachse anfing, die weißen und die gelben Rassen in das Gebiet Ägyptens, Indiens, Persiens und Arabiens.*«

Weitere Mythen über die Schöpfung aus dem Urmeer

Die Wikinger glaubten, dass am Anfang alles gefroren war. Und ihrem Glauben nach wird das Eis auch das Ende sein. Im Ragnarök, der letzten Schlacht, werden die Eisgiganten gegen die Götter kämpfen, welche von Odin, dem König aller Götter, angeführt werden, weshalb er auch als Allvater bekannt ist. Ein Schöpfungsmythos aus Indien berichtet, dass Vishnu auf der Meeresoberfläche schlief, während Shri, seine Frau, ihm die Füße massierte. Im Schlaf träumte Vishnu von der Welt der Zukunft. Nach seinem Erwachen war er überrascht, dass eine Lotusblume aus seinem Nabel wuchs. Dann öffnete sich die Blume, und aus ihr ging Brahma hervor, der Vater von allem, was geboren werden wird. Es heißt, dass Brahma die Welt alle 4.320.000.000 Jahre neu erschafft.

Ein japanischer Schöpfungsmythos berichtet, dass vor langer Zeit die ersten Götter geboren wurden. Danach wurden Izanagi und Izanami geboren. Noch immer gab es auf dem riesigen Ozean kein Land. Dann befahlen die Götter Izanagi und Izanami, Land zu erschaffen. Von diesen beiden Göttern erschien das erste feste Land.

Die Pygmäen in Afrika glauben, dass am Anfang überall nur Wasser war, selbst auf den höchsten Bergen.

Das Bild vom »Einsturz des Himmels« ist in vielen Völkern Zentralafrikas bekannt, und es hat die Bedeutung von einem sehr schlimmen Ereignis. Beispielsweise sagt man dort, »mach dies und der Himmel wird einstürzen«, was so viel heißt wie, wenn man nicht so handelt, wie angewiesen, dann wird alles schiefgehen. Dieser Ausdruck wird noch heute gebraucht.

In vielen indianischen Mythen, beispielsweise von den Cheyenne oder Assiniboine, wurde das Land erschaffen, als ein höheres Wesen Schlamm vom Grund des Urmeers aufhob. Am Anfang gab es weder Sonne noch Mond. Der Schöpfungsmythos der Bakuba in Zaire berichtet Folgendes:

»Am Anfang lebte der Schöpfergott Mbombo in einer dunklen Leere, wo nur das Urmeer existierte. Zu einem bestimmten Zeitpunkt hatte er Bauchschmerzen, und die Sonne, der Mond und die Sterne wurden geboren. Nach einigen Tagen hatten die Strahlen der Sonne die Wassermassen verdunstet, sodass trockenes Land zum Vorschein kam ...«

Die Swali im westafrikanischen Kenia glaubten, dass der Schöpfergott in dunkler Leere lebte, wo nur das Urmeer existierte, bis er eines Tages entschied, das Licht zu erschaffen.

Im vedischen Hinduismus aus Indien gibt es außerdem die Vorstellung, dass alles aus dem Urmeer geboren wurde. Aus dem Wasser kommt sogar der Herr der Schöpfung selbst. Er wird zur Quelle allen Lebens, er schafft die Erde, den Himmel und alle Geschöpfe und herrscht über sie. In einem Abschnitt der hinduistischen Manu-Samhita war die Welt in Finsternis getaucht. Dann stieg der höchste Geist aus dem Wasser auf.

Im japanischen Shintoismus gibt es drei Urgötter, welche im Chaos des Urmeers und der Dunkelheit existierten. Laut Experten ist dieser Mythos nicht von anderen Schöpfungsmythen wie etwa aus China oder vom Buddhismus beeinflusst. Im finnischen Nationalepos Kalevala, dessen Ursprünge aus vorchristlicher Zeit stammen, gab es am Anfang nur Wasser. Und aus den Fluten kam der Himmel, das Land und das ganze Universum.

Mythen, die von einem seltsamen Verhalten der Tiere vor der Sintflut berichten

Neben dem Parami-Sintflutmythos, der beschreibt, dass *»wilde Tiere sich dem Menschen ohne Furcht näherten«*, gibt es Legenden über ein ungewöhnliches Verhalten bei Lamas. Der nachfolgende Text stammt von Cristóbal de Molina, etwa aus dem Jahr 1573: *»In der Provinz Ancasmarca ... erzählen die Indianer folgende Sage. Einen Monat vor der Flut waren die Lamas traurig, sie verweigerten am Tag das Futter und beobachteten in der Nacht die Sterne. Am Ende fragte sie der Schäfer, warum sie sich Sorgen machten und sie antworteten, dass die Konjunktion der Sterne anzeige, dass die Welt im Wasser versinken würde. Bevor dies geschah, sammelte der Bauer ... Futter und eine Anzahl von Lamas und stieg auf einen höheren Berg, den man auch Ancasmarca nennt. Als die Fluten stiegen, wurde der Hügel höher, sodass die Flut den Gipfel nie erreichte, dann hielt das Wasser inne, und der Berg kehrte zu seiner ursprünglichen Größe zurück.«*

Die folgende Version der Huarochirí-Indianer, die in den Anden lebten, wurde von dem spanischen Priester Francisco de Ávila aufgezeichnet: *»Einmal verschwand die Welt beinahe. Ein männliches Lama, welches auf einem Hügel graste, bemerkte, dass die Wassermutter des Meeres beschlossen hatte, die Welt zu überfluten. Das Lama wurde so traurig, dass es zu weinen begann und aufhörte zu fressen. Der Schäfer geriet in Wut und schlug das Tier mit einem Maiskolben. ›Friss, Vieh‹, sagte er. ›Du beschämst das beste Weideland, das es gibt.‹ Dann sprach das Tier wie ein Mensch: ›Gib Acht und erinnere dich, was ich dir sage: In fünf Tagen wird der große Ozean hier sein und alles überschwemmen.‹ Der Schäfer glaubte dem Lama und befahl voller Angst: ›Wir werden auf den Vilcacoto-Hügel flüchten, auf diese Weise werden wir überleben. Wir werden Futter für fünf Tage sammeln.‹ Mit seiner Familie und dem Lama begann er sofort mit der Flucht, aber als er begann, auf den Gipfel des Vilcacoto-Hügels zu klettern, sah er, dass dort alle Arten von Tieren waren: Pumas, Wölfe, Kondore und alle anderen Gattungen. Sobald sie dort oben ankamen, stieg das Wasser ... aber es er-*

*reichte nicht den Gipfel ... Fünf Tage später ging das Wasser zurück und
alles war trocken ... alle anderen Menschen starben.«*

Die Bibel erzählt die bekannte Geschichte vom seltsamen Verhalten der Tiere, bei dem sich die Tiere versammelten und freiwillig mit Noah die Arche bestiegen. Gott sprach: »*Und von allem Le-
bendigen, von allem Fleisch, sollst du je zwei von allen in die Arche
bringen, um sie mit dir am Leben zu erhalten; ein Männliches und ein
Weibliches sollen sie sein! Von den Vögeln nach ihrer Art und von dem
Vieh nach seiner Art, von allen kriechenden Tieren des Erdbodens nach
ihrer Art: je zwei von allen sollen zu dir hineingehen, um am Leben zu
bleiben!*«

*»Wir müssen nicht an die Wettervorhersage glauben, um an einem
wolkigen Tag einen Regenschirm mitzuführen. Regen ist eine Möglichkeit, der Schirm eine Vorsichtsmaßnahme. Warum sollte man das
Schicksal herausfordern, wenn es einem selbst ein Zeichen, einen Hinweis gibt?«*
Tiziano Terzani

*»Bevor sich in einer Stadt oder einer Provinz große Dinge ereignen,
erscheinen Zeichen, die sie ankündigen, oder es tauchen Leute auf, die
sie vorhersagen. Woher dies kommt, weiß ich nicht, aber was man an
alten und neuen Zeichen sieht, ist, dass kein schwerwiegendes Ereignis
geschehen kann, ohne dass ein Mensch, eine Offenbarung, ein Wunder
oder ein Himmelszeichen es ankündigt.«*
Machiavel, Rede über Titus Livius

Bibliografie

ANONYMOUS. *Las Profecias en relacion al estado actual y al destino futuro del mundo, sobre el fin de la revolucion, Imperio del Gran Monarca y triunfos de la Iglesia Catolica.* Lérida: Imprenta de M. Carruez, 1871

ANONYMOUS. *Nouvelles Conjectures pour confirmer la fin prochaine du monde.* Toulouse: Augustin Manavit, 1831

ANONYMOUS: *Recueil Complet des Prophéties les Plus Authentiques.* Lyon: P. N. Josserand, 1870

ANONYMOUS. *Pratique Curieuse ou les Oracles des sibylles, tirée des manuscripts de la bibliotèque de Mr. Comiers.* Lyon: Jacques Lions, 1694

ANONYMOUS. *Popol Vuh.* Rio de Janeiro: Editora Cátedra, 1979

ANONYMOUS. *Mille non più mille.* Bologna: Pendragon, 1998

ARAGÃO, Teixeira de. *Diabruras, Santidades e Prophecias.* Lisbon: Vega, 1894

AUCLAIR, Raoul. *Histoire et Prophétie.* Paris: Nouvelles Editions Latines, 1973

AUCLAIR, Raoul. *Prophétie de Catherine Emmerich pour notre temps.* Paris, 1974

AUGER, A. *La prophétie de Rouellond de la Rouellondière, de Chollet, manuscript du XVIe siècle.* Lyon, Victor Pineau, 1861

BAIGENT, Michael. *Misteri antichi.* Milan: NET, 2004

BAIGENT, Michael and Leigh, R., and Lincoln, H. *Holy Blood, Holy Grail.* New York: Dell Publishing, 1983

BARBARIN, Georges. *Le secret de la grande pyramide ou la fin du monde adamique.* Paris: Éditions Adyar, 1939

BARBIERO, Flavio. *Una civiltà sotto ghiaccio.* Milan: Editrice Nord, 2000

BARROSO, Gustavo. *Mythes, contes et légendes des indiens.* Paris: Librairie des Amateurs, 1930

BASCHERA, Renzo. *L'anticristo e le profezie sugli anni 90.* Milan: Armenia Editore, 1985

BASCHERA, Renzo. *I grandi di ieri ci parlano del mondo di domani.* Padova: MEB, 1995

BASCHERA, Renzo. *Profezie sul mondo che sarà.* Milan: Armenia, 1997

BASCHERA, Renzo. *Le Profezie di Rasputin.* Padova: MEB, 1996

BASCHERA, Renzo. *Le Profezie della Santa Sindone.* Santarcangelo di Romagna: MEB, 1996

BAUER, Heinrich. *Der Dritte Weltkrieg beginnt am Abend des 22. August 1998.* Heilbronn: Bauer, 1998

BAUVAL, Robert and Hancock, Graham. *Custode della Genesi.* Milan: Corbaccio, 2000

BECKER, Raymond de. *Les machinations de la nuit. Le rêve dans l'histoire et l'histoire du rêve.* Paris: Éditions Planète, 1965

BELVEFER, P. Boyer de. *Les Prophéties du Pape Pie XII.* Paris: Guy Trédaniel Éditeur, 1988

BERCÉ, Yves-Marie. *O Rei Oculto.* Bauru: Editora da Universidade do Sagrado Coração, 2003

BERCEO, Gonzalo de. *Signos del Juicio Final.* Santiago de Chile: Editorial Universitaria, 1955

BEVILACQUA, Marguerite. *Prophéties pour notre temps.* Paris: Guy Trédaniel Éditeur, 1994

BINGEN, Hildegarde de. *Scivias.* Paris: Éditions du Cerf, 1996

BOCCONI, A. Lamberti. *Les grandes prophéties jusqu'en 2100.* Paris: Editions de Vecchi, 1994

BOURRE, Jean-Paul. *Le message des prophètes.* Saint-Jean-de-Braye: Dangles, 1998

BOUYS, Théodore. *Nouvelles Considérations puisées dans la clairvoyance instinctive de l'homme.* Paris: Dessene, 1806

BRANDY, L'Abbé A. *La Clef ou concordance des prophéties, révélations, prédictions, visions sur les temps présents et futurs.* Avignon, 1872

BROD, Menachem M. *I Giorni del Messia.* Milan: DLI, 1996

252

BUCCELLANI, Roberto. *Las grandes profecías*. Barcelona: Editorial de Vecchi, 1996
BURÓN, Joaquín Gómez. *El fin del mundo*. Madrid: Espacio y Tiempo, 1992
CARPI, Pier. *Le profezie di Papa Giovanni*. Rome: Mediterranee, 1979
CARTER, Mary Ellen. *Edgar Cayce on Prophecy*. New York: Paperback Library, 1968
CARVALHO, António Carlos. *Profecias do Bandarra*. Lisbon: Vega, 1996
CASTELOT, André. *Louis XVII ou l'énigme du temple*. Paris: Presses Pocket, 1965
CAYCE, Hugh Lynn. *Earth Changes – Update*. Edgar Cayce Foundation, 1980
CELLINA, Federico. *1999–2015: fine del mondo?* Rome: Mediterranee, 1995
CENTINI, M. and Bocca, C. *La fine del mondo*. Milan: Xenia, 1995
CENTINI, M. and Bocca, C. *Le Profezie*. Milan: Xenia, 1994
CHANU, Tersilla Gatto. *Miti e Leggende dell'Amazzonia*. Rome: Newton & Compton, 1996
CHARROUX, Robert. *Le livre des maîtres du monde*. Paris: Robert Laffont, 1967
CHEIRO. *Cheiro's World Predictions*. London: The London Publishing Company, 1928
CHUNFENG, Li and Tienkang, Yuan. *The Great Prophecies of China*. New York: Franklin Company, 1950
CHURCH, J. R. *Prophecies of the Dead Sea Scrolls*. Oklahoma (OK): Southwest Radio Church, 1985
CICERONE, Marco Tullio. *Della divinazione (De divinatione)*. Garzanti, 1988
CICERONE, Marco Tullio. *Sulla Natura degli Dei (De natura deorum)*. Milan: Oscar Mondadori, 2004
CLIFFORD, Paula. *A Brief History of End-time*. Lion Publishing, 1997
CLIMATE RESEARCH COMMITTE. *Natural Climate Variability On Decade-to-Century Time Scales*. Washington: National Academy Press, 1995
COLLIER, Robert. *Something to hope for*. New York: American Book-Stratford Press, 1942
COMBE, Abbot. *Le Grand Coup*. Vichy, 1896
COMMITEE on Abrupt Climate Change, Ocean Studies Board, Polar Research Board etc. *Abrupt climate change: inevitable surprises*. Washington: National Academy of Sciences, 2002
CONNOR, Edward. *Prophecy for Today*. Rockford: TAN, 1984
CONSTANT, Benjamin. *Les Mille et une Curiosités des prophéties*. Paris: Passard, 1867
COTTERELL, Maurice. *The Supergods*. Harper Collins Publishers, 1997
COX, John. *Climate Crash: Abrupt Climate Change and What it Means for Our Future*. Washington: Joseph Henry Press, 2005
CRASSET, R. P. I. *Dissertation sur les oracles des sibylles*. Paris: Estienne Michallet, 1684
CRUZ, Marques da. *Profecias de Nostradamus*. São Paulo: Pensamento, 1991
CULLETON, Rev. R. Gerald. *The Prophets and our Times*. Rockford: TAN, 1974
CULLETON, Rev. R. Gerald. *The Reign of Antichrist*. Rockford: TAN, 1974
CULLIGAN, Emmett. *The last world war and the end of time*. Rockford: TAN, 1975
CUNHA, Euclides da. *Os sertões*. Rio de Janeiro: Record/Altaya (no date)
CUOMO, Franco. *Le Grandi Profezie*. Rome: Newton & Compton Editori, 2002
CURICQUE, Abbé. *Voix Prophétiques*. Paris: Victor Palmé, 1872
CURTISS, Harriette Augusta and F. Homer. *Coming World Changes*. Washington: The Curtiss Philosophic Book Co., 1926
DANIEL, Élie. *Serait-ce vraiment la fin des temps?* Paris: Pierre Téqui, Libraire-Editeur, 1933
DAUZAT, Albert. *Légendes, Prophéties et Superstitions de la Guerre*. Paris: La Renaissance du Livre
DAVID-MARESCOT, Yves and Yvonne. *Prédictions et prophéties*. Genève: Editions Vernoy, 1979
DEGARD, Leo H. *Wer plant den Dritten Weltkrieg?* Rottenburg: Kopp, 2002
DE'GUICCIARDINI, Messer Francesco. *Profezie politiche e religiose di Fra Hieronymo Savonarola*. Florence: M. Cellini e Compagni, 1863

DE LA FRANQUERIE, Marquis de. *Le saint pape et le grand monarque d'après les prophéties*. Éditions de Chiré, 1980

LA FRANQUERIE, Marquis de. *La Mission Divine de la France*. Toulouse: La Tourre à Condom, 1955

DOYLE, Arthur Conan. *The Edge of the Unknown*. London: John Murray, 1930

DUPONT, Yves. *Catholic Prophecy*. Rockford: TAN, 1970

EBON, Martin. *True Experience in Prophecy*. New York: The American Library, 1967

EISENMAN and WISE. *The Dead Sea Scrolls Uncovered*. Shaftesbury: Element Books, 1992

ELLIS, Richard. *Atlantide*. Milan: Corbaccio, 1999

EMMERSON, Richard Kenneth. *Antichrist in the Middle Ages*. Seattle: University of Washington Press, 1981

ENOCH. *O libro de Enoch*. São Paulo: Hemus, 1982

FACCHETTI, Giulio M. *L'enigma svelato della lingua etrusca*. Rome: Newton & Compton, 2000

FAYAR, Aiçor. *Irmão X. O Terceiro Milênio*. São Paulo: Editora do Conhecimento, 1999

FERVAN, Jean. *La Fin des Temps*. Paris: 1937

FLEM-ATH, Rand and Rose. *La fine di Atlantide*. Casale Monferrato: Piemme, 1997

FONTBRUNE, Dr. *Ce que Nostradamus a vraiment dit*. Paris: Stock, 1976

FONTBRUNE, Jean Charles de. *Nostradamus, historien et prophéte*. Monaco: Éditions du Rocher, 1980

FONTBRUNE, Jean Charles de. *Las nuevas profecías de Nostradamus hasta el año 2025*. Barcelona: Martinez Roca, 1996

FORMAN, Henry James. *The Story of Prophecy in the life of mankind*. New York: Tudor Publishing Co., 1940

FROOM, Le Roy Edwin. *The Prophetic Faith of our Fathers*. Washington, 1950

GALUÁ, Enrique López. *Futura Grandeza de España*. La Coruña: Imprenta Moret, 1941

GANUZA, Juan Miguel. *Los ultimos tiempos*. Caracas: Edizioni San Paolo, 1994

GARRISON, Omar V. *The Encyclopedia of Prophecy*. Secaucus: Citadel Press, 1978

GATTEY, Charles Neilson. *Visionaries and seers*. Dorset: Prism Press, 1988

GIOVETTI, Paola. *L'Italia dell'insolito e del mistero*. Rome: Edizioni Mediterranee, 2001

GLASS, Justine. *They foresaw the future. The story of fulfilled prophecy*. New York: G. P. Putnam's Sons, 1969

GLEISER, Marcelo.*O fim da Terra e do Céu. O Apocalipse na Ciência e na Religião*. São Paulo: Companhia das Letras, 2001

HAMON, Marcel. *Les Prophéties de la Fin des Temps*. Paris: La Nouvelle Édition, 1945

HAPGOOD, Charles. *The Path of the Pole*. London: Souvenir Press, 2001

HAWASS, Zahi. *The Secrets of the Sphinx*. Cairo: The American University in Cairo Press, 1998

HEINBERG, Richard. *Memórias e visões do Paraíso*. Rio de Janeiro: Campus, 1991

HERODOTUS. *The Histories*. London: New York: Penguin Books, 1980

HOGUE, John. *The Millennium Book of Prophecy*. New York: Harper Collins Publishers, 1994

HOLZER, HANS. *O lado psíquico dos sonhos*. Rio de Janeiro: Record, 1976

HUCHEDÉ, Rev. P. *History of Antichrist*. Rockford: TAN, 1968

JACQUEMIN, Suzanne. *Les prophéties des derniers temps*. Paris: La Colombe, 1958

JAMAN. *O fim dos tempos*. São Paulo: Madras, 1996

JAMBLIQUE. *Les Mystères d'Egypte*. Paris: Les Belles Lettres,1993

JOHANNIS, J. *Le Monde en Feu*. Paris, 1936

JORDAN, Michael. *Miti di tutto il mondo*. Milan: Oscar Mondadori, 1993

JÚNIOR, Orlando Sousa Barbosa. *Maias e Hopis. Povos fugitivos de uma catástrofe planetária*. Rio de Janeiro: Centro de Pesquisas Exobiológicas do Rio de Janeiro, 1996

KAY, Tom. *When the comet runs*. Charlottesville (VA): Hampton Roads Publishing Company Inc.

254

KLEE, KONRAD. *Nostradamus, Prophet der Zeiten und Momente.* Heinrich Hugendubel, 1982

KLIMO, Jon. *Channeling.* Jeremy P. Tarcher Inc, 1987

KROFER, Hans. *Profecias e profetas.* São Paulo: Edipar, 1995

KSELMAN, Thomas A. *Miracles & Prophecies in nineteenth-century France.* New Brunswick   (NJ): Rutgers University Press, 1983

LAMADRID, Antonio Gonzalez. *Los descubrimientos del Mar Muerto. Cuarenta años de hallazgos y estudio.* Madrid: La Editorial Catolica, 1985

LAWTON, Ian. *Le antiche civiltà antidiluviane.* Rome: Newton & Compton, 2004

LAVAUR, J. H. *La fin de l'empire allemand pour 1913.* Paris: Éditions pratiques et documentaires,

LECANU, Abbot. *Dictionnaire des Prophéties et des Miracles.* Paris: Abbé Migne, 1866

LE GOFF, Jacques. *La Civilisation de l'occident médiéval.* Paris: Flammarion, 1982

LE PELLETIER, Anatole. *Les Oracles.* Paris-Genève: Slatkine, 1995

LEICK, Gwendolyn. *Mesopotamia, the invention of the city.* London: Penguin Books, 2001

LENOTRE, G. *Louis XVII et l'énigme du temple.* Paris: Perrin, 1920

LEWINSOHN, Richard. *Science, prophecy and prediction.* New York: Premier Books, 1962

L'HERMITE, Angèle. *La fin du XXe siècle.* Paris: Courrier du Livre. (no year)

LOWNDS, Richard. *The Prophesie of Mother Shipton in the Raigne of King Henry the Eighth.* London: Richard Lownds, 1641

LUZERNE, César-Guillaume de La. *Dissertation sur les prophéties.* Paris, Librairie de la Société Typographique, 1810

MACDOUGALL, Doug. *Frozen Earth. The Once and Future Story of Ice Ages.* Berkeley and California: University of California Press, 2004

MACELLO, Cerro Domenico. *I Futuri Destini degli stati e delle nazioni.* Torino: Foa, 1871

MACHADO, José Mauro de Araújo. *Profecias e revelações sobre o fim dos tempos.* Rio de Janeiro: Nova Era,1999

MAES, Hercilio. *Mensagens do Astral.* Rio de Janeiro: Livraria Freitas Bastos, 1989

MAES, Hercilio. *Revelações. Ramatis.* Rio de Janeiro: Livraria Freitas Bastos, 1995

MANNING, James. *Prophecies for the new millennium.* London: Thames and Hudson Ltd, 1997

MARIA, Priest Júlio. *O Fim do mundo está próximo? Prophecias antigas e recentes.* Rio de Janeiro: Livraria Boa Imprensa, 1939

MARIANI, Fabrizio. *Il mondo non finirà.* Milan: Sonzogno, 1996

MARQUY, Abbot. *Certitude de la fin prochaine du monde.* Paris: Vaton Frères, 1871

MC GINN, Bernard. *Visions of the End. Apocalyptic Traditions in the Middle Ages.* New York: Columbia University Press, 1998

MC GINN, Bernard. *Antichrist: two thousand years of the human fascination with evil.* New York: Harper Collins Publishers, 1994

MEDINA, José Guadalajara. *Las Profecías del Anticristo en la Edad Media.* Gredos, 1996

MELUZZI, Alessandro. *Viaggio nelle profezie.* Venice: Marsilio Editori, 1998

MICELI, Vincent P., S. J. *The Antichrist.* West Hanover: The Christopher Publishing House, 1981

MONTEIRO, Mozart. *O livro das profecias.* Rio de Janeiro: Edições O Cruzeiro, 1967

MONTERO, Santiago. *Diosas y adivinas. Mujer y adivinación en la Roma antigua.* Madrid: Editorial Trotta, 1995

MONTGOMERY, Ruth. *A gift of prophecy of the phenomenal Jeane Dixon.* New York: Bantam Books, 1966

MORGENS, Eduardo. *Profecias, antologia e história.* Rio de Janeiro: Livraria Editora Cátedra, 1975

MORIN, Michel. *Le grand monarque selon les prophéties.* Saint-Zénon: Louise Courteau éditrice inc., 1995

MUCK, Otto. *Alles über Atlantis*. Düsseldorf: Econ, 1976

MURRAY, James. *The Romance and Prophecies of Thomas of Erceldoune*. Felinfach: Llanerch Publishers, 1991

NARDI, Carlo. *Il Millenarismo. Testi dei secoli I-II*. Fiesole: Nardini Editore, 1995

NEVES, Carlos de Souza. *Até 2000 ... Profecias Comparadas*. Rio de Janeiro: self-publishing, 1976

NEWTON, Sir Isaac. *Observations upon the prophecies of Daniel and the Apocalypse of St. John*. London: J. Darby and T. Browne, 1783

NOVAYE, Le Baron de. *Guerre et Révolution, d'après 45 prophéties anciennes et modernes*. Paris: 1896

OBSEQUENTIS, Julii. *Prodigiorum Liber*. 1553

O'KEARNEY, Nicholas. *The Prophecies of SS. Columbkile, Maeltamlacht, Ultan etc*. New York: D & J Sadlier & Co, 1878

OSSENDOWSKI, Ferdinand A. *Bestie, Uomini, Dei*. Roma: Edizioni Mediterranee, 2000

PARISOT, F. *Au 17 Fébrier 1874, Le Grand Avènement*. Paris: Victor Palmé, 1874

PARPOLA, Simo. *State Archives of Assyria. Vol ix. Assyrian Prophecies*. Helsinki: Helsinki University Press, 1997

PAULUS, Dr., *Magicon*. New York: 1869

PHAURE, Jean. *Les Portes du IIIe Millénaire. Les astres, les prophéties et la fin de l'histoire*. Editions Ramuel, 1994

PEDROTTI and FISCHER. *Miti della Creazione*. Bussolengo: Demetra, 1996

PEARSON, Edwin. *Prophecys of Mother Shipton*. Kent: Pryor Publications, 1998

PELADAN, Adrien. *Nouveau Liber Mirabilis ou toutes les prophéties authentiques sur les temps présents*, 1871

PICHON, Jean-Charles. *Nostradamus et le secret des temps*. Paris: Les productions de Paris, 1959

PLATO. *Repubblica, Timeo, Crizia*. Rome: Newton & Compton, 1997

POUPLARD, Pierre-Xav. *Un mot sur les visions, révélations, prophéties*. Paris: Société Générale de Librairie Catholique, 1883

PLUTARCO. *Il fato e la superstizione*. Rome: Newton Compton, 1993

RABANNE, Paco. *La fin des temps*. Paris: Éditions J'ai lu, 1993

REED, Clarence. *Prophecies about the war in Europe*. Philadelphia: W. Foulsham Co., 1941

REYNAUD-PLENSE, Charles. *Les vrais centuries et prophéties de Michel Nostradamus*. Salon-de-Provence: Imprimerie Régionale, 1940

REZENDE, Jonas. *O Fim do milênio e o Apocalipse*. Rio de Janeiro: Record, 1996

ROBB, Stewart. *Strange prophecies that came true*. New York: Ace Books, 1973

ROBERDEL, Pierre. *Les prophéties de la Fraudais*. Montsurs: Éditions Résiac, 1981

ROISIN, Michel de. *La Biblia del año 2000*. Barcelona: Martínez Roca, 1982.

RUIR, Em. *Nostradamus 1948–2023*. São Paulo: Martins Editora, 1947

SAINT-LÉGER, J. *Était-ce Louis XVII évadé du Temple?* Paris: Librairie Académique, 1911

SANCHEZ-VENTURA Y PASCUAL, F. *Marie annonce la fin des temps*. Paris: Nouvelles Editions Latines, 1969

SANCHEZ, Dr. Benjamin Martin. *Les derniers temps*. Chiré-en-Montreuil, Diffusion de la Pensée Française, 1976

SBAFFONI, Fausto. *Testi sull'anticristo. Secoli I-II*. Fiesole: Nardini Editore, 1992

SBAFFONI, Fausto. *Testi sull'anticristo. Secolo III*. Fiesole: Nardini Editore, 1992

SCOUÉZEC, Gwen le. *Diccionario de las artes adivinatorias*. Barcelona: Martinez Roca, 1973

SÈDE, Gérard. *L'étrange univers des prophètes*. Paris: J'ai Lu, 1977

SICRE, José Luis. *Profetismo in Israele*. Rome: Borla, 1995

SIMON, Sylvie. *Voyances Remarquables*. Paris: Éditions Robert Laffont, 1990

STEARN, Jess. *Edgar Cayce, the sleeping prophet.* New York: Bantam Books, 1981
STEEL, Duncan. *Eclipse: The Celestial Phenomenon That Changed the Course of History.* Washington: The Joseph Henry Press, 2001
STEWARD, R. J. Merlin: *The Prophetic Vision and the Mystic Life.* London: Penguin Books, 1986
STRADA, Annalisa. *Profezie e predizione per il terzo millennio.* Milan: Vallardi, 1999
SUEIRO, Víctor. *Año 2000. Las Profecías.* Buenos Aires: Planeta, 1995
SULLIVAN, William. *Il mistero degli Incas.* Casale Monferrato: Piemme, 1998
SWOBODA, Helmut. *Propheten und Prognosen.* München: Droemersche Verlagsanstalt Th. Knaur Nachf., 1979
TAGLIAPIETRA, Andrea. *Gioacchino da Fiore sull'Apocalipse.* Milan: Feltrinelli, 1994
TARADE, Guy. *Les dernières prophéties pour l'occident.* Paris: Éditions Robert Laffont, 1978
TAUBE, Karl. *Aztec and Maya Myths.* London: British Museum Press, 1993
TEMPLE, Robert. *The Sirius Mystery.* Rochester: Destiny Books, 1987
TERZANI, Tiziano. *A Fortune-Teller Told me.* New York: Three Rivers Press, 2001
TOMAS, Andrew. *We are not the first.* London: Souvenir Press, 1971
TRISMEGISTOS, Hermes. *Corpus Hermeticum.* São Paulo: Hemus, 1978
VAN AUKEN, John. *The end times.* Virginia: ARE Press, 1996
VANDENBERG, Phillip. *Geheimnis der Orakel.* München: Bertelsmann, 1979
VASCONI, Marcella. *Miti Maya e Inca.* Colognola ai Colli: Demetra, 1999
VATIGUERRO, Jean. *Liber Mirabilis.* Paris: Librairie Catholique d'Édouard Bricon, 1831
VAUCHEZ, ANDRÉ. *Les textes prophétiques et la prophétie en occident (XIIe-XVIe siècle).* École française de Rome, 1990
VAUGHAN, ALAN. *A verdade sobre as profecias.* Publicações Europa América, 1973
VERMEZ, Geza. *Os manuscritos do Mar Morto.* São Paulo: Mercuryo, 1995
VIDEL, Laurens. *Déclaration des Abus, Ignorances et séditions de Michel Nostradamus.* Avignon: Pierre Roux & Ian Tramblay, 1558
VOLDBEN, A. *Dopo Nostradamus.* Rome: Edizioni Mediterranee, 1974
VON HOHENHEIM, Theophrast (Paracelsus). *Prognósticos.* Porto Alegre: Rigel, 1990
VON LICHTENFELS, Karl L. *Lexikon der Prophezeiungen.* Herbig, 2000
VORAGINE, Jacques de. *La Légende Dorée.* Paris: Garnier Frères. (wahrscheinlich 19. Jahrhundert)
WEBER, Eugen. *Após o Apocalipse.* São Paulo: Mercuryo, 2000
WEED, Joseph J. *Complete guide to oracle and prophecy methods.* West Nyack: Parker Publishing Company, 1971
WILSON, David. *A História do Futuro.* Rio de Janeiro: Ediouro, 2000
ZECCHINI, Valerio. *Atlantide e Mu.* Colognola ai Colli: Demetra, 1998

MANUSKRIPT. *Profecia de S. Fran. Xavier, Apostolo do Oriente, que veo da India no anno de 1580,* gefunden in der alten königlichen Bibliothek in Portugal, in lateinischer Sprache